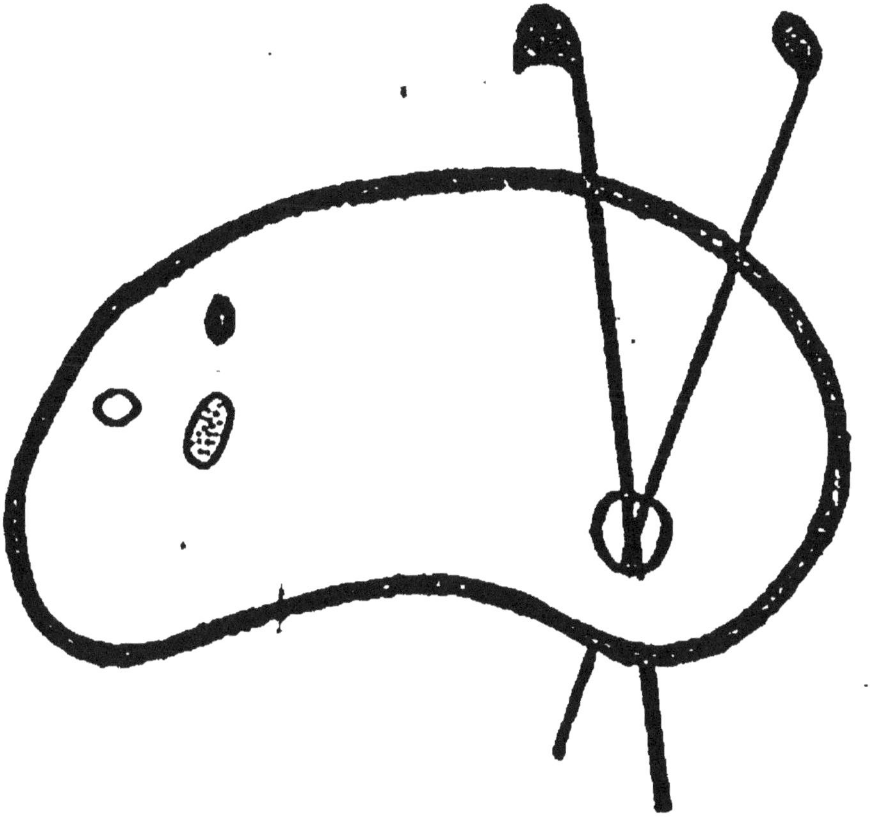

PAUL DE KOCK

UN JEUNE HOMME CHARMANT

PARIS

COLLECTION GEORGES BARBA

7, rue Christine, 7

ÉMILE DE LABÉDOLLIÈRE

LE

NOUVEAU PARIS

HISTOIRE DE SES 20 ARRONDISSEMENTS

ILLUSTRÉE

PAR GUSTAVE DORÉ

21 CARTES COLORIÉES, DRESSÉES PAR DESBUISSONS

Le *Moniteur* l'a dit : « Paris est désormais comme Thèbes, la ville aux cent portes. » Par ses dimensions comme par ses monuments, Paris l'emporte sur toutes les autres capitales. Londres même ne peut lui disputer la suprématie, puisque cette dernière ville n'est point enfermée dans une enceinte.

Il existe sur Paris d'innombrables ouvrages; mais tous sont actuellement incomplets, car, en quelques années s'est accomplie une métamorphose tellement inouie, que certains quartiers sont devenus méconnaissables. De toutes parts, des progrès se sont réalisés; et nous ne parlons pas seulement de ceux qui sont dus à l'édilité ou au gouvernement : les édifices particuliers, les théâtres, les cafés, les hôtels, les magasins ont un caractère de magnificence inconnue de nos pères.

Nous avons donc cru devoir entreprendre une publication sur le nouveau Paris, et nous en avons confié la rédaction à un écrivain justement estimé. Les connaissances historiques de M. Émile de Labédollière sont appréciées de tous, et l'on sait qu'en 1858 l'Académie des inscriptions et belles-lettres a décerné à son *Histoire des mœurs et de la vie privée des Français* la première des mentions très-honorables.

Une division toute naturelle s'offrait à l'auteur. L'ouvrage comportait vingt livraisons, comprenant chacune un arrondissement. A chaque arrondissement nous avons joint une carte gravée et coloriée par quartiers. C'est, nous le croyons, une idée complétement neuve que celle de partager le plan de Paris en autant de sections qu'il a d'arrondissements.

Pour enrichir notre publication, nous pouvions donner des vues de monuments; mais ce genre d'illustration est tellement prodigué qu'il devient banal. Il nous a semblé préférable de peindre des scènes de mœurs, des physionomies spéciales à tel ou tel quartier. L'artiste qui s'est chargé de ce soin jouit d'une réputation méritée. Quel peintre mieux que Gustave Doré saisit les traits caractéristiques d'une figure, reproduit l'homme dans ses habitudes? Quel peintre a plus de verve et d'esprit que celui qui, dans notre Géographie de Malte-Brun, a passé en revue toutes les nations?

On peut toujours souscrire par Série à 50 c., contenant l'histoire de chaque Arrondissement avec le Plan

1er Louvre.	10e Enclos Saint-Lazare.	19e Buttes Chaumont.
2e Bourse.	11e Popincourt.	20e Ménilmontant.
3e Temple.	12e Reuilly.	21e-22e Dictionnaire des besoins usuels. 1 série.
4e Hôtel-de-Ville.	13e Les Gobelins.	23e-24e Diction. des rues de Paris. 2 série à 50 c.
5e Panthéon.	14e L'Observatoire.	25e Histoire générale de Paris.
6e Luxembourg.	15e Vaugirard.	26e Titre, Table, Carte, grand Dessin.
7e Palais-Bourbon.	16e Passy.	
8e L'Elysée.	17e Batignolles-Monceaux.	
9e Opéra.	18e Buttes Montmartre.	

Prix de l'Ouvrage complet : broché, **13 fr.**; *relié*, **15 fr.**

Publié par GEORGES BARBA, éditeur, 7, rue Christine.

Paris. — Imprimerie Viéville et Capiomont, 6, rue des Poitevins.

UN

JEUNE HOMME

CHARMANT

Paris.— Typ. Walder, rue de l'Abbaye, 22.

ŒUVRES CHOISIES

DE

CH. PAUL DE KOCK

UN JEUNE HOMME CHARMANT

PARIS

COLLECTION GEORGES BARBA

Jules ROUFF, Successeur

7, RUE CHRISTINE 7,

UN JEUNE HOMME CHARMANT

CHAPITRE PREMIER

UN CABRIOLET DANS UN CHEMIN DE TRAVERSE.

— Arriverons-nous bientôt à cette maudite maison de campagne où nous devons tant nous amuser... où tu m'as promis une foule de plaisirs et de jolies femmes... une bonne table, des vins choisis, une société aimable, variée... un hôte sans façon, des jeux de toute espèce?... Enfin, tu m'as promis tant de choses, que cela m'a décidé, moi qui n'aime pas beaucoup la campagne, qui ne suis champêtre qu'à Tivoli, et qui n'admire les paysannes qu'à l'Opéra... quand elles ont du rouge et des jupons courts.

— Ah ! monsieur Théophile, vous êtes décidément un mauvais sujet ; vous tournez au roué, au Faublas !... Parce que vous avez un cabriolet et une quinzaine de mille francs de rente, vous vous donnez un ton... des manières de dandy !... Vous ne rêvez plus que conquêtes... bonnes fortunes !... En vérité, si je ne mets pas ordre à cela, vous me dépasserez... vous m'effacerez... Ah ! ah ! ah !... ce pauvre Minot !... qui veut absolument être un jeune homme à la mode !...

— Eh bien ! pourquoi ne serais-je pas un jeune homme à la mode ?... Qu'est-ce qu'il y a donc là dedans qui puisse te faire rire ainsi ?

— Ce qui me faire rire, mon cher ami, c'est que je te regarde... et quand je considère tes yeux ronds et saillants, qui se donnent beaucoup de peine pour dire quelque chose, et malgré cela ne disent rien du tout ; quand j'examine ton gros nez... car tu as un bien gros nez, Théophile; quand je détaille ta bouche toujours entr'ouverte, ton menton carré, tes joues bien roses, tes cheveux bien crépus... ah! ah! ah! je me dis qu'il faut que tu aies beaucoup de mérite pour séduire une femme.

— Du mérite!... certainement que j'en ai... Tu as l'air de te moquer de moi!... tu fais un portrait qui n'est pas rassemblant!... Prétendre que mes yeux ne disent rien... diable! comment donc les veux-tu?... Si tu avais entendu ce que me disait, il y a deux jours, une jeune personne fort intéressante... qui est figurante au théâtre de la Porte-Saint-Martin...

— Ah! tu donnes dans les figurantes à présent!... Pauvre Minot, ce sera le bouquet!

— Je donne dans tout ce qui me plaît... je suis majeur, maître de mon bien et de mon cœur!

— C'est juste; tu es même libre de le perdre, si cela t'amuse.

— C'est aussi ce que je fais très-souvent.

— Enfin, que te disait ta figurante intéressante?

— D'abord, il faut te dire que j'étais dans les coulisses... j'ai mes entrées sur le théâtre... j'ai acheté trois entrées pour moi seul.

— Diable!... est-ce que tu peux te mettre dans trois loges à la fois?...

— Non; mais un homme qui a plusieurs entrées devient une personne d'importance; cela donne de l'aplomb, et on le laisse monter sur le théâtre...

— Ah! libertin, c'est pour voir les actrices de près que vous avez pris des entrées.

— Parbleu!... je ne m'en cache pas!... Enfin, pour en revenir à ma figurante... c'est une petite blonde fort gentille... elle a été élevée dans le trou du souffleur... qui est son oncle... elle me fait des mines, des agaceries; et, dernièrement, au moment d'entrer en scène, elle me dit : Monsieur Théophile... je ne suis connu là que par mon nom de baptême... Monsieur Théophile, je vous en prie, ne me regardez pas, tant que je serai en scène!... — Et pourquoi cela? lui répondis-je. — C'est que vous avez des yeux qui m'empêchent en dansant de lever ma jambe aussi bien qu'à l'ordinaire...

— Voilà un aveu excessivement flatteur!...

— C'est comme cela!... Mais tu crois, toi Arthur, qu'il n'y a que la personne qui puisse plaire... Je conviens que tu es un joli garçon... je ne conteste aucun de tes avantages... Tu es grand, bien fait... tu as de beaux cheveux noirs... et un regard... de ces regards hardis... qui sont sûrs de leur victoire...

— Assez, assez, mon cher Théophile! je te dispense de tout compliment. En t'écoutant, je commence à croire que j'ai eu tort de rire de ta figure; car, décidément, les hommes ne sont pas plus aptes à se juger entre eux que les femmes entre elles... je crois pourtant que les hommes y mettraient plus de justice. Le principal, c'est que nous plaisions à celles qui nous plaisent... Jusqu'à présent, je n'ai pas eu à me plaindre... mais je crains... je n'ose espérer encore... Ah! cependant, c'est maintenant plus que jamais que je voudrais être sûr de mes moyens de séduction.

— Ah! je comprends... tu as une nouvelle passion... une nouvelle intrigue en train... Diable de route!... Où sommes-nous?... on n'y voit goutte... il n'y a pas de lune ce soir... si tu allais nous égarer?...

— Ne crains pas... tu as toujours peur, toi! N'ai-je pas encore demandé tout à l'heure à un paysan si ce chemin nous conduisait à Draveil?

— Est-ce qu'il faut se fier aux paysans pour trouver son chemin? Ils se font un malin plaisir d'égarer les gens de la ville... Voilà la nuit... je ne serais pas du tout content de la passer dans les bois... ou dans la forêt de Sénart... Étant petit, on m'a raconté une foule d'histoires de voleurs... cela se passait toujours dans la forêt de Sénart.

— Ah! ah! mon cher Minot, la bravoure ne me semble pas être votre beau côté...

— Est-ce qu'il y a de la bravoure à passer la nuit dans une forêt pour se faire dépouiller par des voleurs?... C'est de la témérité, de la folie...

— Mais toi, qui aimes tant à captiver les dames, ce serait cependant là un excellent moyen. Être attaqué, se battre avec des brigands... quel beau récit à faire lorsque nous arriverons à Draveil! Quel effet nous produirions sur toutes les dames!...

— Ah! oui! surtout si nous arrivions entièrement dépouillés et nus comme des petits saints Jean!... Mais je ne veux pas produire d'effet à ce prix... Legris... Legris, es-tu toujours derrière?...

Cette question était adressée au domestique qui se tenait après le cabriolet. Legris était un grand gaillard taillé en Spartacus, et bien en état de défendre son maître contre l'attaque de plusieurs hommes; mais Legris avait un grand défaut, il aimait le vin; et soit qu'il voulût justifier le nom que le hasard lui avait donné, soit qu'un penchant irrésistible l'en traînât, il se passait rarement un seul jour sans que le domestique de M. Théophile Minot s'enivrât complétement. C'était ce qu'il avait fait à la dernière halte de ses maîtres; mais son état d'ivresse ne l'empêchait pas de se tenir derrière le cabriolet. Habitué à cette position, et ses mains une fois bien assujetties aux lanières de cuir placées pour cet usage, Legris fermait les yeux, et dormait profondément tout en se tenant derrière sa voiture, qui roulait toujours.

Pendant que je suis en train de vous faire connaître nos voyageurs, deux mots sur ceux qui sont dans le cabriolet, et dont vous venez d'entendre la conversation.

Arthur Gervillier a vingt-six ans; son compagnon de route ne l'a point flatté en disant qu'il était fort joli garçon. Arthur est grand, bien fait; sa tournure leste et dégagée a de la grâce et de l'élégance; sa figure fine et régulière séduit au premier abord; ses grands yeux noirs sont pleins de feu et d'expression, quelquefois même ils en ont trop; et lorsqu'ils s'attachent sur une femme jeune et jolie, il est rare qu'elle ne se sente pas troublée ou embarrassée, qu'elle ne rougisse point sous la fixité de ce regard. Ajoutez à cela une bouche garnie de belles dents, un nez droit et bien proportionné, des cheveux d'un noir de jais qui retombent en boucles sur un front élevé, et vous aurez le portrait de M. Arthur Gervillier, que l'on ne désignait dans le monde que comme un jeune homme charmant.

Le moral valait-il le physique?... vous allez en juger : Arthur avait de l'esprit, mais de cet esprit sardonique, tranchant, qui veut briller à tout prix, et s'inquiète peu de blesser les autres. Dans un salon, la conversation d'Arthur séduisait, éblouissait par un feu continuel de saillies, de bons mots. On riait, on applaudissait : le monde aime tant les gens qui l'amusent! Mais, sous ces dehors brillants, y avait-il vraiment un fonds de génie supérieur? c'est ce dont il est permis de douter. Les personnes d'un esprit solide ont l'habitude de penser avant de parler; voilà pourquoi elles n'ont pas quelquefois la réplique aussi vive, aussi prompte que beaucoup de gens qui leur sont inférieurs en mérite. Mais comme dans le monde on a l'habitude de juger sur les surfaces sans vouloir se donner la peine d'approfondir, Arthur plaisait aux dames par sa mise, son élégance et sa galanterie; aux hommes par son esprit, ses saillies, sa joyeuse humeur · aussi, au moral comme au physique, on le citait encore comme un jeune homme charmant.

Arthur avait une grande confiance en lui-même; il connaissait ses avantages physiques, et ne se donnait pas la peine de le dissimuler. Il aimait avec ardeur le plaisir, et ses succès près des femmes l'avaient habitué à traiter l'amour fort lestement. Était-il sensible?... avait-il un bon cœur? cela dépend de la manière dont on voudra l'entendre. Ces gens qui sont sensibles à tout instant finissent par ne plus l'être du tout. Ces demoiselles que l'on rencontre seules, le soir, dans les rues de Paris, ont toujours très-bon cœur, à ce que l'on dit; voyez d'après cela s'il faut se fier aux gens sensibles!

Arthur avait perdu de bonne heure son père et sa mère; il ne lui restait pour parent qu'un oncle, ancien capitaine sous l'empereur, et qui ne s'était jamais occupé de son neveu. Se trouvant à dix-huit ans à la tête de sept à huit mille francs de rente, le jeune Arthur s'était senti du goût pour l'état militaire; il s'était engagé dans un régiment de hussards, parce que l'uniforme lui plaisait, et que, sous la veste à boutons brillants, la sabretache pendant à son côté, il avait jugé qu'aucune femme ne pourrait lui résister. Devenu hussard, Arthur s'était souvent battu en duel, puis il s'était trouvé à l'affaire du Trocadéro; il avait été fait sous-lieutenant. Quelque temps après, la révolution de 1830 était arrivée, et le jeune homme avait saisi cette occasion pour quitter l'état militaire, dont il avait assez, et revenir à la vie civile. Il en jouissait depuis près d'une année au moment où nous commençons à faire sa connaissance, ce qui vous prouve que c'est dans l'été de 1831 que nos jeunes gens voyageaient en cabriolet pour se rendre à Draveil, village situé à sept lieues de Paris, et tout proche de la forêt de Sénart.

Venons maintenant au compagnon de voyage d'Arthur : Théophile Minot était un gros garçon de vingt-six à vingt-sept ans; il était laid et avait l'air bête, ce qui ne l'empêchait pas d'avoir beaucoup de prétention à l'esprit; joignez à cela cet aplomb que donne la fortune, et vous aurez une idée de M. Minot, fils d'un riche manufacturier, et qui, après la mort de son père, avait quitté le commerce pour jouir de sa fortune, et cherchait à se lancer dans la haute société, où ses bons mots, sa tournure et sa mise prêtaient souvent à rire à ses dépens.

Nous connaissons nos voyageurs, remettons-nous en route avec eux.

— Legris!... Legris!... Il ne répond pas, ce drôle-là! dit Théophile en penchant sa tête hors du cabriolet. Est-ce qu'il n'est plus là?... est-ce qu'il serait tombé sur la route?...

— Oh! non! il aurait appelé, crié. Legris est à sa place, c'est qu'il ne t'aura pas entendu.

— Oh! cela me semble surprenant... Diable! si Legris n'était plus avec nous!... Mon ami, je vous en prie, arrêtez un moment... Je veux m'assurer du fait... je veux savoir si on m'a volé mon domestique.

Arthur, qui conduisait, arrête le cheval, et Minot, après avoir jeté un regard inquiet sur les arbres qui bordent la route de traverse dans laquelle ils se trouvent, se décide à sortir à demi du cabriolet, en criant d'une voix altérée :

— Legris... êtes-vous là?... répondez-moi donc...

Un bruit sourd et prolongé est la seule réponse qu'obtienne Théophile; loin d'être rassuré, il pâlit, et se renfonce en tremblant sous la capote du cabriolet, en murmurant :

— Ah! mon ami... avez-vous entendu... ce gémissement sourd... parti de tout près d'ici?... C'est quelqu'un qu'on attaque ou qu'on aura blessé...... c'est peut-être mon pauvre domestique qui nous appelle.... Je vous l'avais bien dit, il nous arrivera malheur, ces bois sont pleins de malfaiteurs.

— Vous êtes fou!... dit Arthur en se levant avec humeur; au surplus je vais aller voir ce que c'est.

En disant cela, Arthur a sauté hors du cabriolet, quoique son compagnon de voyage lui crie :

— Où allez-vous?... Ne me quittez donc pas!... Je ne veux pas rester seul dans ces bois!... Je ne sais pas où je suis!

Mais Arthur est déjà sur la route, et au bout d'un moment, s'élançant dans un petit sentier que l'on distingue à peine, parce que la nuit est devenue plus obscure, le jeune homme marche avec rapidité, et bientôt le bruit de ses pas cesse de se faire entendre.

Théophile Minot s'est blotti dans le fond de son cabriolet, dont le tablier est renversé, et il murmure encore :

— Arthur, ne vous éloignez pas... Ne faites pas d'imprudence, je vous en prie... Remontez, je vais fouetter le cheval, et nous partirons au grand galop.

Quelques moments s'écoulent; Théophile ne reçoit aucune réponse, il n'entend plus aucun bruit de pas; une terreur nouvelle s'empare de lui, il attend avec anxiété le retour de son ami; mais plusieurs minutes se passent, et personne ne paraît.

— Ah! mon Dieu!... qu'est-ce que cela veut dire?... Voilà Arthur qui est perdu maintenant! se dit Théophile en prêtant l'oreille dans l'espoir qu'il entendra venir son ami. Certainement ceci n'est pas naturel... Il ne serait pas si longtemps pour chercher Legris... il faut qu'il ait été aussi arrêté... attaqué... et tout à l'heure ce sera mon tour... On va venir m'égorger dans mon cabriolet... mais je n'attendrai pas les voleurs... Je vais fouetter mon cheval... s'il peut prendre le mors aux dents, cela me fera grand plaisir.

En se disant cela, M. Minot avançait ses mains pour chercher les guides et le fouet; il tremblait et ne trouvait rien; enfin il parvient à saisir le fouet, mais les guides sont retombées en dehors lorsqu'on a ouvert le cabriolet, et, pour les ressaisir, il faut absolument mettre pied à terre. Le gros jeune homme ne sait quel parti prendre. L'oreille tendue, et jetant des regards craintifs sur la route où il se trouve, le moindre bruissement dans le feuillage, le moindre vent agitant les branches le fait se refourrer avec terreur dans le fond de son cabriolet au moment où il se décidait à en sortir.

— Il faut cependant prendre un parti, se dit Théophile en faisant un effort sur lui-même. Plus j'attendrai, et plus ma position deviendra dangereuse... Il se fait tard... il doit être au moins neuf heures... Il faut que je sorte de cette maudite route de traverse dans laquelle Arthur a eu la sotte idée d'entrer... Je ne connais pas les chemins, mais en allant toujours au grand galop, il est impossible que je ne trouve pas enfin des habitations.

Théophile, s'étant armé de courage, descend du cabriolet; une fois à terre, il tâtonne et parvient à trouver les guides. Enchanté de lui-même, il se dispose à remonter dans la voiture, lorsque le bruit sourd qu'il a déjà entendu retentit à ses oreilles, et plus fortement cette fois. Théophile pousse un cri, on y répond par un éternument; dans son effroi, il secoue les rênes :

le cheval part brusquement, et une masse très-lourde tombe sur la route à côté du pauvre Minot, qui a roulé sur la terre au moment où le cheval a pris sa course.

Des cris, des jurements se font entendre. Théophile croit avoir une bande de voleurs sur le dos; il cache sa figure dans ses mains en s'écriant :

— Je vais vous donner ma bourse; il est inutile de me faire du mal... je ne ferai aucune résistance... vous pouvez me dépouiller... Je ne m'y oppose pas.

— Qu'est-ce qu'il a donc eu à partir comme ça tout d'un trait... ce diable de Bibi?... ça m'a donné une secousse... et en me réveillant je suis tombé... parce que je ne m'y attendais pas!... Sacré mille tire-bouchons...! je me suis fait une bosse soignée sur l'œil gauche!...

Malgré sa frayeur, M. Minot est frappé par les accents de la voix qui vient de prononcer ces paroles. Il relève un peu la tête en balbutiant :

— Qui est-ce qui est donc là?

— Eh bien... qui est-ce qui est là vous-même par terre comme une taupe?...

— Dieu me pardonne, c'est Legris... c'est ce coquin de Legris, que je croyais perdu, assassiné!...

— Eh mais, est-ce que c'est vous, monsieur, qui vous amusez à vous coucher tout de votre long sur la route? dit Legris en s'approchant de son maître.

— Oui, drôle, c'est moi, dit Théophile en se relevant tout à fait. Et d'où viens-tu comme cela?... il y a une heure que je t'appelle.

— Moi, monsieur, je n'ai pas quitté le derrière du cabriolet; seulement j'avoue que je m'étais endormi... Je ronflais en vous suivant... mais ça ne m'empêche pas d'être solide à mon poste. Et à coup sûr, je ne serais pas tombé si le cheval n'avait pas fait un bond... un saut tout à coup... Mais où est donc le cabriolet, monsieur?

— Où il est?... Parbleu!... il est parti!... ton maudit ronflement est cause de tout cela.

— Et votre ami M. Arthur vous laisse là au milieu du chemin, et s'en va avec votre cabriolet... Voilà qui est sans gêne...

— Eh non!... Arthur n'est plus dans la voiture; il en est descendu pour te chercher... Voilà près d'un quart d'heure de cela... et il n'est pas revenu. Il faut qu'il lui soit arrivé quelque accident... On se sera jeté sur lui, on l'aura emporté dans le bois, et... et... Eh bien! Legris... Legris... où vas-tu encore?

Legris n'écoutait plus la fin du discours de son maître : du moment qu'il avait entendu que le cheval était parti sans conducteur, il s'était mis à courir sur les traces de la voiture, dont on entendait encore le roulement dans l'éloignement. C'est en vain que Théophile lui crie d'arrêter, le domestique croit qu'on lui ordonne d'arrêter le cheval; il n'en met que plus d'ardeur à courir, afin d'atteindre Bibi avant qu'il ait brisé le cabriolet dans quelque fondrière.

Théophile est furieux; il se voit de nouveau seul, la nuit, au milieu d'une route de traverse, dans un pays qu'il ne connaît pas, et cette fois il n'a plus sa voiture pour s'y coucher, et son cheval pour l'emporter au galop. Il trépigne avec colère, il donne des coups de pied dans les arbres, il jure, et finit par se jeter avec désespoir sur le premier tertre qu'il aperçoit.

Mais ce qu'il avait pris pour un petit banc de gazon était une assez grosse touffe d'orties et de chardons; ce que Théophile ressent en s'asseyant dessus n'est pas de nature à calmer sa mauvaise humeur, il se relève vivement en s'écriant :

— C'est fait pour moi! il semble que tout se réunisse ce soir pour m'accabler! Aïe! comme ça pique!... Certainement il m'est resté quelque chardon après mon pantalon!... Mais aussi je mérite cela!... Qu'avais-je besoin de quitter Paris... où je suis si bien... où j'ai trois entrées au théâtre de la Porte-Saint-Martin... où je fais la cour aux actrices... où je monte sur la scène? et tout cela pour aller à la campagne avec Arthur... qui a toujours l'air de se moquer de moi... et qui me mène peut-être dans une maison où je m'ennuierai beaucoup!... Encore, si j'y étais arrivé dans cette maison!... Mais je perds mon compagnon de voyage, mon cabriolet... et mon domestique... et même mon chapeau, car je suis sans chapeau!... Il est resté sur le coussin de la voiture... et puis, pour m'achever... je m'assois sur des orties! Et qui sait ce que le ciel me réserve encore, s'il me faut passer la nuit dans ce bois!

Théophile a cessé ses doléances; mais il demeure comme accablé au milieu du chemin, il n'ose plus s'asseoir; de temps à autre il porte sa main sous la basque de son habit, et frotte son pantalon de coutil en s'écriant : — Dieu! comme ça démange!

Mais bientôt une voix se fait entendre; cette voix fredonne un air de *la Fiancée*, opéra qui était nouveau alors, et les échos du bois répètent :

> Troubadour et berger,
> Votre sort peut changer;
> Avec moi dans la garde
> Il faut vous engager!

Théophile tressaille de plaisir, car il a reconnu la voix mélodieuse qui fait retentir les bois; en même temps les pas d'un cheval, le roulement d'une voiture, parviennent à son oreille et se rapprochent à chaque instant.

— Je suis sauvé! s'écrie Minot. Et, en effet, quelques minutes ne s'étaient pas écoulées, qu'il avait près de lui son ami, son domestique et son cabriolet.

— Mais d'où diable viens-tu? dit Théophile en revoyant Arthur.

— Je vais te l'expliquer, mon cher. Lorsque j'eus mis pied à terre pour chercher Legris, la première chose qui frappa mes yeux fut une petite lumière qui brillait dans l'éloignement. Comme je n'étais pas bien sûr d'être dans le bon chemin pour arriver à Draveil, je me dis : Une lumière annonce une habitation, ou du monde au moins; tâchons de l'atteindre, et je me ferai indiquer ma route. C'est pourquoi je me suis éloigné rapidement; mais la lumière semblait fuir devant moi... Quelquefois elle disparaissait entièrement...

— C'était un feu follet?

— Non, c'était tout bonnement une lanterne que tenait un garde-champêtre. Je parvins à l'atteindre. Il me prit d'abord pour un malfaiteur et tira son grand sabre; mais une pièce de cent sous que je lui mis dans la main lui fit comprendre qu'il se trompait. Il me donna tous les renseignements que je voulais... et même sa lanterne, qu'il ira rechercher demain chez le colonel de Melleval... car nous sommes tout près de notre destination; encore dix minutes sur cette route, puis nous tournons à droite, nous voyons Draveil devant nous, et nous arrivons chez M. de Melleval, où l'on nous fait l'accueil le plus flatteur. Eh bien! es-tu encore désolé?

— Non... ce qui me plaît surtout dans ton récit, c'est la lanterne que tu as apportée.

— Moi, dit Legris, j'ai rattrapé Bibi au moment où il allait se jeter dans des vignes!... C'eût été du joli! il se serait blessé, ce pauvre animal!... il aurait cassé, brisé ses harnais.

— Enfin, puisqu'il n'est arrivé aucun malheur, remontons en voiture et dépêchons-nous d'arriver chez le colonel.

— Ah! oui! dit Théophile en se plaçant dans le cabriolet à côté de son ami; dépêchons-nous d'arriver... Allez, Bibi... au grand trot! Et toi, Legris, ne t'endors plus derrière.

— Oh non! monsieur! c'est fini maintenant.

— Avant d'arriver, reprend Théophile en s'adressant à son ami, donne-moi donc quelques renseignements sur les personnes chez lesquelles tu me mènes... Je sais que nous allons chez un ancien colonel de l'empereur... mais ensuite, qui verrai-je là?... je voudrais savoir un peu à qui j'aurai affaire.

— C'est juste. Écoute-moi. M. de Melleval a servi longtemps sous Napoléon. C'est un homme de cinquante-cinq ans, grave, un peu sévère, pas très-aimable, qui, chez lui, se croit toujours au milieu de ses soldats; qui a conservé le ton du commandement, et veut que tout ce qui l'entoure lui obéisse et marche comme à son régiment.

— Si c'est là la société agréable que tu m'as promise...

— Eh non!... que m'importe M. de Melleval?... je le laisse parler gravement de ses campagnes et imposer sa domination sur les amis et les voisins qui composent sa société; ce n'est pas lui que je vais voir, c'est sa fille!... c'est la charmante Caroline.

— Ah! il y a une fille... Je comprends.

— Oui, il y a près du colonel une jeune personne de dix-sept à dix-huit ans... Figure-toi tous les attraits, toutes les grâces réunies... un ange... on ne peut la voir sans l'aimer!...

— Alors, je vais donc l'aimer, moi?

— Aime-la si tu veux, ça m'est bien égal!... C'est une jeune personne parfaitement élevée, timide, réservée... point coquette, mais qui a perdu sa mère de bonne heure, et qui a dû laisser son imagination rêver cet amour romanesque... comme au temps d'Amadis ou de Roland... Avec cela, Caroline a près d'elle une amie qui est bien la tête la plus exaltée! la plus romantique! de ces femmes qui se créent le monde et les hommes comme ils n'existent point... de ces esprits à prétentions, à phrases inintelligibles... Oh! tu seras bien avec celle-là : tu pourras briller près de mademoiselle Ophélie ; tu n'auras pour cela qu'à te jeter dans le vague, dans le vaporeux, qu'à entortiller tes phrases de manière à ce qu'on ne puisse pas les comprendre, et elle te trouvera charmant... Je te laisse Ophélie... moi, je ne veux que Caroline...

— Tu me laisses Ophélie, il est étonnant !... Il semblerait qu'il n'y a qu'à prendre les demoiselles comme si c'était des cartes au piquet !... On en laisse une, mais on la regarde avant, n'est-ce pas ?...

— Ah ! mon pauvre Minot, c'est que je suis amoureux... amoureux comme un fou de la charmante Caroline.

— As-tu quelque espoir de lui plaire ?...

— Ah ! ah ! quelque espoir... Il est délicieux... Est-ce que quand un homme comme moi veut être aimé, il n'est pas certain de réussir ?...

— Ah ! certain... Si cette jeune personne avait une autre inclination dans le cœur ?...

— Je l'aurais chassée... j'aurais supplanté mon rival... Mais je n'aurai pas cette peine. Je te répète que Caroline est une jeune fille vierge encore de toute impression, c'est un cœur tout neuf, mais qui a besoin d'aimer, qui cherche un cœur qui réponde au sien, une âme qui s'épanche dans la sienne... Ah ! quel bonheur d'entendre un tendre aveu sortir de cette jolie bouche... de recueillir les premiers mots d'amour prononcés par cette voix touchante, dont les accents nous causent un doux frémissement !... Tu verras Caroline... rien de plus séduisant ne s'est encore offert à ta vue...

— Cependant, depuis que j'ai acheté trois entrées à la Porte-Saint-Martin, j'ai vu beaucoup de...

— Caroline est blonde, non pas de ces blonds trop blancs qui brillent comme de la neige, ni de ceux qui se rapprochent du rouge ou du roux...

— Oui, je comprends, c'est une vraie blonde... elle doit avoir des yeux bleus...

— Pas du tout elle a des yeux très-noirs... C'est cela qui est divin... qui est rare !...

— Oh ! rare... pas tant que tu veux bien le dire !... J'ai souvent vu des yeux noirs avec des cheveux blonds... Il est vrai que c'étaient des femmes qui portaient des tours.

— Minot, tu pourrais te dispenser de m'interrompre pour

me dire des bêtises... Mais, après tout, je suis bon de te faire le portrait de Caroline!... Est-ce que tu peux comprendre tout ce qu'il y a dans cette figure céleste?..

— Le colonel de Melleval est-il riche?

— Oui... c'est-à-dire à son aise... Je lui crois huit à dix mille francs de revenu.

— Si la demoiselle est seule d'enfant, ce ne serait pas encore un mauvais parti.

— Eh! qu'importe? il s'agit bien de cela!... Pauvre Minot, qui croit qu'il faut toujours penser au mariage quand il y a de l'amour en jeu! Moi, qui ai déjà aimé plus de cinquante fois, j'aurais donc cinquante femmes?

— Non, cinquante, ce serait trop... mais une... une qui ait une bonne dot!

— Tais-toi! tu déraisonnes!... A mon âge, à vingt-six ans, maître d'une jolie fortune, pourvu de tous les avantages qui font réussir dans le monde... j'irais me marier... m'enterrer dans mon ménage... bercer mes enfants peut-être, et faire le piquet de mon beau-père! Ah! ah! ce serait touchant... Me vois-tu, moi, promener un marmot par la main... et m'asseoir au coin de mon feu près de mon épouse?

— Il y a des gens qui appellent cela du bonheur.

— C'est possible; mais ce ne serait pas le mien. Ce qu'il me faut à moi, c'est du mouvement, du bruit, une vie agitée, des plaisirs sans cesse renouvelés, des passions... des obstacles à surmonter... c'est... oh! dans ce moment, c'est l'amour de Caroline!... Et je l'aurai... elle me donnera son cœur... je le veux!... et je n'ai jamais trouvé de résistances que je ne sois parvenu à vaincre. Ce qui me contrarie seulement, c'est que M. de Melleval ait quitté entièrement Paris pour se retirer dans sa propriété de Craveil... Autrefois il venait passer l'hiver à Paris avec sa fille; c'est là que j'ai vu Caroline pour la première fois... il y a six mois; mais il a renoncé entièrement à Paris, et il faut venir à Draveil pour voir la fille du colonel... La propriété de M. de Melleval est fort gentille, la maison est charmante, il reçoit très-bien; et en lui passant sa manie d'exercer toujours le commandement, on peut se plaire chez lui. Mais c'est loin de Paris... sept grandes lieues... Enfin, Caroline vaut bien la peine qu'on se dérange... Voilà la troisième fois de l'été que je viens à la propriété du colonel... Comme mon oncle y est en ce moment, ce sera une occasion pour que j'y reste plus longtemps, et j'espère bien... Mais tiens... voilà le village... nous sommes arrivés; la maison de M. de Melleval est là-bas... à droite.

— Ah! nous y sommes donc enfin! s'écria Théophile. Ma foi, ce n'est pas sans peine! j'ai cru que nous n'arriverions jamais.

CHAPITRE II

LA SOCIÉTÉ A DRAVEIL.

Avant de laisser les deux jeunes gens entrer chez le colonel, faisons connaissance avec les nouveaux personnages que nous allons y rencontrer.

Disons d'abord que la propriété de M. de Melleval est de fort bon goût; que la maison, bâtie dans le style moderne, offre tout ce qui peut flatter les yeux et satisfaire les personnes qui l'habitent. L'agrément et le confortable y sont habilement ménagés : c'est la demeure d'une personne aisée qui aime à recevoir du monde; car nous avons des gens riches qui vivent comme des loups, et chez ceux-là il règne en général un air de tristesse, de solitude, qui se retrouve dans le choix des meubles, dans la couleur des papiers, et jusque dans la distribution des appartements.

Vous avez encore de ces gens qui veulent bien recevoir du monde à leur campagne, qui vous invitent, vous pressent d'y venir, et vous y laissent manquer de tout. Chez ceux-là, vous arriverez fatigué, accablé de chaleur, on ne vous proposera pas de vous rafraîchir avant l'heure du dîner; vous vous promènerez dans un jardin où il y a de fort beaux fruits : on vous fait entendre qu'il serait fort indiscret à vous d'y toucher, et qu'on veut les mettre en réserve. Vous voyez une belle pelouse dont l'herbe est haute et fraîche; cela vous ferait plaisir de vous rouler dessus; mais on a soin de vous prévenir qu'il ne faut pas mettre le pied là, parce que cela fanerait la récolte de foin que l'on vendra au fermier voisin. Enfin, on vous couche dans une chambre où il n'y a pas un pauvre petit sucrier, et l'on vous donne une seule lumière qui n'a plus que quelques quarts d'heure d'existence, ce qui signifie qu'il faut vous coucher bien vite et ne pas vous flatter de lire dans votre lit.

Il n'en était point ainsi chez M. de Melleval : sauf cette habitude de commander qu'il avait conservée, et qui donnait à ses manières quelque chose de sévère et d'imposant, le colonel recevait fort bien son monde; il voulait qu'on ne manquât de rien chez lui; il voulait surtout qu'on s'y amusât, il vous y aurait forcé s'il l'avait pu. M. de Melleval était un brave militaire, rigide observateur de ses devoirs comme de la discipline; il ne se rappelait pas dans tout le cours de sa carrière militaire avoir été une seule fois mis aux arrêts. Mais comme le colonel était aussi juste pour les autres qu'il voulait qu'on le fût pour lui, il avait su se conquérir l'estime de tous ses compagnons d'armes et l'amitié de tous ceux qui avaient été à même de juger que, sous une enveloppe brusque et sévère, M. de Melleval cachait un cœur bon, noble et généreux.

Vous connaissez déjà la fille du colonel : Arthur vous a fait son portrait, et il n'a rien exagéré de ses grâces, de ses charmes. Ajoutons-y seulement que Caroline, qui chérissait son père, tremblait cependant devant lui; qu'habituée à une obéissance passive et sans bornes, lorsque par hasard elle eût voulu émettre une réflexion, une légère observation sur les ordres qu'elle recevait du colonel, la parole expirait sur ses lèvres, ses joues devenaient pourpre, et elle s'éloignait sans avoir dit un mot.

Près de Caroline, qui avait eu le malheur de perdre sa mère étant encore enfant, il y avait une bonne fille nommée Marianne : c'était de ces domestiques qui ont élevé les enfants, qui ne les ont jamais quittés; qui les aiment, les gâtent, les consolent dans leurs petits chagrins, partagent leur joie, leurs plaisirs; jouent avec eux aux quilles, à la balle, et plus tard reçoivent leurs premières confidences, devinent leurs secrets soupirs; de ces domestiques enfin qu'on ne pourrait pas renvoyer sans commettre une mauvaise action, et auxquels on passe, on pardonne mille choses, parce qu'on sait qu'ils sont réellement attachés à nos enfants.

Telle était Marianne, bonne fille qui avait alors quarante ans, qui avait vu naître Caroline, l'avait portée, bercée une des premières, qui ne connaissait rien au monde de plus beau, de plus aimable que *sa demoiselle*, qui se serait jetée dans le feu pour lui être agréable ou lui éviter un chagrin, et qui espérait bien lui passer sa robe de noce et recevoir un jour son premier enfant.

De son côté, Caroline payait Marianne de retour : c'était près de sa bonne qu'elle allait pleurer lorsque son père lui avait parlé sévèrement; c'était à sa bonne qu'elle contait ses moindres peines, ses petits secrets; secrets bien innocents encore, car Caroline était naïve et pure, et ses pensées étaient chastes comme son front. Marianne pleurait ou riait avec sa demoiselle, suivant la circonstance, et jamais le nom de *bonne* n'avait été mieux mérité.

Maintenant, nous allons nous trouver chez le colonel M. de Vieussec, ancien magistrat, qui en vieillissant est devenu presque aveugle, à peu près sourd, et entièrement asthmatique, ce qui rend sa société fort peu agréable.

M. de Vieussec a une nièce : c'est mademoiselle Ophélie, la demoiselle romanesque et à prétention, dont Arthur a fait aussi le portrait à son ami. C'est une grande personne toute longue, toute mince, tout effilée, qui, en se serrant dans son corset de façon à se faire souffrir, ne parvient pas cependant à se dessiner une taille et une chute de reins. Mademoiselle Ophélie a les traits réguliers, quoiqu'un peu forts; elle a dû être jolie; mais déjà sa figure maigre, jaune, osseuse, n'a plus rien qui annonce la jeunesse; et cependant la nièce de M. de Vieussec n'a encore que vingt-sept ans; mais elle a le malheur ou l'avantage de paraître avoir atteint la trentaine.

On assure que ce qui contribue à maigrir et à jaunir la grande Ophélie est le dépit de ne pas être mariée. Mais lorsque cette demoiselle avait dix-huit ans et sa fraîcheur, ses prétentions étaient si ridicules, sa conversation tellement inintelligible, que beaucoup d'amoureux s'étaient éloignés faute de pouvoir comprendre son beau langage; et de son côté elle avait refusé plusieurs partis fort convenables, parce que les prétendants s'exprimaient trop bourgeoisement, ou ne savaient pas bien arranger leurs cheveux.

L'oncle d'Arthur, le capitaine Gervillier, est aussi l'un des hôtes de M. de Melleval. Le capitaine est un homme excellent près du colonel; ayant conservé l'habitude d'obéissance envers son supérieur, se trouvant fort honoré d'être chez lui; ayant borné son ambition au grade qu'il avait obtenu, et au-dessus duquel il sentait bien qu'il ne devait jamais espérer de s'élever. Le capitaine Gervillier était dans un salon comme autrefois au quartier, toujours prêt à s'incliner devant son chef. Il aurait passé une journée debout plutôt que de s'asseoir, si son colonel ne l'y avait pas engagé ; et il en était ainsi pour tout.

Dans les environs de la propriété de M. de Melleval il y avait plusieurs jolies maisons dont les habitants venaient chez le colonel.

C'était un ancien banquier et sa femme. Celle-ci avait été fort jolie et fort coquette; elle n'était plus jolie, mais sa coquetterie avait augmenté à mesure que ses charmes l'avaient quittée. Il faut bien tâcher de conserver quelque chose.

M. Dugrandet, c'est le nom du banquier, approchait de la soixantaine, peut-être même l'avait-il dépassée; mais comme il avait été fort joli homme et assez heureux près des belles, il ne voulait pas vieillir; sa manie était de chercher à prouver qu'il avait toujours les facultés de la jeunesse; il se flattait de n'être jamais malade, et d'être surtout un marcheur infatigable.

Madame Dugrandet souriait parfois d'un air moqueur lorsque son mari parlait de ses forces et de l'excellence de sa constitution

Il y avait encore une famille d'anciens négociants, gens très-fortunés, mais qui avaient le ridicule de mépriser la profession qui les avait enrichis, et de vouloir se faire passer pour des gentillâtres : cela faisait beaucoup rire mademoiselle Ophélie, qui prétendait qu'avec le nom de Troussard, c'était celui de l'ex-négociant, il était impossible d'obtenir la moindre considération dans la société.

Je conviens que le nom de Troussard est peu mélodieux à l'oreille; mais qu'importe de quelles lettres, de quelles syllabes se compose un nom? ce n'est pas lui qui donne le mérite, c'est le mérite de la personne qui donne de l'éclat à son nom, et les syllabes les plus dures semblent sonores lorsqu'elles nous rappellent un homme de génie ou un grand philosophe.

Marie, Marguerite, sont des noms bien communs; mais qu'ils soient portés par de jolies femmes, ils vous sembleront agréables et doux.

Revenons aux Troussard. Le mari a cinquante ans; il se flatte d'avoir reçu beaucoup d'instruction, et passe sa vie à sa cave, où il compte et recompte ses bouteilles de vin, parce qu'il est extrêmement méfiant et craint sans cesse que ses domestiques ne l'aient volé. La méfiance est presque toujours compagne de l'avarice; et, en effet, M. Troussard est plus qu'économe, il lésine sur les plus petites choses, ce qui s'accorde peu avec les airs de grandeur que madame Troussard veut se donner. Cependant, comme nous avons tous nos faiblesses, M. Troussard a aussi son côté vulnérable : la table, et surtout le bon vin, ont infiniment d'attrait pour le ci-devant négociant; et ce qu'il y a de singulier, c'est qu'à l'issue d'un bon repas, où il a presque toujours bu de manière à se mettre en belle humeur, M. Troussard est excessivement prodigue, généreux : c'est un bon vivant, un homme qui n'a plus rien à lui; il vous fait mille offres de service, met sa maison, sa bourse à votre disposition; il invite à dîner tous les convives, même des gens qu'il voit pour la première fois. Mais lorsque le sang-froid est revenu, M. Troussard s'empresse de contremander toutes ses invitations.

Madame Troussard a dix ans de moins que son mari; elle a toujours l'œil rayonnant et le sourire sur les lèvres; elle n'a pas encore achevé de vous souhaiter le bonjour, qu'elle a commencé une histoire; puis cette histoire s'enchaîne dans une autre, qui est enchevêtrée dans une suivante : c'est absolument comme dans *les Mille et une nuits*, vous n'en voyez pas la fin. Arrivée dans un salon, madame Troussard ne déparlera pas jusqu'au moment de sa sortie; mais comme les maîtres de maison ne se soucient pas toujours de lui faire la chouette, ordinairement on lui abandonne un coin et une personne qui fait le sacrifice de ses oreilles.

Il y a ensuite mademoiselle Troussard, et plusieurs petits Troussard. Mademoiselle, qui se nomme Thérèse, et que sa mère n'appelle plus que Thérésinette ou Thérésina, est une jeune fille de dix-huit ans, portant une bonne grosse figure réjouie, bien fraîche et bien ronde; c'est une brune à l'œil vif, au teint coloré, rieuse, gaie, sans façons, et n'ayant point hérité des sottes prétentions de ses parents. Mademoiselle Thérèse n'a pas une figure distinguée, mais elle est gentille, agréable, et ne peut manquer de trouver des adorateurs et des maris. Son seul défaut est de chanter faux d'une façon impitoyable, et surtout d'aimer à chanter souvent; mais sa mère trouve que sa fille a une voix superbe, et pense qu'on ne l'entend jamais assez.

Je ne vous ferai point le portrait des petits Troussard; je

vous dirai seulement qu'il y en a trois, qu'ils ont de cinq à neuf ans, qu'ils veulent toujours dormir en compagnie, et que chez eux ils veulent toujours manger.

Il y a bien encore quelques autres personnes que nous pouvons avoir oubliées, mais nous les rencontrerons plus tard chez M. de Melleval.

Et maintenant entrons dans le salon du colonel le soir, quelques instants avant l'arrivée d'Arthur et de son ami Théophile Minot.

CHAPITRE III

SOIRÉE CHEZ LE COLONEL.

— J'ai fait plus de cinq lieues aujourd'hui !... J'ai été à Montgeron, je suis revenu... j'ai fait un détour pour voir une propriété dont on m'avait parlé... Oh oui !... j'ai bien fait six lieues... et je n'y pense pas... je ne suis pas fatigué du tout...

C'est M. Dugrandet qui est assis sur un divan, et cause avec le colonel... Le capitaine Gervillier se tient debout devant eux; un peu plus loin, dans un coin du salon, madame Troussard parlait à M. Vieussec, qu'on lui donnait presque toujours pour patient; mais l'ancien président, étant presque sourd, souffrait moins qu'un autre de l'intempérance de la langue de madame Troussard.

Caroline, tout en faisant de la tapisserie, causait avec la grande Ophélie, qui tenait un livre dans sa main, mais ne lisait pas. La gentille Thérèse était près d'un piano, et s'amusait à passer en revue de la musique. Madame Dugrandet faisait une partie d'impériale avec M. Troussard, dont les fils se permettaient de dormir çà et là dans le salon.

— Moi, je ne suis plus un grand marcheur, dit le colonel en se tournant vers le capitaine; c'est peut-être parce que j'ai fait beaucoup de chemin jadis... Ah ! l'empereur ne nous laissait pas longtemps nous reposer... N'est-ce pas, Gervillier ?

— C'est vrai, mon colonel; il nous faisait faire souvent des marches forcées; mais on ne s'en plaignait pas !...

— C'est parce qu'avec lui on était toujours sûr de trouver la gloire au bout du chemin.

— C'est parfaitement vrai, colonel.

— Ah çà ! capitaine, pourquoi donc restez-vous ainsi debout devant nous, et ne vous asseyez-vous pas ?

Le capitaine s'incline respectueusement, et va prendre une chaise en murmurant :

— Je m'assois, colonel.

— J'ai encore perdu ! s'écrie M. Troussard. Madame me fait toujours descendre au moment où j'espère monter. Je n'ai pas pu prendre une seule impériale dans la partie.

— Papa, tu n'es pas très-fort à ce jeu-là, tu ne gagnes jamais... Ah ! *Fleuve du Tage*... quelle vieille romance !... on me berçait avec ça.

— Elle est bien jolie, dit Caroline.

— Oh oui ! mais j'aime mieux le nouveau... tra la la la !

— Plus haut, ma fille ! dit madame Troussard sans cesser de causer avec le vieux monsieur qu'on lui a abandonné.

— Mais, maman, je ne chante pas, je m'amuse seulement à regarder la musique de mademoiselle de Melleval.

— Ah ! c'est différent, je croyais... C'est que vous avez la mauvaise habitude de chanter toujours trop bas... on ne vous entend pas bien.

— Il me semble qu'on l'entend beaucoup trop, dit mademoiselle Ophélie en regardant Caroline d'un air moqueur. Mon Dieu ! que cette famille Troussard est ridicule !... N'est-ce pas aussi ton sentiment, Caroline ?

— Mais, non... ce sont de bonnes gens, il me semble...

— Ah ! ma chère ! qui dit bonnes gens, dit gens bêtes : à la bonne heure comme cela.

— Ce n'est pas ainsi que je l'entends. Thérèse est bien gentille, bien aimable... elle fait tout ce qu'on veut, elle rit toujours ! ah ! c'est un heureux caractère !

— Elle rit !... cela se conçoit, elle n'a rien dans la tête !... Ah ! si tu appelles cela être aimable... Où est son esprit ?... où sont ses pensées quand elle parle ?... sur quoi appuie-t-elle ses raisonnements ?... Jusqu'où son imagination peut-elle s'élever ?...

— Ah ! je ne me suis pas demandé tout cela... je la trouve

gaie... complaisante... est-ce que ce n'est pas quelque chose en société? Mais toi, Ophélie, tu es si difficile! tu exiges trop.

— Et sa mère!... quelle bavarde insupportable!... Ah! mon oncle est bien heureux d'être sourd... je l'en félicite quand je vois madame Troussard s'asseoir près de lui. Et le mari, encore un homme bien gracieux en société!... il pleure quand il a perdu cinq sous à l'impériale!...

— Ah! voilà un air du *Petit Chaperon rouge*... je vais l'essayer, dit mademoiselle Thérèse en préludant sur le piano.

— Allons! elle va encore chanter!... quelle terrible chanteuse!... Il n'y a pas moyen de causer tranquillement.

— Mais il me semble, Ophélie, que nous pouvons très-bien causer pendant que Thérèse chante..

— Cette voix qui m'entre dans les oreilles me trouble, m'agace les nerfs! Ah Dieu!... Dis donc, Caroline, est-ce que vous n'attendez pas encore du monde... des jeunes gens de Paris?...

Caroline baisse les yeux sur son ouvrage en répondant : — Mais... oui... c'est-à-dire... je crois que le neveu du capitaine Gervillier a promis... à mon père... à son oncle, de venir ces jours-ci.

— Ah! M. Arthur qui a passé huit jours ici, il n'y a pas longtemps?

— Oui...

— C'est un joli garçon... un cavalier fashionable... il a de l'élégance dans ses manières, et ses yeux ont un feu, un éclat qui vous pénètre... Il m'a dit d'assez jolies choses... mais je le crois un peu fat et matérialiste; je voudrais plus de poésie dans ses discours... Et toi, Caroline, que penses-tu de ce jeune homme?

— Moi?... mais que veux-tu que je pense? répond Caroline, qui paraît fort occupée du nœud qu'elle vient de faire à son aiguillée de laine. M. Arthur est très-galant... très-poli... Ah! mon Dieu, je ne pourrai jamais défaire ce nœud-là!

Mademoiselle Ophélie pousse un assez gros soupir en murmurant : — Ah! que tu es heureuse, Caroline, de ne point éprouver ce trouble, ce vide, cette mélancolie, qui depuis plusieurs années dessèchent et fanent la tige de mon existence!

Caroline ne répond rien, peut-être même ne comprend-elle pas la phrase de mademoiselle Ophélie, qu'il était permis de trouver infiniment trop prolongée.

— Avant-hier, dit M. Dugrandet en caressant ses jambes,

j'ai arraché, déplanté et transplanté moi-même plus de trente arbres dans mon jardin... cela ne m'a pas fatigué du tout; il y a des jardiniers qui n'en feraient pas autant!...

— Et votre neveu, capitaine, je croyais qu'il devait venir nous voir ces jours-ci? dit M. de Melleval sans répondre à l'infatigable Dugrandet.

— Je pense, mon colonel, qu'il profitera de votre honorable invitation, et aura bientôt l'honneur de venir vous présenter ses devoirs.

— Que fait-il à présent qu'il a quitté la carrière des armes?

— Ce qu'il fait, mon colonel?... mais je crois qu'il ne fait rien.

— Il a donc de la fortune?

— Six à sept mille livres de rente.

— Ce n'est point assez pour rester sans rien faire quand on n'a que vingt-six ans; il faut que les jeunes gens aient une profession, un emploi, ou exercent un état quelconque; sans cela, ils font des folies, des dettes, et souvent de fortes sottises.

— Vous avez raison, mon colonel.

— Pourquoi ne dites-vous point à votre neveu de faire quelque chose?

— Je le lui dirais bien, colonel, mais ce serait absolument comme si je ne lui disais pas, parce qu'il a pour habitude de ne point m'écouter...

— Ah! diable! c'est fâcheux.

— Et puis, mon colonel, tout le monde lui dit qu'il est charmant; alors il me semble que j'aurais tort de ne point penser comme tout le monde,

— Eh bien! tu ne viens donc pas à bout de défaire ton nœud? dit Ophélie à Caroline, qui semblait très-émue, et dont les jolies mains tiraillaient et cassaient la laine, pendant que son père parlait du charmant jeune homme.

— Non... je suis bien maladroite ce soir...

Mademoiselle Thérèse avait commencé à chanter : *Anneau charmant, si redoutable aux belles!...* et, suivant son habitude, elle faussait tout en faisant une roulade sur chaque note, ce qui défigurait totalement les airs qu'elle chantait. Mais on entend sonner à la grille d'entrée, et il se fait un mouvement général dans le salon.

— Voilà du monde qui nous arrive, dit M. de Melleval ; c'est sans doute votre neveu, capitaine.

— C'est très-probable, mon colonel.

— Plus haut, ma fille, plus haut donc ! s'écrie madame Troussard, qui, dans le feu de sa conversation, n'a point entendu sonner à la grille. Mais mademoiselle Thérèse, sans répondre à sa mère, a déjà quitté le piano, et vient en sautillant dire à Caroline :

— Oh ! tant mieux si ce sont des jeunes gens... ils nous feront danser au moins... car ce n'est pas amusant de n'être qu'avec... des vieux... M. Dugrandet, qui ne se fatigue jamais, à ce qu'il dit, ne peut pas danser une pauvre petite contredanse sans devenir violet !...

Ophélie jette sur Thérèse un regard ironique en répondant :

— Je tiens fort peu à ce qu'on me fasse danser, moi !...

— Ah bien ! moi, j'y tiens beaucoup... et toi, Caroline ?...

Caroline ne répond pas ; depuis qu'on a sonné à la grille, elle ne peut plus parvenir à débrouiller sa laine et son aiguille.

C'était en effet Arthur et son compagnon de voyage, Théophile Minot, qui venaient d'arriver chez M. de Melleval ; ils ne tardent point à entrer dans le salon où est réunie la société.

Arthur présente son ami au colonel, en lui disant :

— Je me suis permis d'amener avec moi M. Théophile Minot, jeune capitaliste, grand amateur de campagne, de chasse, de pêche et d'horticulture. Je lui avais vanté votre charmante propriété, colonel, ainsi que tous les agréments que vous avez réunis chez vous, et il y a longtemps qu'il me demandait comme une faveur de vous être présenté.

— Il ment comme un dentiste, se dit Théophile en écoutant le discours de son ami ; je n'aime ni la chasse ni la pêche, ni les jardins, et c'est lui qui a voulu à toute force m'amener ici !... Enfin, pourvu que je m'y amuse !

M. de Melleval fait un fort bon accueil aux jeunes gens, et les engage à faire sur-le-champ un tour à l'office, en attendant l'heure du souper ; car il est bon de dire que chez le colonel on dînait à quatre heures précises et l'on soupait à dix : c'était une coutume qu'il avait adoptée et dont il se trouvait bien. Les personnes qui venaient passer quelque temps avec lui, étaient libres de ne pas la suivre, mais presque toutes imitaient le colonel.

Les jeunes gens remercient M. de Melleval... Arthur frappe sur l'épaule du capitaine, salue Dugrandet, sourit à Thérèse, s'incline devant Ophélie, et s'approche de Caroline en disant :

— Mademoiselle de Melleval veut-elle bien me permettre de lui présenter mes hommages?

Caroline lève timidement les yeux sur le jeune homme, et balbutie quelques mots de politesse, tandis qu'Arthur, qui s'est approché, ajoute, en changeant de ton, et de manière à n'être entendu que d'elle :

— Je vous revois donc enfin!... Ah! si vous saviez combien le temps m'a semblé long loin de vous!... Mais votre image était là... toujours là!...

Et comme Ophélie vient de se rapprocher de son amie, Arthur s'empresse de se tourner vers elle, et de s'écrier de ce ton léger qui lui est habituel :

— Comment mademoiselle Ophélie gouverne-t-elle les romans, la poésie, le clair de la lune et le lever du soleil?

— Le clair de la lune? répond la grande demoiselle; ah! si j'avais quelque pouvoir sur cet astre, il brillerait constamment... et sa douce lumière refléterait sans cesse de ces images fantastiques qui causent de si vives émotions!...

— Et la musique, mademoiselle? demande Arthur à Thérèse, en faites-vous toujours beaucoup?...

— Je ne fais que cela!... mais j'aimerais mieux danser. Ce monsieur que vous avez amené nous fera-t-il danser dimanche au bal du village?

— Il en sera enchanté... Oh! mon ami Théophile Minot est un jeune homme précieux, il sait se rendre utile... D'ailleurs je ne l'aurais pas amené si je ne l'avais pas cru capable d'être bon à quelque chose...

Et Arthur, se penchant vers Caroline, ajoute tout bas :

— Pendant qu'il causera avec elles... qu'il les occupera, je trouverai plus d'occasions de causer avec vous... voilà pourquoi je l'ai amené.

— Ce monsieur se nomme?... comment avez-vous dit? demande Ophélie à Arthur.

— Théophile Minot.

— Théophile... à la bonne heure! c'est un nom harmonieux...

Mais Minot!... ah! comment peut-on s'appeler Minot?... cela n'a pas le sens commun...

— C'est vrai, et c'est ce que mon ami aurait dû dire à son père lors de son baptême; mais probablement qu'alors il ne faisait pas toutes ces réflexions... Eh bien, Théophile!... qu'est-ce que tu fais donc devant la table de jeu?... Viens donc faire connaissance avec les aimables personnes qui embellissent ce séjour.

M. Théophile s'approche en se dandinant et en faisant son possible pour se donner une physionomie piquante et gracieuse à la fois, ce qui ne produit qu'une assez laide grimace qui donne envie de rire à la jeune Thérèse, tandis que mademoiselle Ophélie, toisant le nouveau venu des pieds à la tête, semble déjà vouloir le magnétiser par la puissance de son regard. Mais le gros jeune homme ne paraît que médiocrement charmé de l'attention avec laquelle la longue demoiselle le considère, et il arrête de préférence ses regards sur la figure ronde et joyeuse de mademoiselle Troussard.

— Je regardais... à quel jeu l'on jouait, dit enfin Minot, qui n'a rien trouvé de mieux pour entrer en conversation.

— C'est à l'impériale, monsieur, répond mademoiselle Thérèse; c'est mon père qui joue avec madame Dugrandet, l'épouse de ce monsieur qui est assis... là-bas... sur le divan. Mon père est de mauvaise humeur... c'est qu'il perd... Oh! je vois cela tout de suite, moi...

— Cela fait honneur à votre perspicacité, mademoiselle. Moi, je suis fort beau joueur... je ne me fâche jamais... surtout quand je gagne.

— Vous êtes arrivés bien tard, messieurs, dit Ophélie; la route doit être délicieuse, à cette heure!

— Je vous avoue, mademoiselle, que je l'ai trouvée fort longue... mon ami avait pris un chemin de traverse...

— Oh! j'adore les chemins de traverse!... s'écrie madame Troussard en venant se joindre à la conversation des demoiselles, parce que M. de Vieussec a profité d'une migraine pour rentrer chez lui.

De quoi est-il question, mesdmoiselles? qu'est-ce qu'on disait?... Monsieur vous racontait quelque chose?... oh! je voudrais bien l'entendre!... Eh bien! Thérésina, tu ne chantes plus? Pourquoi donc ne chantes-tu pas, ma chère amie? Quand on a une belle voix, il faut l'exercer... D'ailleurs... ici, c'est sans prétention... Oh! mesdemoiselles, regardez donc mes trois polissons qui dorment là-bas... oh! sont-ils gentils quand ils dorment!... Mon aîné a du romain... du grandioso dans le profil... Ces pauvres enfants... ils forment un petit groupe... comme des Amours... Allons, voilà encore mon mari qui perd... je vois cela à ses lèvres qu'il mord tant qu'il peut!... Moi, je n'aime pas le jeu, je préfère écouter une conversation spirituelle...

Minot ouvre ses gros yeux, pendant que madame Troussard laisse échapper ce torrent de paroles; mais Arthur a trouvé moyen de s'asseoir derrière Caroline, et, sans que cela puisse être remarqué ni entendu, il peut échanger quelques phrases avec elle.

— Avez-vous un peu pensé à moi depuis mon départ?... Vous ne répondez rien... vous voulez donc que je sois malheureux?...

— Non... mais... je ne dois pas vous dire... et puis... que vous importent mes pensées?... je crois qu'à Paris vous ne songez plus guère aux habitants de Draveil!...

— Ah! mademoiselle!... pourriez-vous me juger si mal?... mes yeux ne vous disent-ils pas tout ce que j'éprouve... tout l'amour que je ressens pour vous?...

— Eh bien! monsieur Arthur, y a-t-il quelque chose de neuf à Paris? demande le colonel en s'adressant au neveu du capitaine. Arthur se penche vivement en arrière pour n'avoir pas l'air de parler bas à Caroline, et répond :

— Rien que je sache, colonel, et qui mérite de vous être raconté...

— Est-ce qu'il n'y a pas eu un pari entre deux fameux marcheurs? dit M. Dugrandet.

— Ah! oui... c'était un Anglais qui luttait contre un Belge... Il s'agissait de faire deux fois le tour du Champ-de-Mars : l'Anglais a gagné.

— Je suis fâché de ne point m'être trouvé là!... reprend le vieux banquier, je me serais amusé à les suivre... de loin... Je ne prétends pas que j'aurais été aussi vite qu'eux... cependant je marche très-bien!

— Vous devriez vous faire coureur, monsieur, dit madame Dugrandet en riant.

— J'ai encore perdu !... je quitte la place ! s'écrie M. Troussard en se levant.

— Capitaine, allez donc faire la partie de madame Dugrandet, dit le colonel en s'adressant à la vieille moustache ; et le capitaine, qui ne peut pas souffrir jouer aux cartes, s'empresse de se lever en disant :

— Avec beaucoup de plaisir, mon colonel.

Et Arthur, qui voit qu'on ne s'occupe plus de lui, se rapproche de Caroline et lui dit bien bas :

— Demain matin... n'irez-vous pas promener dans le jardin... du côté du petit bois ?...

— Mais... je vais me promener... presque tous les matins... Alors il est présumable que j'irai encore s'il fait beau.

— Oui, mais vous êtes souvent avec votre gouvernante... Cette Marianne ne vous quitte pas, c'est insupportable ; devant un tiers, on ne peut pas se dire tout ce qu'on pense...

— Marianne m'aime tant !... il n'est pas étonnant qu'elle soit souvent avec moi... Oh ! elle est bien bonne, Marianne !... et jamais elle ne voudrait me voir de peine... me voir soupirer...

— Des peines !... en auriez-vous ?... Ah ! si j'en savais la cause, si je pouvais croire que vos soupirs...

L'approche du colonel force Arthur à ne point achever sa phrase ; M. de Melleval vient vers Caroline et lui dit :

— Eh bien ! est-ce que nous ne faisons pas un peu de musique ce soir ?

— Si, mon père... je ferai tout ce que vous voudrez, moi.

— Oh oui ! s'écrie madame Troussard, vive la musique ! vive le chant ! voilà ce que je répète sans cesse à Thérésinette : Ma fille, vous avez une superbe voix, mais il faut la cultiver... Ah ! colonel, regardez donc mes trois garçons, qu'ils sont gentils !... comme ils dorment profondément !

— Mais il me semble que c'est assez leur habitude en société, répond le colonel.

— Oui, je les ai dressés à cela... Je pense que cela vaut mieux que s'ils faisaient du bruit.

— Combien a-t-on laissé de bouteilles entamées sur la table aujourd'hui ? demande M. Troussard en se penchant contre l'oreille de sa femme.

— Combien de bouteilles entamées ? ah ! je n'en sais rien ;

vous m'ennuyez avec vos bouteilles! Est-ce que je me mêle de votre cave, moi?

— C'est que j'en avais monté trois, je n'en ai revu qu'une dans le panier... pourtant on ne doit pas en avoir entamé deux.

— Eh, mon Dieu! monsieur, vous choisissez bien votre temps pour me parler de vos bouteilles!... retournez à votre cave si cela vous fait plaisir, restez-y toute la journée... couchez-y même, je vous assure que je ne m'y opposerai pas.

M. Troussard s'éloigne de son épouse en murmurant : — Certainement que j'y descendrai quand nous serons rentrés chez nous... je ne veux pas que mes domestiques me volent mon vin.

Cependant les demoiselles se sont rapprochées du piano; Caroline prélude, et Thérèse feuillette la musique en s'écriant :

— Ah! vous allez m'accompagner, n'est-ce pas, mademoiselle Caroline?...

— Très-volontiers, répond la fille du colonel, pendant que celui-ci, s'approchant de Théophile, lui dit :

— Êtes-vous, musicien, monsieur?

— Oui, monsieur... c'est-à-dire... je ne sais pas la musique; mais je chante très-fort.

— Vous connaissez vos notes au moins?...

— Oui, monsieur... c'est-à-dire... je ne connais pas les notes... mais je vois bien quand cela monte ou quand cela descend, et cela me guide bien suffisamment.

— C'est comme moi, dit madame Troussard, je n'ai jamais appris la musique, et pourtant j'ai l'oreille la plus fine que l'on puisse rencontrer... un ton faux me fait tressaillir.

— Quand sa fille chante, elle devrait avoir des attaques de nerfs alors, dit Ophélie en s'adressant à Arthur, qui est près d'elle; mais le brillant jeune homme ne lui répond pas, il est tout occupé de Caroline, il suit tous les mouvements de la charmante fille, qui, assise devant une glace qui est derrière le piano, peut y voir aussi les yeux d'Arthur chercher sans cesse les siens.

Thérèse n'a pas attendu qu'on la priât de chanter; elle crie l'air du *Petit Chaperon rouge*, que la société écoute avec cette politesse et cette attention que l'on a toujours en bonne compagnie, même pour les gens qui nous ennuient. Dans les moments où la voix de la jeune chanteuse perce le plus désagréablement les oreilles de ses auditeurs, sa mère lui dit :

— Plus haut, ma fille, plus haut donc... ne crains pas de donner de la voix.

— Eh, mon Dieu ! que veut-elle donc qu'elle donne de plus ? dit Ophélie en s'adressant à M. Dugrandet. Celui-ci, qui est venu se placer debout près du piano, se contente de faire un petit sourire approbateur en disant :

— Si le temps est beau demain, je veux faire deux lieues avant de déjeuner.

Enfin mademoiselle Thérèse a fini son air, et Minot s'écrie d'un air enthousiasmé : — Ma foi, voilà une voix comme je n'en ai pas encore entendu ! c'est étourdissant !

— N'est-ce pas, monsieur ? reprend la maman, qui semble enchantée de l'effet que vient de produire sa fille, tandis que M. Troussard est allé s'asseoir dans un coin du salon, où il se dit :

— J'en avais encore cent quarante-deux dans la première pile à droite... et deux cent vingt et une dans la pile à gauche... J'irai vérifier ce soir avant de me coucher.

Après l'air du *Chaperon*, Caroline chante une simple romance. La fille du colonel n'a pas une voix bien étendue, mais elle est douce, flexible, expressive et toujours juste. Pour les oreilles qui viennent d'entendre mademoiselle Troussard, c'est une huile onctueuse que l'on verse sur des plaies pansées au vinaigre; on respire, on se retrouve en écoutant Caroline : c'est le calme après l'orage.

Arthur chante aussi une romance; il y met beaucoup de goût et d'expression, car la romance parle nécessairement d'amour. Mademoiselle Ophélie refuse de se faire entendre; elle ne chante plus depuis quelque temps. Enfin Théophile, qui s'est vanté de chanter très-fort, commence deux airs d'opéra, dont il ne peut se rappeler que quelques mesures; il en cherche un troisième, et heureusement pour la société il ne peut pas non plus s'en souvenir, lorsque la pendule placée sur la cheminée sonne dix heures; presque au même instant la porte du salon s'ouvre, et un domestique annonce que M. le colonel est servi.

— Eh quoi ! déjà dix heures ! dit madame Dugrandet ; il faut partir, mon ami.

— Ma foi, je ne croyais pas qu'il fût si tard, répond le vieux banquier; je ne suis pas fatigué du tout.

— Je le crois bien ! vous avez passé toute votre soirée assis sur le divan.

— Il faut aussi nous en retourner, dit madame Troussard; ces chers petits qui dorment... nous sommes restés bien tard ce soir. Mais quand on cause... quand on chante, le temps passe si vite !

— J'espère bien que vous n'allez pas me quitter encore, dit le colonel, et que vous viendrez souper avec moi... Qui vous presse d'être chez vous ?... ce n'est pas le chemin... vous êtes à deux pas... ce n'est pas la crainte d'être attaqués en route, il n'y a jamais de voleurs dans ce pays; d'ailleurs, si vous avez peur, je vous reconduirai avec le capitaine... Venez donc souper... nous avons deux hôtes nouveaux; il faut fêter leur bienvenue en vidant une bouteille de champagne !...

— Je suis toujours aux ordres de mon colonel, dit le vieux capitaine enchanté de quitter la partie d'impériale.

— Mais vous savez bien que nous n'avons pas l'habitude de souper, colonel, dit madame Dugrandet en faisant de petites minauderies; cela me fait mal de manger le soir.

— Eh bien ! vous nous regarderez, mais vous causerez avec nous. Quant à moi, je trouve que le souper est une de ces vieilles coutumes de nos pères que l'on a eu grand tort d'abandonner; et à la campagne surtout, où l'on a toujours du temps à soi, je m'applaudis d'avoir pris cette habitude.

— Ma foi, M. de Melloval est trop engageant pour qu'il soit possible de refuser, dit M. Troussard, que l'annonce du souper a déjà remis en belle humeur... J'accepte, moi, je ne m'en vais pas !...

— Allons, Thérésinette, puisque ton père le veut... remets là ton rouleau de musique... tu le reprendras plus tard.

M. et madame Dugrandet consentent aussi à rester au souper. Quant au capitaine, il logeait chez le colonel, ainsi que M. de Vieussec et sa nièce Ophélie; mais le vieux magistrat se retirait toujours de bonne heure dans sa chambre et n'assistait jamais au souper.

Toute la compagnie passe dans la salle à manger. Arthur s'est placé à table à côté de Caroline, et M. Théophile Minot s'empresse de s'asseoir auprès de la folâtre Thérèse. Lorsque tout le monde est en place, madame Troussard s'écrie :

— Ah ! mon Dieu !... et mes trois polissons que j'oublie !...

— Mais puisqu'ils dorment, dit M. de Melleval, il me semble qu'il vaut autant ne pas les déranger.

— Oh ! pardonnez-moi, monsieur le colonel ; il faudra toujours les réveiller pour les emmener, et s'ils savent que nous avons soupé sans eux, ils feront de beaux cris !... Je vais les chercher, ces chers Amours !...

Madame Troussard quitte la salle à manger, et revient bientôt avec ses trois garçons, dont l'un bâille, l'autre se frotte les yeux, et le plus jeune pleure parce qu'on l'a réveillé. Mais l'aspect de la table sèche les larmes et réveille bien vite ces messieurs. On les met tous les trois près de leur père, et on ne s'occupe plus d'eux.

Le souper se passe très-bien. Le colonel regardait gravement si ses convives ne manquaient de rien, et il était surtout satisfait lorsqu'on ne lui refusait d'aucun des mets qu'il vous envoyait. Jaloux d'être agréable à son ancien supérieur, le vieux capitaine se serait donné une indigestion plutôt que de refuser quelque chose, et il avait sans cesse l'œil au guet pour savoir s'il devait verser à boire et offrir à ses voisins.

Mademoiselle Ophélie ne mangeait presque rien ; son corps, ainsi que son esprit, n'aurait voulu se nourrir que de productions vaporeuses et immatérielles. Madame Dugrandet, à qui cela faisait mal de manger le soir, faisait cependant honneur à tout ce qui était sur la table. M. Théophile s'occupait beaucoup de lui et de sa gentille voisine ; mais celui qui semblait le plus satisfait de se trouver à table était M. Troussard. Acceptant de tout, buvant beaucoup, il ne parlait jamais pendant le commencement d'un repas ; mais ensuite s'animant peu à peu, il devenait gai, causeur, boute-en-train ; il chantonnait chaque fois qu'il levait son verre ; enfin ce n'était plus le même homme, et il suffisait de quelques rasades pour amener ce changement.

Deux personnes mangeaient fort peu et ne parlaient presque pas ; vous devinez qu'il s'agit de Caroline et d'Arthur. L'une était tout entière au sentiment nouveau que l'on avait fait naître dans son âme, et l'autre, devinant sa victoire, ne cherchait qu'à augmenter encore l'empire qu'il avait déjà pris sur son jeune cœur.

Tout en soignant sa voisine, Théophile voulait faire l'aimable et briller dans la conversation; mais lorsqu'il commençait à raconter une histoire, une aventure, il lui arrivait, comme pour ses morceaux de chant, de ne plus pouvoir se rappeler la fin. Alors mademoiselle Ophélie, déjà piquée de ce que le gros jeune homme n'avait point subi l'influence de ses regards, disait d'un ton moqueur :

— Monsieur nous dira probablement la suite une autre fois.

A la fin du souper, M. Troussard, qu'un verre de vin de Champagne vient de mettre tout à coup en gaieté, dit à la compagnie :

— Ah çà ! nous nous amusons beaucoup ce soir, c'est fort bien; mais il faut encore nous réunir demain... J'ai chez moi des vins excellents... je veux vous en faire goûter. Il faut que demain on dine chez moi... M. de Melleval et ses hôtes, M. et madame Dugrandet... je vous attends tous demain à dîner, c'est convenu, n'est-ce pas ?...

— Nous verrons... répond madame Dugrandet en souriant; je ne pense pas que nous puissions.

— Elle sait ce que valent les invitations de M. Troussard, dit mademoiselle Ophélie au vieux capitaine, mais on peut accepter sans se compromettre; demain il les enverra contremander.

— Vous croyez? répond le capitaine en regardant le colonel pour savoir si le moment est venu de verser à boire à ses voisins.

— Oh ! je vous attends tous demain; c'est entendu, c'est arrangé, reprend M. Troussard. A la santé de notre hôte !... Délicieux champagne !... *Flon, flon, flon, lariradondaine! Gai, gai, gai, lariradondé!...*

— Eh bien, monsieur! qu'est-ce que vous chantez là? dit madame Troussard en regardant son mari. Ce ne sont pas là des ariettes pour des demoiselles... Ah! mes petits se sont endormis sur leurs assiettes... c'est qu'ils n'ont plus faim. Il faut nous retirer; il est bien l'heure, ce me semble.

M. de Melleval se lève de table; tout le monde en fait autant. M. et madame Dugrandet prennent congé, et tout en répétant qu'il ne se fatigue jamais, le vieux banquier paraît avoir beaucoup de peine à mettre ses jambes en mouvement. Madame Troussard a réveillé ses fils, qui ne se décident à marcher qu'en grognant ou en pleurant. Enfin les voisins partent, et les hôtes du colonel se retirent chacun dans leur appartement.

On a logé Théophile Minot dans une chambre qui communique avec celle d'Arthur.

— Eh bien! que penses-tu des habitants de cette maison, et de la société que tu viens d'y voir? demande Arthur à son ami lorsqu'ils sont chez eux.

— Les habitants... mais pas mal... Ce M. de Melleval a l'abord un peu sévère... c'est vrai; mais à table il sert parfaitement...

— Et sa fille, quel ange!...

— Sa fille!... oui, elle est jolie; mais je préfère la demoiselle qui a chanté... mademoiselle Thérésinette!... c'est cela, une figure vive, piquante!

— Quel blasphème!... préférer de ces grosses beautés... communes, à un visage noble, gracieux, distingué!...

— Tout ce que tu voudras!... moi, je préfère l'autre; chacun son goût!... Et puis la belle voix!... oh! Dieu! comme ça retentit dans un salon! Je suis sûr que je vais rêver de la jolie brune.

— Et moi, je rêverai de la charmante blonde. Tu es fou, Théophile, d'oser lui comparer cette grosse Thérèse.

— Ah! laisse-moi tranquille, je t'en prie; d'abord, j'aime les grosses formes, moi... Au moins on sait à qui l'on a affaire!... il me semble que j'en suis bien le maître... Bonsoir... Arthur, je vais me coucher... Je tâcherai de me rappeler un grand air pour demain.

Théophile rentre dans sa chambre, et Arthur se met au lit en se disant : — Demain matin, dès le point du jour, je serai dans le petit bois au bout du jardin... Oh! je suis bien sûr qu'elle y viendra!...

CHAPITRE IV

DANGER DES PROMENADES DU MATIN.

La bonne Marianne était dans la chambre de Caroline, lorsque celle-ci s'y retire après avoir reçu le bonsoir de son père. Il y avait dans la physionomie de la jeune fille quelque chose qui laissait deviner l'agitation de son cœur; et Marianne, qui connaissait si bien *sa chère enfant*, s'en aperçut sur-le-champ.

— Il y a donc du nouveau ici? dit la gouvernante pendant que Caroline se disposait à faire sa toilette de nuit.

— Du nouveau, ma bonne?... oh! tu veux dire du monde... Oui, ce soir, M. Arthur, le neveu du capitaine Gervilliers, est arrivé avec un de ses amis... un gros jeune homme... qui a une drôle de figure.

— Est-ce l'arrivée de ces jeunes gens qui vous a contrariée, mon enfant? car vous avez quelque chose... vous n'êtes pas gaie comme à votre ordinaire.

— Mais non, ma bonne, je n'ai rien... je t'assure que tu te trompes.

— Est-ce que votre père vous a grondée?... est-ce qu'on vous a taquinée ce soir?... Oh! mais c'est que je ne veux pas que l'on fasse la moindre peine à mon enfant, moi!

— Je n'ai pas de chagrin, Marianne; personne ici... je le crois au moins, ne voudrait me faire du chagrin.

En disant ces mots, la jeune fille prend une des mains de Marianne, qu'elle presse doucement dans les siennes, comme pour la convaincre de la vérité de ses paroles; et pourtant cette action produit l'effet contraire, car dans sa voix, dans son regard, et jusque dans la pression de sa main, il y avait je ne sais quoi de mélancolique qui démentait cette heureuse tranquillité que Caroline voulait feindre. Mais le cœur d'une mère se trompe rarement, et Marianne était une mère pour celle qui depuis si longtemps n'avait qu'elle pour confidente; elle la regarda tristement, puis hocha la tête en murmurant :

— Ah! vous avez beau dire!... il y a queuque chose, mon enfant, et ce n'est pas de ce soir seulement que je m'en aperçois...

mais, dame... je n'ai plus toute votre confiance, à ce qu'il paraît!... ce serait bien mal pourtant d'avoir des secrets pour votre pauvre Marianne.

— Je n'en ai pas... je n'en ai pas, ma bonne!... s'écrie Caroline en s'efforçant de sourire.

— Oh! vous aimez mieux dire toutes vos pensées à votre amie mamzelle Ophélie!... qui parle toujours de façon à ce qu'on ne la comprenne pas!... Drôle de manière d'être aimable!... ça ne l'engraisse pas, cette demoiselle. Ah! ne l'imitez pas, mon enfant; vous parlez si bien, vous! tout ce que vous dites est si naturel, si facile à comprendre!... Vous ne cherchez pas vos discours dans les étoiles, dans les nuages... ça vaut bien mieux, car enfin nous ne sommes pas des habitants des nuages, nous autres.

— Sois tranquille, ma bonne, je serai toujours la même, et je t'aimerai toujours autant.

— A la bonne heure... c'est parler ça... Il y a plus d'esprit là-dedans que dans tous les discours de mamzelle de Vieussec.

— Bonsoir, Marianne, va te coucher.

— Vous n'avez plus besoin de rien?...

— Non, merci.

— Ah! vous lèverez-vous de grand matin?... ferons-nous une promenade dans les champs avant le déjeuner?

Caroline hésite avant de répondre; ses joues se couvrent d'un léger incarnat; enfin elle balbutie :

— Demain... je ne sais pas si nous aurons le temps... il y a tant de monde à la maison!...

— C'est juste... et on se promènera sans doute dans la journée; il ne faut pas vous fatiguer d'avance, mon enfant. Allons, au revoir; dormez bien.

Et Marianne se retire dans sa chambre, qui est tout près de celle de la jeune fille.

Restée seule, Caroline reste longtemps plongée dans ses réflexions; elle est triste, elle s'en veut à elle-même de n'avoir pas été sincère avec Marianne. Ce secret que sa bonne lui demande, pourquoi n'ose-t-elle point le lui confier? pourquoi ne lui a-t-elle pas déjà dit qu'Arthur lui parle d'amour, et que ses discours ont porté le trouble dans son âme, jusqu'alors si calme et si heureuse?

Caroline devinerait-elle que cet amour est une faute? Mais

est-ce donc un mal de répondre à l'amour que l'on inspire? Arthur ne lui a-t-il pas juré cent fois de la chérir toute sa vie? et ne mérite-t-il pas d'être aimé, puisque toutes les femmes le trouvent charmant?

Telles sont les réflexions, les pensées qui se croisent dans cette tête de dix-sept ans. Ce n'est pas l'âge de la raison... est-il juste d'en demander beaucoup à ceux qui commencent la vie? Tant de gens arrivent au bout de leur carrière sans en avoir eu assez pour un jour?

Caroline se couche et cherche le sommeil; mais l'image d'Arthur la poursuit, et le souvenir du rendez-vous pour le lendemain ne lui laisse que peu de repos. L'amour qui commence ne dort guère! les passions nous fatiguent à la fois l'esprit, l'âme et le corps.

Cependant, la nuit s'est écoulée. Déjà le jour point à travers les persiennes qui sont aux croisées de Caroline; déjà les oiseaux se font entendre, les oiseaux, si heureux, si bruyants dans un jardin où l'on ne chasse jamais, et qui viennent sans crainte près de ceux qui ne leur font pas de mal.

Caroline écoute, puis elle se lève et va regarder à travers ses persiennes. Le temps sera beau; mais dans le milieu de l'été, le moment le plus agréable pour jouir de la campagne est celui où le soleil ne se montre encore que faible et doux. Caroline admire les fleurs du parterre, jamais elle n'a eu autant envie de respirer leur odeur. Elle s'habille, tout en se disant : — Je puis bien descendre dans le jardin... me promener là... devant la maison... je n'irai pas plus loin... je ne veux pas aller rejoindre M. Arthur... mais le temps est trop beau pour que je n'aille pas respirer l'air du matin.

Et au bout d'un moment Caroline était au jardin, et en passant devant la porte de Marianne, elle avait marché bien doucement, de peur de faire du bruit; car sa bonne se serait levée et empressée de l'accompagner; mais cela eût gêné la jeune fille : probablement que la compagnie de sa bonne l'aurait empêchée de respirer aussi bien le parfum des fleurs.

Il est donc vrai que l'on se ment à soi-même quand on fait quelque chose que l'on sent être mal, à moins d'avoir perdu toute candeur, toute innocence, et d'être arrivé à ne plus pouvoir rougir. Il y a des personnes qui arrivent très-vite à ce degré-là.

Après s'être promenée quelques instants, rien qu'autour du parterre, Caroline fait involontairement quelques pas de plus. Bientôt un petit cri lui échappe : c'est Arthur qui vient de sortir de derrière une charmille, et accourt vers elle.

— Vous voilà donc enfin, charmante Caroline? dit le jeune homme en s'emparant d'une main de la jeune fille, qui tremble à la fois de plaisir et de crainte. Il y a bien longtemps que je vous attends là-bas... près du bois.

— Là-bas?... mais je n'y allais pas... j'étais descendue seulement pour voir mes fleurs.

— Ah! je vous comprends, mademoiselle; c'est-à-dire que vous m'évitiez, que vous ne désiriez pas me rencontrer.

— Je ne vous évitais pas... mais il me semble que je ne dois pas vous chercher.

— Ah! mademoiselle! est-ce ainsi que vous répondez à cet amour si vrai que vous m'avez inspiré?

— Vous m'aimez, monsieur Arthur, vous me le dites... et je vous ai cru... Mais, tenez, il me semble que notre amour ne devrait pas être un mystère... Est-ce que l'on cache ce qui n'a rien de criminel?... Pourquoi ne parlez-vous pas de votre amour à mon père?... Il faudra toujours bien le lui dire, pourtant.

— Oh oui! sans doute!... mais le moment n'est pas venu encore... M. de Melleval ne me connaît que depuis peu de temps... avant de lui faire part de mes sentiments pour vous, je veux gagner son amitié... En agissant autrement, je risquerais de lui déplaire!... il me faudrait peut-être venir moins souvent ici... vous voir moins souvent!... Ah! Caroline, je serais trop à plaindre! Croyez-moi, jouissons de notre bonheur... le mystère ajoute aux charmes de l'amour; ne me privez pas de ces douces entrevues, où je puis vous répéter le serment de n'aimer jamais d'autre femme que vous!

Celui qui est aimé est bien éloquent, et le séduisant Arthur avait su captiver le cœur de Caroline. Mais ce n'était point assez pour lui de cet amour si pur, dont tant de mortels eussent été jaloux; Arthur voulait un triomphe plus complet, et c'est pour cela qu'il donnait ses rendez-vous près du petit bois, où la jeune fille sensible et confiante se laissait entraîner par celui qu'elle regardait déjà comme devant un jour être son époux.

Les deux amants se promenaient depuis quelque temps; Arthur demandait toujours à s'asseoir sous un bosquet ou contre une charmille; Caroline trouvait que l'on pouvait tout aussi bien parler d'amour en se promenant; et Arthur, qui craignait d'effaroucher la pudeur de la jeune fille, se contentait de baiser sa main, et, en entourant sa taille, de presser de temps à autre contre son cœur celle qui se fiait à ses serments, qui souriait de plaisir à ses paroles de tendresse.

Tout à coup, au détour d'une allée sombre, un homme paraît devant les deux amants. Arthur a frémi... Si c'était le colonel!... Sa conscience lui dit que le père de Caroline aurait le droit de trouver fort mauvais cette promenade dans le petit bois.

Mais une exclamation a déjà rassuré Arthur : c'est Théophile Minot qui se trouve devant le couple amoureux. Caroline rougit et se sent embarrassée, pendant que le gros jeune homme s'écrie :

— Tiens! déjà en promenade?... c'est comme moi... Mademoiselle, je vous souhaite bien le bonjour... Avez-vous bien dormi, mademoiselle?...

— Fort bien, monsieur... je vous remercie.

— Moi, j'ai très-bien reposé, mais je me suis éveillé de bonne heure, parce que, quand on a l'habitude d'entendre beaucoup de bruit et qu'on n'entend rien du tout... ça réveille; voilà l'effet que me produit la campagne.

— Que viens-tu faire par ici de si grand matin? dit Arthur en regardant son ami d'un air qui signifie : Imbécile! tu avais bien besoin de te trouver là!

— Ce que je viens faire? répond Minot, je viens chercher l'air de Joseph... tu sais ce bel air...

Vainement Pharaon dans sa reconnaissance.

— Mais, monsieur, dit Caroline, il ne fallait pas vous donner tant de peine, nous avons cet air-là, il est ici.

— Mademoiselle, il a beau être ici, ça ne me l'apprendra pas si je l'ai oublié!... Comme je ne sais pas la musique, je ne chante que ce que j'ai retenu entièrement... vous ne pouvez pas me souffler tous les passages, et j'aurais beau regarder les notes... je n'y verrais rien!... Ah si, pourtant! je vois quand ça monte et quand ça descend.

— Maladroit! qui viens te jeter au milieu de nous!... quand je suis seul avec cette charmante fille! dit tout bas Arthur à Théophile; tu ne devines donc pas que tu es de trop ici?

— Je vais aller chercher l'air de Joseph un peu plus loin, dit Minot en voulant s'éloigner; mais en ce moment on entend la voix de mademoiselle Ophélie et celle du capitaine; alors Arthur retient vivement son ami par le pan de son habit en murmurant :

— Où vas-tu?... il faut rester maint ..ant.

Et Théophile s'arrête en disant :

— Il faut rester... il faut m'en aller, tâche donc de savoir ce que tu veux.

La société se réunit; Ophélie se plaint de ses nerfs, elle a mal dormi, elle est souffrante. Voyant que M. Théophile ne lui offre pas son bras, elle le lui demande, et s'appuie dessus comme si elle voulait se faire porter. Arthur a déjà pris celui de Caroline, et le vieux capitaine marche un peu en arrière, tout en fumant un cigare.

On fait ainsi quelques tours de jardin. Arthur et Caroline marchent toujours en avant, le capitaine en arrière, et mademoiselle Ophélie, se trouvant seule avec son cavalier, tâche d'amener la conversation sur un terrain où elle puisse donner l'essor à ses pensées.

— N'est-il pas vrai, monsieur, que l'on se sent doucement ému à l'aspect d'un arbre dont la cime élevée se balance avec majesté au gré du souffle impétueux des vents?... N'aimez-vous pas comme moi à vous promener sous des peupliers... quand leurs feuilles sont agitées?... Ce bruissement a quelque chose qui porte l'âme à la mélancolie.

— Mademoiselle, répond Théophile, je préfère me promener sous des abricotiers, surtout quand ils ont de beaux fruits... J'adore les abricots... même en beignets.

— Eh! mon Dieu, monsieur, on ne peut pas toujours manger des fruits! reprend la grande demoiselle en faisant un mouvement de dépit; les arbres à fruits se mettent dans un potager... Moi, je vous parle de ce qui est majestueux... gracieux... J'aime les saules pleureurs, les ébéniers à longues fleurs jaunes, les pins âpres et sauvages, dont la verdure a je ne sais quoi de sévère; j'aime le platane qui s'élève vers la nue... le mélèze aux larges feuilles, le catalpa dont l'écorce est si douce, si mince... Mais des abricots... ah! fi donc!...

— Je sais bien tout le récitatif, dit Théophile, qui n'avait pas écouté Ophélie; mais c'est l'air ensuite que je ne sais plus... Attendez, il y a : *Douce vallée et champ paternel.*

Mademoiselle Ophélie quitte brusquement le bras du gros jeune homme en s'écriant : — Cela devient trop fort; j'aime encore mieux mon oncle.

En ce moment la cloche du déjeuner se fait entendre, et le capitaine précipite le pas en disant :

— C'est le déjeuner... mon colonel nous attend... vite au quartier!...

M. de Melleval était toujours le premier à la salle à manger; il tenait à donner à ses hôtes l'exemple de l'exactitude et de la ponctualité. Le vieux magistrat arrivait, au contraire, le dernier, et le colonel le grondait toujours, ce qui n'empêchait pas M. de Vieussec d'être encore en retard au repas suivant.

La compagnie était en train de déjeuner; Arthur vantait les environs de Draveil, parce qu'il désirait que l'on fît une promenade afin de donner encore le bras à Caroline; mademoiselle Ophélie prédisait un orage; M. de Vieussec branlait la tête pour avoir l'air d'entendre ce qu'on disait autour de lui; le colonel parlait déjà d'une partie de billard à quatre, et le vieux capitaine attendait l'avis de son supérieur pour l'appuyer, lorsqu'un petit paysan entra dans la salle à manger, et présenta une lettre au maître de la maison.

— C'est le petit jardinier des Troussard... dit Ophélie en souriant. Je devine ce dont il s'agit.

Le colonel prend le billet, l'ouvre, et lit haut :

« Monsieur et madame Troussard sont bien désolés de ne point pouvoir recevoir aujourd'hui M. de Melleval et sa société, ainsi que cela avait été convenu hier; mais un de leurs garçons se trouvant fortement indisposé, ils sont forcés de remettre à un autre jour le plaisir qu'ils se promettaient pour aujourd'hui. »

— Cela suffit, dit le colonel au jardinier, nous nous tenons pour avertis.

— C'est singulier, dit le vieux capitaine, toutes les fois

qu'ils invitent du monde à dîner, un de leurs enfants tombe malade.

— Et qu'a-t-il donc ce petit bonhomme?... demande Ophélie en s'adressant au jeune paysan qui vient d'apporter la lettre; est-ce dangereux? a-t-on envoyé chercher le médecin?

— Le médecin!... pour qui?... pourquoi, mamzelle?... répond le jardinier d'un air hébété.

— Mais pour le petit garçon qui est malade, apparemment.

— Y gnia un garçon de malade?... et où ça?

— Mais... chez vos maîtres, puisqu'ils nous le font dire.

— Ah! dame! mamzelle, je n'en sais rien... Si les petits gars sont malades, il faut qu'il gni ait pas ben longtemps, car tout à l'heure encore ils se bourraient de prunes tous les trois, que ça faisait plaisir à voir.

— C'est bien, c'est bien, dit le colonel; allez, allez, mon garçon, votre commission est faite.

— Mademoiselle Ophélie, vous êtes méchante, dit M. de Melleval en souriant.

— Ma foi, monsieur, je trouve que l'on est trop bon d'avoir l'air de croire les mensonges des autres... Il y a comme cela une foule de gens qui passent leur vie à vous faire des invitations ou des offres de services, et qui seraient désolés qu'on les prît au mot... Ce n'est pas que je regrette le dîner des Troussard, je n'y serais point allée.

— On s'amuse assez chez mon colonel pour ne point désirer aller ailleurs, dit le capitaine en se versant à boire; et M. de Melleval, flatté de ce petit compliment, frappe sur l'épaule du vieux capitaine, en lui disant :

— Ah! capitaine!... vous êtes un flatteur... mais c'est égal, je vous prends avec moi pour nous défendre contre ces messieurs... Allons, allons, au billard!

Il n'y avait pas moyen de refuser. Arthur jette un triste regard sur Caroline, et suit ces messieurs à la salle de billard. On y passe une partie de la journée, le temps étant devenu trop mauvais pour la promenade. Le colonel jure après le capitaine quand celui-ci manque une bille, et toutes les fois que son supérieur a joué, le vieux militaire s'écrie :

— Admirablement joué! je n'en ferais jamais autant.

Le soir réunit toujours la compagnie dans le salon. Les voisins viennent, excepté M. Troussard, qui est censé rester auprès de ses fils; mais mademoiselle Ophélie assure qu'il doit être à sa cave. On joue, on cause, on fait de la musique; mais il y a deux personnes qui, sans presque rien se dire, se parlent plus que toutes les autres.

Plusieurs jours s'écoulent. Arthur maudit la pluie qui empêche les promenades du matin; Théophile apprend par cœur sa partie dans un duo qu'il doit chanter avec mademoiselle Troussard, dont il est toujours enthousiasmé, et mademoiselle Ophélie se trouvant isolée au milieu de ce monde qui ne la comprend pas, a la migraine tous les matins, et est de mauvaise humeur tous les soirs.

Mais le temps redevient beau; le soleil se lève de nouveau dans un ciel sans nuages; les oiseaux chantent de plus belle sous les fenêtres de Caroline, et les doux ombrages, les verts gazons, les allées de feuillage ont un charme de plus, car pendant quelques jours on n'a pu les visiter.

Caroline se lève encore avec le jour; elle va encore regarder à travers sa fenêtre ses fleurs, son parterre; un combat violent se livre dans le cœur de la jeune fille, qui finit toujours par descendre bien doucement, en se disant :

— Oh! je n'irai pas du côté du petit bois.

Mais elle est toujours certaine de rencontrer celui qui a juré de triompher de son innocence... La pauvre enfant ne se doute pas de tous les dangers qu'elle court en écoutant Arthur. Celui qu'elle aime lui jure si bien de toujours faire son bonheur; il est si beau, si séduisant, qu'elle est fière d'être aimée de lui.

Pourtant Caroline revenait chaque jour plus rêveuse, plus inquiète de ses promenades avec Arthur; sans deviner le danger qui la menaçait, un secret pressentiment semblait l'avertir qu'elle devrait au moins se faire accompagner par Marianne, et lui avouer son amour pour le neveu du capitaine. Mais le jeune chomme suppliait ans cesse Caroline de ne mettre personne dans leur confidence; le temps n'était pas encore venu, disait-il, où ils pourraient hautement avouer leur amour.

Un matin, cependant, en sortant du petit bois, Caroline n'était plus la même, ses yeux étaient rouges de larmes; elle voulait absolument aller se jeter aux genoux de son père, aller pleurer sur le sein de Marianne, et Arthur avait mille peines à la consoler, quoiqu'il prodiguât à la jeune fille les noms les plus tendres et les plus doux,

Mais Caroline était inconsolable; elle avait perdu le repos, le sommeil; et lorsque la bonne Marianne la suppliait de lui apprendre le sujet de sa douleur, la jeune fille se jetait à son cou en s'écriant : — Tu le sauras... je te dirai tout... Oh! mais pourvu que mon père ne s'aperçoive pas que j'ai pleuré!

CHAPITRE V

L'OPINION D'UN PÈRE.

Quelques jours s'écoulent encore; puis Arthur annonça qu'il avait besoin de retourner à Paris.

— D'ailleurs, dit-il en regardant M. de Melleval, nous finirions par devenir indiscrets; voilà près de trois semaines que nous sommes vos hôtes.

Au lieu de presser les jeunes gens de rester encore, le colonel répond d'un ton assez bref :

— Si vous avez affaire à Paris, il faut vous y rendre ; les affaires doivent marcher avant tout.

— Comme dit mon colonel, il faut marcher avant tout avec le régiment, ajoute le vieux capitaine en s'inclinant vers son supérieur.

Caroline avait pâli à ces paroles d'Arthur, et cependant il l'avait déjà prévenue qu'il allait retourner à Paris; mais en même temps il lui avait promis qu'il ne serait pas longtemps sans revenir à Draveil.

— Et alors... vous parlerez à mon père, n'est-ce pas? avait dit Caroline en jetant sur Arthur des regards suppliants.

Arthur avait pris un baiser sur les lèvres de la jeune fille en lui répondant :

— Oui... oui... ne vous tourmentez donc pas... ne prenez pas de chagrin... je parlerai... quand le moment sera venu.

Arthur et son compagnon firent un matin atteler le cheval au cabriolet qui les avait amenés. Théophile était bien aise de retourner à Paris pour y jouir de ses trois entrées au théâtre de la Porte Saint-Martin; cependant, il regrettait la société de la jeune Thérèse, qui lui donnait des leçons de musique, et avec laquelle il chantait déjà la moitié du duo de *Guillaume Tell.*

Mais la famille Troussard, sachant que M. Théophile Minot était un jeune homme riche, n'avait pas manqué de l'engager à venir à Paris faire de la musique avec leur fille.

Les deux amis firent leurs adieux à la société; mademoiselle Ophélie, qui remarquait tout, s'aperçut que M. de Melleval ne disait point aux jeunes gens, suivant son habitude : — Revenez le plus tôt que vous pourrez.

Caroline le remarqua aussi, et elle éprouva un secret serrement de cœur; mais il fallait dissimuler son chagrin, il fallait cacher à son père la douleur que lui causait le départ d'Arthur.

— Je ne crois pas que la campagne sera plus triste lorsque nous n'aurons plus ces messieurs, dit mademoiselle de Vieussec; car maintenant les jeunes gens sont si peu aimables, si peu galants près des dames, qu'en vérité leur présence n'a rien de bien attrayant. Ah! ce ne sont pas là les chevaliers d'autrefois!

Caroline ne répond rien; elle essaye même de sourire; mais elle ne peut y parvenir. Cependant les voisins revinrent comme à l'ordinaire; la famille Troussard avec ses petits garçons, Thérèse avec ses rouleaux de musique; puis M. et madame Dugrandet, et quelques autres personnes demeurant dans les environs, qui formaient la société habituelle, et venaient exactement faire la partie de cartes, de billard, et se raconter les anecdotes que l'on avait pu recueillir dans la matinée; car, à la campagne, la plus petite chose devient un événement, et l'on s'y amuse de ce qu'on ne voudrait pas écouter à la ville.

Mais pour Caroline, tout était changé; l'intérieur de la maison lui paraissait triste et monotone; le jardin n'avait plus d'attraits; ses fleurs favorites ne captivaient plus ses regards; la verdure lui semblait moins belle, le ciel moins pur; toute la nature était voilée d'un crêpe pour celle qui ne rencontrait plus les yeux de l'homme auquel elle s'était donnée.

Un seul endroit offrait encore des charmes à la jeune fille; elle se levait de grand matin pour se rendre dans le petit bois; elle allait s'asseoir sous le même arbre où Arthur lui avait juré un amour éternel, et elle se disait :

— Patience!... il reviendra!... il ne peut m'oublier!... il sait bien que je souffre de son absence... que je n'existe pas sans lui!...

Quinze jours s'écoulèrent, quinze jours qui semblèrent autant de siècles à la jeune fille, qu'un amour secret dévorait. Si du moins elle avait pu parler d'Arthur, si elle avait eu de ses nouvelles, elle se serait trouvée plus heureuse; mais personne ne prononçait le nom du jeune homme, pas même son oncle, le vieux Gervillier.

Souvent Caroline rôdait autour du capitaine, et lorsqu'ils étaient seuls, elle entamait la conversation, qu'elle espérait amener sur Arthur, mais le vieux militaire causait peu, il fumait presque toujours, et, après quelques mots, s'en allait au jardin dans la crainte que l'odeur du cigare n'incommodât la fille de son colonel.

Enfin, après vingt jours d'absence, Arthur revint une après-dînée chez M. de Melleval, qui le reçut poliment, mais avec froideur, ce dont le jeune homme parut s'inquiéter fort peu. cette fois il venait seul; Théophile ne l'accompagnait point.

— Vous ne nous avez pas amené votre ami? dit Caroline en regardant Arthur avec cette expression qui dévoile jusqu'au fond de l'âme.

— Non, mademoiselle il n'a pu m'accompagner... il a je ne sais quelles occupations... Je crois qu'on veut le marier...

— Le marier! dit madame Troussard d'un air fort surpris, tandis que sa fille toussait ou faisait des roulades avec une certaine affectation.

— Pourquoi pas? dit madame Dugrandet; ce jeune homme est d'âge à prendre une femme... Il faut se marier jeune... c'est bien plus gentil!...

— C'est-à-dire que cela dure plus longtemps! murmure M. Dugrandet. Mais ça m'est égal, j'ai fait mes quatre lieues aujourd'hui, je suis content de moi! je suis revenu de Corbeil par le plus long... J'aurais pu prendre le plus court, mais j'ai préféré prendre le plus long...

— Moi, je ne regrette nullement la société de M. Théophile Minot, dit Ophélie. Ce grand monsieur m'a paru dépourvu de toute pensée haute et incisive!... Je ne voudrais pas être à la place de celle qu'il épousera.

Pendant que l'on parlait mariage, Arthur semblait embarrassé; ses regards s'étaient détournés pour ne point rencontrer ceux de Caroline, et il s'était hâté de parler musique, et d'aller demander à Thérèse ce qu'elle savait de nouveau; celle-ci, qui ne se faisait jamais prier pour chanter, était au piano avant de répondre à Arthur, et, pendant toute la soirée, Caroline ne trouva pas une occasion pour dire en secret quelques paroles à son amant. Il est vrai que maintenant elle seule les cherchait, et celui qui, à son dernier séjour chez le colonel, semblait si heureux de pouvoir échanger un mot avec elle, montrait déjà bien moins d'empressement à la chercher.

Le lendemain, quoique le temps fût triste et sombre, Caroline était au point du jour dans le petit bois. Arthur ne s'y trouvait pas encore, et la jeune fille sentit son cœur se serrer en voyant qu'elle était la première au rendez-vous, ce qui ne lui était pas encore arrivé.

Cependant Arthur ne tarda pas à la rejoindre; en apercevant Caroline il s'écria :

— Comment! déjà ici!... Oh! je suis désolé que vous m'ayez attendu!... Il est pourtant de grand matin encore.

— Oui... je suis venue trop tôt! dit tristement Caroline en tendant la main à Arthur.

— Trop tôt... non... ce n'est pas cela que j'ai voulu dire... Mais, pour vous lever de si bonne heure, vous avez donc bien peu dormi?

— Ah! je ne dors plus depuis longtemps!

Et la jeune fille détourna la tête pour cacher des larmes qui tombaient de ses yeux. Mais son amant s'empressa de la consoler, et il y parvint aisément. Caroline ajoutait foi à ses serments, à ses promesses; le sourire revint sur ses lèvres, la joie dans son cœur : dans les bras de celui qu'on aime, les plus grands chagrins sont si vite oubliés!...

— Vous resterez longtemps avec nous cette fois? dit Caroline. Vous ne retournerez pas bientôt à Paris?

— Mais, pardonnez-moi... dans huit ou dix jours... D'ailleurs, monsieur votre père m'a fait un accueil bien froid... sans vous, je serais reparti aujourd'hui.

— Oh! ne faites pas cela... vous savez que mon père a toujours l'air grave... sévère... il doit vous aimer, vous êtes le neveu de son ami... de son frère d'armes.

— Je crois que mon oncle se moque bien de moi!... il enverrait au diable tous ses neveux, si cela pouvait être agréable à son ancien colonel.

— Mais pourquoi donc ne parlez-vous pas à mon père de votre amour pour moi... de votre désir d'obtenir ma main?

— Il me semble que le moment serait fort mal choisi, puisque M. de Melleval a l'air de me faire froide mine; il vaut beaucoup mieux attendre que sa bonne humeur soit revenue. Encore une fois, ne vous tourmentez pas... ne vous faites pas de chagrin... Eh! mon Dieu! j'ai l'habitude de ces sortes de... je veux dire que je conduirai très-bien tout cela.

Caroline se tait et cesse de pleurer. Arthur était toujours aimable, galant, amoureux; pourtant il laissait paraître de l'ennui pendant les réunions du soir; réunions qui devenaient plus longues, parce que les jours devenaient plus courts. Le brillant petit-maître de Paris haussait les épaules aux discours de M. Dugrandel et de madame Troussard; souvent il tournait en ridicule le chant de mademoiselle Thérèse, et dissimulait assez mal des bâillements pendant que M. de Melleval racontait ses campagnes. Enfin il commençait à prendre l'habitude d'arriver le dernier au rendez-vous du petit bois. Tantôt le sommeil en avait été la cause, une autre fois le temps lui avait paru tellement douteux, qu'il avait pensé que Caroline ne s'y rendrait pas; chaque fois il arrivait plus tard près de la jeune fille, qui ne le grondait pas, mais lui disait en soupirant :

— Quand vous venez si tard, ce n'est pas d'avoir attendu que je suis fâchée, mais c'est que je songe au peu de temps qui nous reste alors à causer ensemble.

Le neuvième jour de son retour à Draveil, Arthur ne vint pas le matin dans le petit bois où la jeune fille l'attendait.

Cependant le temps était beau, le ciel pur; tout devait inviter à l'amour sous les épais feuillages où Caroline était assise, et la pauvre enfant vit l'heure s'écouler sans que son amant parût; il lui fallut s'éloigner seule de ce lieu où il avait si bien juré qu'il l'adorait, où elle pensait qu'il allait le lui jurer encore.

Caroline sentit son cœur se gonfler en retournant seule du côté de la maison; mais devant son père il fallait cacher sa peine, il fallait feindre le bonheur, la gaieté. Tout n'est pas plaisir dans l'amour.

Pour redoubler le chagrin de Caroline, Arthur annonça en déjeunant qu'il repartirait dans la journée pour Paris. M. de Melleval ne souffla pas mot, et le vieux capitaine se serait bien gardé de ne point imiter son supérieur. Caroline faisait son possible pour obtenir quelques mots d'Arthur, quelques paroles d'amour, de consolation; mais celui-ci semblait, au contraire, éviter de se trouver seul avec mademoiselle de Melleval.

Cependant, au moment où le neveu du capitaine quittait le salon pour s'assurer si on avait sellé son cheval, il rencontra Caroline sous le péristyle du perron. Elle s'arrêta devant lui en lui disant d'une voix tremblante .

— Vous partez?

— J'y suis forcé... des affaires pressantes...

— Et ce matin... vous n'êtes pas venu !...

— Mon Dieu ! je n'ai pas pu... j'avais été souffrant toute la nuit... je me suis endormi au point du jour.

— Quand reviendrez-vous?

— Bientôt... le plus tôt que je le pourrai.

— Se quitter ainsi... sans pouvoir seulement se serrer la main !... Ah ! mon cœur est gonflé de larmes... et ne point oser pleurer !...

— Allons... vous êtes un enfant ! Je vous ai dit cent fois qu'en amour il ne fallait jamais s'affliger... Voilà du monde... prenez garde !

C'était M. de Vieussec qui traversait la cour pour se rendre au jardin. La présence du vieux magistrat, qui était presque sourd et aveugle, ne devait pas empêcher les deux amants de se parler; mais Arthur a saisi ce prétexte pour quitter brusquement Caroline, et celle-ci rentre au salon le cœur brisé en se disant : — Il va partir, et il n'est pas venu au rendez-vous ce matin !

Quelques moments après, Arthur avait fait ses adieux à la société, et il galopait sur le chemin de Paris.

Et le soir il fallut que la pauvre Caroline chantât, parce que son père le désirait. Chanter lorsque l'on souffre, lorsque le cœur et l'esprit sont tout préoccupés d'un autre objet !

— Ma chère amie, dit madame Troussard lorsque Caroline eut achevé de chanter, je trouve que votre voix perd sa force... on vous entend à peine... M. de Melleval devrait vous recommander de chanter plus haut, comme je le dis souvent à ma fille. D'abord il n'y a rien de tel que de donner beaucoup de voix... tant que l'on peut !... c'est là le grand principe... Voyez Thérésinette dans un morceau d'ensemble; c'est toujours elle qu'on remarque, parce qu'on l'entend par-dessus les autres.

Caroline se laissait dire tout ce que l'on voulait; entièrement insensible aux distractions du monde, son plus grand bonheur était de se retirer dans sa chambre, d'y être seule, et de pouvoir tout à son aise y penser à ses amours.

La bonne Marianne n'osait plus interroger sa chère demoiselle, parce qu'elle avait cru remarquer que ses questions augmentaient la tristesse de Caroline; mais elle la suivait des yeux, son regard s'attachait sans cesse sur elle, et, de temps à autre, pressant dans les siennes les mains de la jeune fille, elle lui disait :

— Vous me confierez tout un jour... vous me l'avez promis.

La saison commençait à s'avancer; cependant on n'était encore qu'en septembre, lorsque la famille Troussard annonça qu'elle allait retourner à Paris.

— Déjà nous quitter! dit M. de Melleval quand ses voisins vinrent lui dire adieu. Mais nous sommes à l'époque de l'année où la campagne est le plus recherchée...

— C'est vrai, dit madame Troussard; mais ici ma fille néglige un peu sa musique... elle n'en fait pas assez... mes petits ne vont pas en pension; moi, j'ai mille connaissances, mille cercles qui m'attendent...

— J'ai reçu du bordeaux, et je veux le mettre moi-même en bouteille, dit M. Troussard, parce que je ne me fie pas aux tonneliers.

— Mais nous viendrons quelquefois l'hiver... par un beau temps... vous demander à dîner...

— J'y compte.

— Je viendrai coucher des bouteilles que j'ai relevées pour qu'elles ne se cassent point.

— J'apprendrai des airs nouveaux, dit mademoiselle Thérèse, et je viendrai vous les chanter.

— J'espère que je ne serai pas là, se dit la grande Ophélie.

Et les voisins s'éloignent après un échange de compliments, de protestations d'amitié et d'assurance du plaisir qu'on éprouvera à se revoir; remplissage de paroles que l'on devrait bien abréger, et qui n'est pas un des moindres ennuis de la vie.

Trois semaines s'étaient écoulées depuis qu'Arthur avait de nouveau quitté Draveil. La tristesse de Caroline augmentait chaque jour; pas une lettre, pas un souvenir de lui ne venait la consoler; et pourtant, quand on le veut bien, il y a toujours moyen de donner de ses nouvelles à la femme que l'on aime, et

Arthur savait assez que mademoiselle de Melleval n'était entourée ni de duègnes ni d'argus.

Peu de temps après le départ de la famille Troussard, M. et madame Dugrandet annoncèrent aussi leur prochain retour à Paris.

— Mais je ne conçois pas que l'on quitte déjà la campagne, dit le colonel au vieux banquier, lorsque c'est l'époque de la chasse... et vous devez aimer la chasse... vous, grand marcheur.

— Je vous avoue que je ne chasse pas, dit M. Dugrandet, non que cela me fatigue... ça ne me fatiguerait pas du tout... je suis bien sûr que je dépasserais tous les chiens, mais... je n'ai pas le coup d'œil juste... je vise mal... je manque toutes les pièces... J'aime mieux me promener sur les boulevards... Je vais de la Bastille à la Madeleine sans y penser...

— En omnibus? dit Ophélie.

— Non, mademoiselle, à pied, toujours à pied... et sans me crotter...

— C'est de plus fort en plus fort! dit madame Dugrandet en regardant son mari d'un air moqueur. Incessamment vous ferez une ascension sur la corde roide... n'est-ce pas, monsieur?

— Ma chère amie, si je l'avais appris, je suis certain que j'y aurais réussi. Tous les exercices du corps me sont familiers!...

Madame Dugrandet se pince les lèvres en regardant son mari d'une drôle de façon; et le lendemain les deux époux quittent leur maison de campagne pour aller passer l'hiver à Paris.

— Ces gens-là ne se doutent pas du plaisir que l'on goûte aux champs! dit M. de Melleval lorsqu'il voit encore partir ses voisins; est-ce qu'il n'y a pas toujours mille manières de s'amuser, de passer son temps à la campagne?

— Certainement, dit le vieux capitaine; il y a mille manières... d'abord on y a fort bon appétit...

— La promenade... il y a toujours de belles journées... même en hiver.

— Assurément, mon colonel, il fait bien plus beau en hiver qu'en été...

— Et le plaisir de rentrer près d'un grand feu... de se chauffer...

— C'est encore un agrément qu'on n'a pas l'été.

— Et la petite partie... le billard... le souper. Ils ne savent pas souper à Paris!

— Ils ne savent rien du tout, mon colonel.

— Et le plaisir de se rappeler ses campagnes... les belles affaires d'Iéna, de Wagram!... Nous y étions tous les deux, capitaine.

— Oui, mon colonel, je m'en flatte!

— Et les bivacs où nous couchions sur l'affût d'un canon!

— Comme Turenne, mon colonel.

— Et ces vivandières si fraîches... si gentilles... si...

Le colonel s'arrêta; il se rappela que sa fille était là, et, passant les doigts dans sa vieille moustache grise, il reprit :

— Cependant je vois avec peine le départ de nos voisins, parce que je crains que ma fille ne s'ennuie maintenant... et surtout lorsque M. de Vieussec et sa nièce nous auront aussi quittés...

— Oh! ne vous tourmentez pas pour moi, mon père, dit Caroline; je vous assure que je n'ai pas besoin de société pour me trouver heureuse... Au contraire... depuis quelque temps j'aime beaucoup la solitude...

— Je sais que tu es une bonne fille! dit M. de Melleval, que tu ne voudrais jamais me contrarier... que tu te diras toujours bien où je voudrai vivre... oui, je sais cela... mais aussi... j'espère un jour récompenser ta tendresse, ton obéissance... en te donnant un bon mari... qui t'aimera comme tu mérites de l'être... et qui assurera ton bonheur.

En disant cela, M. de Melleval passait une de ses mains sous le menton de sa fille, puis lui donnait de légères tapes sur la joue : de la part du colonel, c'était là de grandes caresses, aussi en était-il avare, et ne les faisait-il que rarement. Caroline, heureuse de l'amour que son père lui témoignait, l'était encore plus par ce qu'il venait de lui dire en lui promettant un époux qui ferait son bonheur : il lui semblait que son père ne pouvait lui parler que d'Arthur; et ce soir-là, elle rentra dans sa chambre, heureuse et gaie comme avant d'avoir connu l'amour.

Mais plusieurs jours se passèrent encore, et aucune nouvelle ne parvint à Draveil. Il ne restait plus chez M. de Melleval que M. de Vieussec et sa nièce Ophélie, qui ne partaient qu'au mois de novembre. Quant au capitaine Gervillier, il passait presque toute sa vie chez le colonel; lorsqu'il allait à Paris, c'était pour toucher sa retraite et acheter du tabac, mais il était rare qu'il y restât plus de vingt-quatre heures.

Caroline était retombée dans une sombre mélancolie; elle ne chantait plus, elle n'aimait plus la promenade, elle semblait fuir le monde, et passait des journées entières dans sa chambre. De son côté, mademoiselle Ophélie, tout entière à ses rêveries imaginaires, préférait errer seule sur le bord d'un ruisseau à la conversation toute simple de Caroline; et le soir réunissait la société, qui ne s'était vue qu'aux heures des repas.

Après une soirée assez triste, pendant laquelle Caroline avait paru absorbée dans ses pensées, il ne restait plus dans le salon que M. de Melleval, sa fille et le vieux capitaine. Ophélie s'était retirée presque d'aussi bonne heure que son oncle pour lire un roman qu'elle avait reçu de Paris.

Caroline, suivant son habitude, faisait de la tapisserie et ne parlait pas. Le vieux capitaine venait de sortir un cigare de sa boite, et il attendait respectueusement que le colonel allumât le sien pour en faire autant que lui, lorsque M. de Melleval s'écria :

— A propos, capitaine, avez-vous eu des nouvelles de votre neveu depuis peu?

— Non, mon colonel, et cela ne m'étonne pas... il ne m'écrit jamais.

— Eh bien, j'en ai eu, moi, par quelqu'un que j'ai rencontré ce matin... et qui vient de Paris.

En ce moment, Caroline, qui était tout oreilles et frémissait d'impatience, sembla rapprocher ses yeux de son ouvrage; mais, tout en ayant l'air de travailler, elle ne perdit pas un mot de la conversation.

— Oui, reprit le colonel au bout d'un moment, on m'a parlé de M. Arthur...

— Ah! ah!

Cette exclamation fut faite avec cette indifférence qui semble dire : Cela m'est bien égal! Cependant M. de Melleval continua :

— Mon cher Gervillier, s'il faut vous l'avouer... on ne m'a pas du tout fait l'éloge de votre charmant neveu!

— Ça ne me surprend pas, dit le capitaine en mouillant son cigare du bout de ses lèvres.

— S'il faut en croire la personne que j'ai vue, et qui paraît fort bien informée, M. Arthur mène une singulière conduite... le jeu... la table... les femmes... les duels, les intrigues scandaleuses... rien ne manque à sa renommée.

— Je l'ai toujours jugé assez mauvais sujet, dit le capitaine en lâchant une bouffée de tabac.

— Alors, mon vieux camarade, il me semble que vous auriez bien pu me prévenir... je me serais dispensé de l'inviter à venir chez moi.

— Mon colonel, je n'aurais pas voulu priver mon neveu de cet honneur. Après tout... c'est un brave... il se bat bien... et les jeunes gens sont des jeunes gens... et puis tout le monde me disait : Il est charmant!

— Oui!... sans doute, les jeunes gens peuvent faire des folies, voilà ce que vous voulez dire; mais je trouve, moi, qu'il y a des bornes que la jeunesse même ne doit point franchir. Je ne vous cache pas que déjà on m'avait parlé de M. Arthur... et fort peu avantageusement; c'est ce qui est cause que je l'ai reçu assez froidement lors de sa dernière visite.

— Il m'a semblé que vous l'aviez très-bien reçu, mon colonel.

— Il vous a mal semblé; et certainement si j'avais su ce que je sais aujourd'hui... je lui aurais très-bien fait entendre que ses visites ne me convenaient plus.

— Et vous auriez eu raison, colonel.

— C'est fâcheux... votre neveu est un joli cavalier... il peut avoir de l'esprit... mais, entre nous, je crois qu'il en fait un mauvais usage.

— C'est aussi mon opinion, colonel.

— Ah! ce n'est pas à un jeune homme comme celui-là que je voudrais jamais confier le bonheur de ma fille!... car un homme comme votre neveu n'est pas à même d'apprécier toutes les bonnes qualités de mon enfant... il est incapable de faire le bonheur d'une femme.

— C'est-à-dire que je l'en défie, mon colonel.

— Aussi, lorsqu'il s'agira du bonheur de ma fille, croyez bien que je n'agirai pas légèrement!... Le choix d'un gendre, c'est l'acte le plus important de la vie... Je ne comprends pas ces parents qui, après avoir donné une bonne éducation à leur fille, après lui avoir témoigné le plus tendre intérêt, l'accordent insuite légèrement à un homme dont la fortune, dont la position flattent leur amour-propre, avant d'avoir étudié longtemps le moral, l'esprit, les passions de cet homme qui va devenir le souverain arbitre de la destinée de leur enfant. Est-ce donc si peu de chose que le bonheur de toute la vie?... Et lorsque vous aurez élevé, cultivé avec soin une jeune plante, irez-vous l'exposer à l'intempérie des vents?... Non... vous lui cherchez une place abritée, une terre convenable, les doux rayons du soleil qui la fortifieront... Eh bien, ces soins que vous auriez pour une fleur, prenez-les donc pour votre fille, dont l'existence doit se prolonger plus d'un printemps.

— Il n'y a pas le moindre doute!... murmura le capitaine... On a une fille... c'est pour être père!...

— Au reste, dit le colonel en se levant... j'ai dans l'idée que nous ne reverrons pas de longtemps M. Arthur... D'abord, je ne l'ai point engagé à revenir; ensuite, il ne m'a pas paru s'amuser beaucoup ici lors du dernier séjour qu'il y a fait; et je le conçois... nos habitudes sont trop sages... trop simples pour ces messieurs... notre société n'est pas ce qu'il leur faut.

— C'est-à-dire... que... notre... votre société... je suis entièrement de votre avis, mon colonel, dit le capitaine en se levant aussi.

Et M. de Melleval, s'approchant de sa fille, qui avait toujours sa tête penchée sur sa tapisserie, lui donne un baiser sur le front, en disant :

— Bonsoir, mon enfant... va donc te coucher... tu travailles trop... cela te fatigue.

Puis le colonel a pris une bougie, et il a quitté le salon suivi de son vieux frère d'armes, qui a bien soin de marquer son pas sur celui de son supérieur. Mais Caroline est restée là... froide, immobile, glacée par la conversation qu'elle vient d'entendre; et son père, en déposant un baiser sur son front, ne s'est point aperçu que ses paroles venaient de porter le désespoir dans son âme.

Un quart d'heure s'est passé depuis que M. de Melleval est rentré dans sa chambre; Caroline n'a point changé de place, elle est encore dans le salon... elle ne pense point à se retirer chez elle; elle ne sait plus où elle est; un sombre désespoir brille dans ses yeux, qui ne peuvent point pleurer.

Enfin, quelqu'un entre dans le salon; c'est Marianne, qui, surprise de ne point voir Caroline rentrer dans sa chambre comme tout le monde, parcourt la maison pour la chercher. Elle s'approche de la jeune fille, et va la gronder de l'inquiétude qu'elle lui a causée... Mais déjà l'état de sa chère enfant l'a frappée de terreur; elle court à elle, et la presse dans ses bras en s'écriant :

— O mon Dieu!... qu'avez-vous, mon enfant?... que vous est-il arrivé?...

La voix de Marianne parvient jusqu'au cœur de Caroline. Alors la jeune fille peut parler, alors elle retrouve des larmes, et, se précipitant sur le sein de sa bonne, elle répond en sanglotant :

— Ah! Marianne... je suis perdue!...

— Perdue!... vous, mon enfant!... Mais revenez à vous... quel nouveau chagrin... quel malheur est-il arrivé?

— Marianne... ce secret que je te cachais... c'était mon amour pour Arthur... c'était... les serments que nous nous étions faits d'être l'un à l'autre!...

— De l'amour!... pauvre petite! Ah! je me doutais bien qu'il y avait de l'amour dans votre chagrin...

— Arthur m'avait juré d'être mon époux... de n'aimer que moi... de m'aimer toujours...

— Pardi!... il me semble que ça n'est pas difficile!...

— Mais tu ne sais pas, Marianne... tout à l'heure... mon père et le capitaine... ils ont parlé de lui... ils ont dit que c'était un mauvais sujet... qu'il avait des intrigues, des maîtresses... Oh! je suis bien sûre que ce n'est pas vrai, et qu'il ne pense qu'à moi... mais mon père croit tout cela... mon père ne veut plus qu'il vienne ici!... Il a dit qu'un homme comme lui ne serait jamais l'époux de sa fille... Jamais!... Ah! ces paroles m'ont déchiré le cœur.

— Allons, mon enfant, calmez-vous... dame... si, au fait... ce jeune homme...

— Ah! Marianne... tu vois bien que suis perdue... si je n'étais pas sa femme... Marianne... pardonne-moi... Je suis... je suis mère!

En balbutiant ces paroles, la jeune fille s'était laissé glisser à deux genoux devant celle qui l'avait élevée.

La pauvre Marianne est restée comme frappée par la foudre, elle ne peut que balbutier :

— Mère... vous... vous !... O mon Dieu !...

Mais bientôt, reportant ses yeux vers la terre, elle aperçoit la jeune fille qui est toujours à ses genoux ; alors de grosses larmes tombent des yeux de Marianne, qui s'empresse de relever sa chère enfant, la presse dans ses bras, et l'embrasse avec tendresse en lui disant :

— Ah ! mon enfant... ce n'est pas vous qui êtes coupable... c'est moi... moi seule... car je ne devais jamais vous quitter... j'aurais dû sans cesse veiller sur vous... ne pas vous laisser un seul instant exposée à la séduction... et je ne l'ai pas fait... Vous voyez bien que c'est moi qui devrais être à vos genoux... que c'est moi qui dois vous demander pardon !... Mais aussi, qui aurait pu croire... qui aurait jamais pensé !... O mon Dieu !... mon Dieu !... si votre père venait à savoir... il me chasserait... et il aurait raison !

Et Marianne pleurait encore plus fort, si bien que Caroline fut alors obligée de la consoler. Mais tout à coup la jeune fille et sa gouvernante entendirent tousser ; c'était le colonel qui traversait le corridor voisin du salon ; aussitôt, craignant d'être surprises là, elles soufflèrent leur bougie et se hâtèrent de regagner leur appartement

CHAPITRE VI

UN DÉJEUNER CHEZ ARTHUR.

Quinze jours après cette soirée, M. de Vieussec et sa nièce Ophélie avaient pris congé de leurs hôtes de Draveil.

Caroline et Marianne virent avec plaisir s'éloigner de la maison les dernières personnes étrangères qui l'habitaient (car le vieux capitaine Gervillier n'était point regardé comme un étranger), et d'ailleurs personne n'était moins gênant et moins curieux que le vieux militaire, qui était toujours absorbé dans son respect pour son supérieur.

Lorsqu'on a quelque faute, quelque faiblesse à cacher, lorsqu'on se trouve dans la position où était Caroline, il est naturel de rechercher la solitude et de fuir les regards du monde; la jeune fille ne pouvait craindre encore qu'en la voyant on s'aperçût de son état; et cependant lorsque les regards de son père s'arrêtaient sur elle un peu plus longtemps que de coutume, elle rougissait, pâlissait, un tremblement nerveux l'agitait, et la pauvre enfant croyait que M. de Melleval avait découvert son secret.

Mais, outre ces inquiétudes, ces terreurs que chaque jour devait augmenter, il était pour la jeune fille une autre souffrance qui torturait son cœur : Arthur ne lui donnait point de ses nouvelles, on n'entendait plus parler de lui !

— Ah ! se disait Caroline, s'il savait que je suis mère, je suis bien sûre qu'il accourrait me consoler, qu'il se hâterait de demander ma main à mon père... qu'il s'exposerait à toute sa colère plutôt que de ne pas l'obtenir... Mais il ne sait pas la suite de ma faute... et cependant le temps s'écoule... et il faut pourtant qu'il vienne... qu'il parle... ou sans cela mon père saura tout... et peut-être qu'il me maudira.

Marianne, témoin des larmes de la jeune fille, commençait à partager ses craintes pour l'avenir. Après avoir pendant quelque temps essayé de consoler Caroline, après avoir espéré comme elle l'arrivée d'Arthur, la bonne Marianne dit un matin à sa demoiselle :

— Ma chère enfant, puisque M. Arthur ne vient pas, je vais aller le trouver, moi, et lui apprendre votre position.

— Toi, Marianne ! s'écrie Caroline en fixant sur sa bonne des yeux dans lesquels brille un rayon d'espérance.

— Oui, moi... je vais aller à Paris... je trouverai un prétexte... des achats à faire... une robe pour moi... pour vous... n'importe !... Vous savez bien que monsieur votre père ne me refusera pas... ce n'est pas là le difficile... ce qui le sera, surtout pour moi, ce sera de trouver la demeure de M. Arthur.

— Ah ! attends, Marianne... par son oncle, peut-être.

— Oui, vous avez raison.

— Mais c'est qu'il ne faudrait pas pourtant que l'on devinât que tu vas chez Arthur.

— Oh ! n'ayez pas peur... je trouverai bien un moyen... le vieux capitaine n'est pas bien fin... je saurai l'adresse du neveu, s'il la sait, et quand même il ne la saurait pas, je trouverai tout de même celui que vous aimez; quand je devrais une fois à Paris, aller m'informer dans chaque rue, dans chaque maison, je le découvrirai et je lui dirai : Venez bien vite consoler cette chère enfant et mettre un terme à ses chagrins.

— Ah ! Marianne, je te devrai la vie... le bonheur.

— Eh ben... votre bonheur, votre existence... est-ce que tout ça n'est pas aussi ma vie... à moi ?... Quand vous pleurez, est-ce que je ne pleure pas ? Si vous étiez malheureuse, est-ce que j'aurais un instant de repos ?... Ah ! vous voyez bien qu'il ne faut pas me remercier.

Marianne cherche dans la journée l'instant où le capitaine Gervillier est seul ; alors elle s'approche de lui, et d'un air indifférent lui dit :

— Ah ! monsieur le capitaine... je savais bien que je voulais vous demander quelque chose... mais je l'oublie toujours, parce que l'objet n'est pas bien important...

Le vieux militaire s'est arrêté devant la domestique ; il la regarde sans souffler mot, et attend qu'elle s'explique.

— Monsieur le capitaine... c'est que... l'ami de monsieur votre neveu... vous savez bien, ce jeune homme qu'il a amené ici avec lui... qui s'appelait, je crois, Théophile Minot... Eh bien... il a laissé ici... un mouchoir...

— Qu'est-ce que cela me fait ? répond le capitaine.

— Ah ! c'était seulement pour vous demander... si vous saviez son adresse... parce que... comme je vais à Paris pour des emplettes, en même temps j'aurais reporté le mouchoir chez ce monsieur.

— Est-ce que je connais les amis de mon neveu ?... comment voulez-vous que je sache leur adresse ?...

— Ah ! c'est juste... si j'avais su celle de monsieur votre neveu... par lui j'aurais pu aisément faire remettre le... Oh ! mais probablement que vous ne savez pas non plus la demeure de M. Arthur ?

— Ma foi ! c'est tout au plus... Ah ! si, je crois qu'il demeurait... rue Saint-Georges... près de la rue de la Victoire... quelque part par là... je ne m'en inquiète guère !... je n'ai jamais déjeuné chez lui ! Et après tout, un mouchoir, ce n'est pas la peine de se déranger pour cela ; ce monsieur doit en avoir d'autres.

En disant ces mots, le vieux capitaine fait un demi-tour sur ses talons et s'éloigne en sifflant un pas redoublé ; mais Marianne en sait assez, elle est satisfaite, et elle ne s'occupe plus que de son prochain départ pour Paris. Le premier prétexte venu suffisait près de M. de Melleval, qui trouva tout naturel que Marianne eût besoin d'aller faire des achats dans la capitale, et le lendemain matin de bonne heure la gouvernante partait pour Paris, après avoir embrassé Caroline et lui avoir promis de ne point revenir sans avoir vu Arthur.

A peine descendue de la voiture qui l'a conduite à Paris, Marianne s'informe de la rue Saint-Georges; on la lui indique, et elle se dirige vers la Chaussée-d'Antin, en se disant :

— Je ne sais pas le numéro... mais je demanderai... ce monsieur a peut-être déménagé depuis... mais là on me donnera sa nouvelle adresse... S'il a encore changé, j'irai encore ailleurs... Oh! je la trouverai!... je ne quitterai pas Paris sans lui avoir parlé... Ma pauvre Caroline! c'est de son honneur... de tout son avenir qu'il s'agit... oh! je n'aurai pas peur de me fatiguer.

Marianne arrive rue Saint-Georges; elle se rappelle que le vieux capitaine lui a dit: Près de la rue de la Victoire. Elle entre dans la première porte cochère qu'elle aperçoit, et demande au portier :

— M. Arthur Gervillier?

— C'est ici, lui répond-on, et Marianne fait un bond de joie en s'écriant :

— Ah! le hasard m'a bien conduite!... il demeure toujours ici?

— Sans doute.

— Est-ce qu'il est chez lui maintenant?

— Oui.

— Oh! comme ça se trouve bien!... Alors, je vais monter...

— Je ne vous réponds pas que vous pourrez lui parler... car ce matin M. Arthur a plusieurs amis à déjeuner.

— Oh! quand il aurait des princes, je suis bien sûre qu'il les quittera lorsqu'il saura de quelle part je viens!...

— Alors, montez au second... vous parlerez au domestique...

— Au second?... merci, monsieur.

Le jour où Marianne arrivait à Paris pour voir Arthur, celui-ci avait en effet convié plusieurs de ses amis à un déjeuner splendide, dans lequel rien n'était épargné pour rivaliser avec ces festins de Lucullus dont la description nous donne une si haute idée de la gourmandise romaine.

Depuis sa dernière visite à Draveil, est-il besoin de vous dire que le séducteur de Caroline avait entièrement oublié la jeune fille, qui passait ses nuits sans repos et ses journées dans les larmes? Une fois ses désirs satisfaits, Arthur sentait son amour s'éteindre, et son seul but était de chercher à faire une nouvelle conquête, afin d'éprouver de nouveau des sensations que son cœur blasé était incapable de goûter longtemps près de la même femme. Habitué à traiter l'amour comme un divertissement, Arthur ne réfléchissait pas aux suites que sa conduite pouvait avoir; quand il n'aimait plus une femme, il était persuadé qu'elle ne devait pas tarder à l'imiter et à se consoler aussi avec un autre amour. Il ne voulait pas réfléchir, parce que cela l'ennuyait; il aurait rougi d'être constant, de crainte de paraître ridicule, et ne se croyait pas coupable, parce qu'il s'étourdissait sur sa conduite et ne voyait jamais les larmes qu'il faisait verser. C'est souvent comme cela que raisonne un jeune homme charmant.

Trois mois s'étaient écoulés depuis qu'il avait dit adieu à Caroline, en lui promettant de la revoir bientôt; depuis ce temps Arthur avait déjà noué et rompu plusieurs intrigues, en sorte que le souvenir de mademoiselle de Melleval était à peu près effacé de sa mémoire. Maintenant, nous le retrouvons au milieu de ses compagnons de plaisir et de débauche, vêtu d'une superbe robe de chambre de velours qui est fixée autour de son corps par une torsade en or. Arthur a sur sa tête une toque également en velours dont la forme, qui ressemble beaucoup à une coquille de limaçon renversée, est appelée moyen âge; c'est dans ce costume, assis dans un fauteuil qui s'allonge et se raccourcit à volonté et par un seul mouvement du pied, que le magnifique amphytrion préside au festin qu'il donne à ses convives.

Une dizaine de jeunes gens sont autour de cette table élégamment servie; presque tous ont les cheveux longs, des moustaches et une barbe de capucin, parce que tout cela est moyen âge, et que pour ces messieurs c'est bien agréable, lorsqu'on passe dans la rue, de ressembler à un modèle ou à un sapeur en bourgeois. Tous n'ont pas des robes de chambre de velours, comme leur hôte; mais chacun d'eux, dans sa manière de se mettre, a tâché d'avoir quelque chose d'original et d'extravagant, afin de ne point ressembler au vulgaire. Enfin, tout en sablant le malvoisie ou le champagne frappé, ces messieurs fument des cigares, si bien que l'élégante salle à manger est obscurcie par un nuage épais qui prend aux yeux, tandis que l'odeur du tabac s'imprègne sur-le-champ dans les vêtements, de sorte que l'on pourrait se croire dans un corps de garde.

Parmi les convives d'Arthur on distingue M. Théophile Minot, parce que seul il n'a ni barbe, ni moustaches, ni cheveux longs, ce qui lui attire même force quolibets de la part de ses voisins; mais le gros jeune homme se venge en buvant coup sur coup du champagne glacé, et en *ingurgitant* avec beaucoup d'adresse le liquide dans son estomac.

— Allons, messieurs, vous ne buvez pas! dit Arthur en élevant son verre. Comment! nous sommes dix, et je ne vois à terre que vingt-six bouteilles vides! Ah! mes braves, je ne vous reconnais pas! Aurions-nous perdu cette précieuse qualité qui nous faisait défier des Anglais?

— Un moment donc, mon cher Arthur! tu nous presses... et nous ne faisons que de commencer.

Ces mots étaient dits par un monsieur un peu bourgeonné. dont la figure, habituellement colorée, était en ce moment d'un pourpre effrayant. La difficulté que ce jeune homme éprouvait déjà pour exprimer ses idées semblait annoncer que, s'il commençait seulement à boire, le vin agissait vite sur son cerveau.

— Oh! je ne vous presse pas du tout, reprend Arthur; bois à ton aise, Lovelay!... tu as déjà de superbes couleurs...

— Oui, dit un grand et mince convive, dont la figure pâle et osseuse avait quelque chose d'un moribond, grâce à la barbe épaisse dont elle était encadrée; oui, Lovelay pourrait jouer en costume de diable et ne pas mettre de masque... il a déjà la couleur des habitants de l'enfer... pure écrevisse!

— Et toi, tu pourrais au naturel représenter un habitant de l'hôpital, car tu as bien la figure d'un *ecce homo!*

Le grand jeune homme ne semble pas très-satisfait de cette repartie; mais comme elle fait rire tout le monde, il rit aussi du bout des lèvres en murmurant : — Ah! joli!... très-joli!... c'est neuf surtout!...

— Durozel ne trouve pas cela neuf, dit un petit jeune homme en caressant ses moustaches; il paraît que ce n'est pas la première fois qu'on lui fait ce compliment.

— Ah! je te conseille de parler, toi, Saint-Géran, qui dernièrement, en embrassant une dame, lui laissas sur le visage tout le noir dont tu teins tes moustaches... Oh! messieurs, c'était la chose du monde la plus comique!... Si vous aviez vu la belle de Saint-Géran, elle était furieuse, parce qu'il lui avait fait deux grosses barres noires sous le nez... elle avait l'air d'avoir pris trop de tabac...

— Ah! ah! pauvre Saint-Géran!

— Eh! messieurs, s'écrie le petit jeune homme, je l'avais fait exprès; c'était une gageure, parbleu!... cela se devine.

— Oh! oui, tu dis cela maintenant.

— Et quelle espèce de femme avait-il emmoustachée?

— Pardieu!... une de ses maîtresses; c'était quelque demi-castor tout au plus! Saint-Géran ne donne pas dans les grandes dames...

— D'abord il y aurait avec lui disproportion de taille!

— Ah! joli! très-joli!

— Messieurs, la particulière dont j'ai un peu noirci le visage est une femme fort respectable, je vous prie de le croire; c'est la veuve d'un général.

— Ah! oui, nous connaissons cela!... elles sont toutes veuves d'un général. Mais dans la conversation ces dames se coupent et s'oublient souvent; à l'un elle disait : Je suis veuve; à un autre : Mon mari voyage dans le Nouveau-Monde; à un troisième : Mon mari habite la campagne... il est continuellement malade!... Ah! ah! mon Dieu! à quoi bon tous ces mensonges?... parbleu! s'il y a vraiment un mari, nous savons bien tous ce qu'il est! on n'a pas besoin de nous le dire.

Des éclats de rire partent de tous côtés; et Arthur, satisfait du succès de ses saillies, se tourne vers Théophile et lui dit :

— Tu ne parles pas, gros Minot; voyons, sacrebleu, dis-nous donc quelque chose...

— Messieurs, répond Théophile en se jetant à la volée un grand verre de champagne dans le gosier, je parie qu'aucun de vous n'est capable d'en avaler un aussi grand verre que cela de cette façon.

— Oh! tu *ingurgites* fort bien, c'est vrai... mais pourtant il ne faut pas nous défier, car tu trouverais ici de dignes émules.

— Oui, certainement, dit le grand monsieur au teint blême, moi, je sais boire comme cela... Tenez, vous allez voir ; ah! ce n'est pas difficile du tout.

Et, prenant un verre plein de champagne, ce monsieur le verse d'un trait dans son gosier ; mais probablement qu'il n'a pas bien pris son temps, ou que le champagne n'a pas suivi la route voulue, car presque aussitôt le grand jeune homme tousse, crie, pleure, étrangle, devient violet, et rejette du champagne par la bouche et le nez, ce qui n'a rien d'agréable pour ses voisins ; on court à lui, on lui tape dans le dos, on lui jette de l'eau à la figure ; enfin, au bout de quelques instants, la respiration lui revient, et les convives reprennent leurs places.

— Je crois que Durozel fera bien de ne plus recommencer ce jeu-là, dit le petit Saint-Géran d'un air moqueur.

— Je crois, moi, dit Arthur, qu'il était jaloux des couleurs de Lovelay, et qu'il a tenté de s'étrangler afin de se donner du teint...

— Ah! joli! très-joli! répond le grand monsieur en toussant encore. C'est que j'ai respiré trop tard, voilà tout ; une autre fois je m'y prendrai mieux.

— Je parie toujours que vous ne l'avalez pas entièrement comme moi, reprend Théophile d'un air vainqueur.

— Allons, messieurs... les paris sont ouverts, dit Arthur ; mais il faut laisser à ce pauvre Durozel le temps de se remettre... Rien ne nous presse d'ailleurs! je propose de rester à table jusqu'à demain.

— Ça va, jusques après demain même.

— Bravo!... bravo!...

— Le premier qui tombera sous la table perdra trois cloyères d'huîtres pour demain matin.

— Oui! c'est cela... c'est dit! s'écrie M. Lovelay, qui a beaucoup de peine à faire tourner sa langue ; le premier qui tombera... sous la table... mangera demain matin trois cloyères d'huîtres.

— Ah! ah! ah! ce pauvre Lovelay s'embarbouille un peu, je crois!... mais c'est égal, il boit bien.

— Messieurs, dit un jeune homme dont la barbe rare et blonde n'est encore qu'un duvet qui donne à sa figure un ton sale et douteux, messieurs, moi, je ne puis pas rester avec vous jusqu'à demain, j'ai un rendez-vous pour ce soir avec une femme adorable!... Vous sentez bien que je ne veux pas le manquer... d'autant plus que c'est le premier!

— Ah! laisse-nous donc tranquilles, Edmond, avec tes femmes adorables... Tu iras demain, après-demain, au lieu d'y aller ce soir... tu la trouveras toujours, va!...

— D'autant plus, messieurs, dit le petit Saint-Géran, que je crois connaître la femme adorable que courtise Edmond... c'est tout bonnement une modiste du boulevard Saint-Martin...

— Hein! qu'est-ce qui parle de la Porte-Saint-Martin? s'écrie Théophile en levant la tête. J'y ai trois entrées, moi... je puis aller dans les coulisses... sur le théâtre.

— Vas-tu dessous aussi?

— Pourquoi cela?

— Ah! c'est que c'est bien plus drôle, dessous... demande plutôt aux musiciens de l'orchestre.

— Messieurs, reprend Théophile en plaçant un verre de champagne tout plein au milieu d'une assiette, examinez bien ceci, je vous prie!... Je prends cette assiette, dans laquelle est un verre plein jusqu'aux bords, et, sans toucher le verre, je vais tout boire, et je ne répandrai pas une seule goutte... Regardez!

Le gros jeune homme prend l'assiette de ses deux mains, avance sa bouche de manière que ses lèvres touchent les bords du verre, et, en levant petit à petit l'assiette, exécute ce qu'il vient d'annoncer.

— Très-bien! très-bien! dit Arthur. Décidément, Théophile Minot devient un être fort agréable en société!... il pourra bientôt aller faire des tours sur le boulevard.

— Je voudrais lui voir avaler des couteaux, dit le grand Durozel.

— Oh! messieurs, vous riez... vous avez l'air de vous moquer de moi; mais je parie qu'aucun de vous ne fait ce que je viens d'exécuter.

Au lieu de répondre à Minot, qui veut toujours parier, un des convives s'écrie :

— Messieurs, qui est-ce qui a été aux soirées d'Athalie?... Savez-vous que c'est très-fashion? Femmes bien parées, bien soignées; grand jeu, souper et tout ce qui s'ensuit!... Oh! c'est délicieux!

— J'y suis allé, moi; je n'y ai vu que des femmes passées, fanées, plâtrées; de longs cous maigres, jaunes; des poitrines bombées, des épaules pointues... des chevaux de réforme enfin!

— Ah! c'est que tu es tombé un mauvais jour...

— Combien paye-t-on d'entrée, messieurs?

— Ah! qu'il est bête!... est-ce qu'on paye?... on est présenté... et puis on joue.

— Oui, et toutes les dames trichent; je connais ça.

— Ah! parbleu, ne voudrais-tu pas encore leur gagner leur argent?... Ce diable de Durozel, il en serait capable.

— Un cigare!... qui est-ce qui me donne un cigare?...

— Moi, j'aimerais bien mieux une pipe!...

— Vraiment, messieurs, voulez-vous des pipes?... je puis vous satisfaire; j'en ai ici de toutes les grandeurs, de toutes les formes... pipes turques, pipes allemandes, pipes flamandes...

— Oui, oui, donne-nous des pipes! C'est bien plus moyen âge, bien plus français! bien plus hommes libres!

— Certainement, dit le jeune homme à la barbe naissante en s'arrêtant à chaque minute pour tousser et boire, afin de tâcher de faire passer le mal de cœur que lui causait l'odeur du tabac et le peu d'habitude qu'il avait de fumer; certainement! la pipe... hum! hum!....

— Qu'est-ce que tu as donc, Edmond? est-ce que tu étrangles? dit le petit Saint-Géran; est-ce que tu as avalé de travers comme Durozel?

— Non... non!... ce n'est rien... c'est que je tousse un peu!... Savez-vous, messieurs, qu'en sortant d'ici nous sentirons diablement la pipe; et si nous allons voir des dames...

— Eh bien! qu'est-ce que cela fait?... Si ma belle se permettait de trouver cela mauvais, je lui dirais : Ma chère amie, si ça ne te plaît pas, bonsoir!... tu es libre!

— Moi, j'ai une maîtresse qui fume comme un Turc!

— Croise-t-elle aussi ses jambes en fumant?...

— Ah! polisson! vous voudriez bien voir cela!

— Moi, j'ai une maîtresse qui me fait fumer... parce qu'elle m'ennuie...

— Ah! joli! très-joli!

Arthur, qui s'est levé pour aller chercher la collection de pipes, revient bientôt, et jette sur la table de quoi faire fumer tout un régiment. Pendant que chacun cherche la pipe dont la forme ou la longueur lui conviendra le mieux, Théophile se verse un verre de champagne et s'écrie :

— Messieurs, voici autre chose... Connaissez-vous cela ?.. Vous allez me chanter : *Les cloches du village Sonnent l'esclavage; Eh! bon, bon, bon!...* Alors moi je répète : *Bon*, en avalant une gorgée; vous redites : *Eh! bon, bon, bon!* Je bois une seconde gorgée en disant : *Bon.* Et il faut que j'aie ainsi bu le verre en trois fois en répétant toujours : *Bon* après vous.

— Voyons le nouveau tour de notre célèbre Minot, dit Arthur en riant; il me paraît que cela va de plus fort en plus fort, comme chez Nicolet... Allons, qui est-ce qui chante *Les cloches du village?*

— Moi, dit M. Lovelay, qui peut à peine parler, je la sais, cette romance-là...

— Ah ! tu appelles cela une romance, toi !...

— C'est égal... je vous dis que je la sais.

— Eh bien ! partez, dit Théophile en prenant son verre, je vous attends.

M. Lovelay tâche de ravaler sa salive, et se met à entonner . *Les cloches du village, Dame, elles vous ont un fier son! Dindi, dindon, dindi, dindon!*

— Ce n'est pas cela ! s'écrie Théophile avec impatience, tandis que tous les convives rient aux éclats, et que Lovelay continue de chanter : *Dindi, dindon!* sans vouloir s'arrêter et sans écouter le gros Minot.

Mais bientôt un nouvel événement vient faire diversion. Le jeune Edmond se sentait depuis longtemps mal à son aise; mais, au lieu de cesser de fumer, il s'était emparé d'une longue pipe turque, de laquelle il tirait avec peine des bouffées de fumée dont il avalait une grande partie. Tout à coup on le voit changer de couleur, laisser tomber sa pipe, puis, se penchant contre le grand Durozel, se dégager sur lui de tout ce qui embarrassait son estomac. Le grand monsieur pousse un cri, tous les jeunes gens rient plus fort; Lovelay recommence ses *Dindi, dindon!* et Arthur dit :

— Pour punir Edmond, nous devrions le mettre sous la table et l'y laisser jusqu'à ce qu'il ait cuvé son vin...

De nouveaux éclats de rire accueillent cette proposition. Il n'y a que Durozel qui conserve sa mauvaise humeur, parce que son pantalon est entièrement perdu; mais en ce moment le domestique d'Arthur entre dans la salle, et s'approchant de son maître, lui dit à demi-voix :

— Monsieur, il y a là quelqu'un qui veut absolument vous parler...

— Me parler!... me déranger en ce moment! s'écrie Arthur; il faut être bien hardi pour le tenter... il n'y a qu'un créancier capable de cette audace... Mais, quand ils seraient vingt, chasse-les tous à grands coups de balai... N'est-ce pas, mes amis, que c'est ainsi qu'il faut traiter ces gredins-là?

— Oui! oui!... à la porte les créanciers!... par la fenêtre s'ils raisonnent!

— Monsieur, ce n'est point un créancier, répond le domestique, c'est une femme...

— Une femme! dit Arthur.

— Si elle est jolie, il faut la faire entrer, dit Saint-Géran; nous lui offrirons un verre de rhum et un cigare.

— Qui est-ce? reprend Arthur; tu dois savoir son nom... tu connais toutes celles qui viennent ici... Allons, parle... n'aie pas peur, parbleu; je n'ai pas de secrets pour mes amis

— Oh! monsieur, ce n'est pas ce que vous croyez, répond le domestique; c'est une femme d'un âge mûr... mise... comme une personne en service...

— Alors va donc te coucher avec ta dame, et qu'elle nous laisse tranquilles!... Peux-tu croire que je me dérangerai pour une telle créature?

— Mais, monsieur, elle vient de la part... d'une demoiselle...

— D'une demoiselle! d'une dame! je m'en moque, je n'ai pas le temps de l'écouter à présent... je suis en affaire... qu'on repasse... demain ou après... Je ne vais pas quitter ma pipe et mes amis pour cette dame...

— Cette dame m'a dit : Si votre maître hésitait, dites-lui le nom de ma jeune maîtresse, et il viendra sur-le-champ..

— Ah! vraiment! elle croit donc que ce nom est un talisman?... Eh bien!... quelle est celle qui l'envoie? voyons... parle donc tout haut, imbécile!

— C'est mademoiselle Caroline Melle...

Arthur interrompt vivement son valet et l'empêche d'achever le nom commencé; car, malgré l'ivresse du vin, au nom de

Caroline, il s'est senti troublé, et il se lève brusquement de table en murmurant :

— Puisqu'il le faut... débarrassons-nous de cette femme... Messieurs, je suis à vous dans un moment.

Marianne attendait avec anxiété dans une pièce voisine; elle ne concevait pas la lenteur d'Arthur; car elle pensait qu'au seul nom de Caroline il aurait hâte d'accourir près d'elle. Enfin une porte s'ouvre, et celui qu'elle attend paraît devant elle, la figure animée, une pipe turque à la bouche, sa toque sur l'oreille, et avec tout l'air d'un homme qui est fort mécontent d'être dérangé.

— Ah! c'est vous, Marianne, dit le jeune homme; eh bien, qu'y a-t-il donc?... que me veut mademoiselle de Melleval, et pourquoi faut-il que je quitte tout pour vous parler?... Vous autres habitants de la campagne, vous croyez qu'on n'a rien de mieux à faire que de vous écouter... Parlez vite, Marianne; j'ai du monde, et je suis pressé.

La bonne fille est muette de surprise, cet accueil lui serre le cœur, et c'est à peine si elle ose répondre.

— Monsieur... ma jeune maîtresse espérait toujours que vous viendriez la voir... comme vous le lui aviez promis...

— Je n'ai pas eu le temps!

— Monsieur... d'après la démarche que je fais... vous devez penser que mademoiselle de Melleval m'a confié... son amour pour vous. Cette pauvre enfant... je l'aime comme ma fille... je l'ai élevée, je l'ai vue naître... Ah! pourquoi n'a-t-elle pas eu plus tôt confiance en moi!

— Tout cela est très-bien, ma brave femme; aimez votre jeune maîtresse, je ne vous en empêche pas; mais si vous n'avez pas autre chose à me dire... ce n'était pas la peine de me déranger.

— Monsieur! s'écrie Marianne, à qui l'indignation rend tout son courage, est-ce donc ainsi que vous recevez celle qui vient vous parler de la pauvre enfant que vous avez séduite?... Monsieur, auriez-vous oublié vos serments, vos promesses?... il faut cependant vous en souvenir maintenant.

— Ah! ma bonne femme, si vous venez me faire de la morale, vous perdez votre temps... J'irai voir Caroline... quand je pourrai... le mois prochain .. ou le suivant... Adieu.

Marianne se jette au-devant d'Arthur, qui veut s'éloigner, et, le retenant par un bras, elle s'écrie :

— Mais, monsieur, vous ne m'avez donc pas comprise!... c'est à présent... c'est tout de suite qu'il faut venir demander à M. de Melleval la main de sa fille... car il faut lui rendre l'honneur, à ma pauvre Caroline... elle est... elle est enceinte, monsieur... Eh bien!... me renverrez-vous à présent?

Arthur reste un moment muet... sa figure devient sérieuse; mais elle reprend bientôt son insouciance accoutumée, et il répond à Marianne :

— Ah! diable... Caroline est... C'est fâcheux... mais après tout... que voulez-vous que j'y fasse?

— O mon Dieu! mon Dieu! l'ai-je bien entendu! s'écrie Marianne en regardant le jeune homme avec désespoir. Vous me demandez ce que je veux que vous fassiez... quand cette pauvre petite pleure, se désole... quand elle n'a plus de repos ni jour ni nuit... quand son père peut la maudire!... et lorsque tout ça est votre ouvrage... Vous hésitez!... vous ne savez pas ce qu'il faut faire!... Mais il faut l'épouser, monsieur, l'épouser sur-le-champ; c'est votre devoir, lors même que vous n'aimeriez plus ma pauvre Caroline.

— Ma bonne femme, j'ai pour habitude de ne recevoir de leçons de personne!... le ton avec lequel vous vous permettez de parler commence à me lasser... Finissons... je n'ai pas envie de rester avec vous jusqu'à demain. Je suis fâché de ce qui arrive à mademoiselle Caroline; mais je ne l'épouserai pas, du moins dans ce moment-ci, parce que je n'ai nullement envie de m'enchaîner aussi jeune. D'ailleurs un jeune homme ne peut pas épouser toutes les femmes qui ont été ses maîtresses... Si vous aviez la moindre connaissance du monde, vous comprendriez cela tout de suite... J'ai une brillante carrière à parcourir, je n'ai pas envie d'y renoncer... pour aller m'enterrer près du colonel Melleval... C'est une chose bien décidée; dispensez-vous de revenir me voir, car vous perdriez vos peines... D'ailleurs, je vais partir, voyager, courir le monde... Adieu; mes compliments à votre maîtresse, que j'adorerai toujours, mais que je ne puis pas épouser maintenant... plus tard... dans quelques années, je ne dis pas... nous verrons!...

En achevant ces mots, Arthur retire son bras que Marianne

tenait encore, et disparaît vivement en refermant sur lui la petite porte par laquelle il est entré.

La pauvre Marianne est restée quelques instants immobile, elle suffoque, elle ne peut pas pleurer; enfin, elle s'élance hors de l'appartement, en s'écriant :

— O mon Dieu! prenez pitié de ma pauvre Caroline!

CHAPITRE VII

UN HEUREUX HASARD.

Le soir même qui suivit son entrevue avec Arthur, Marianne était de retour à Draveil; car, n'ayant plus aucun motif qui la retînt à Paris, il lui tardait de revoir sa chère demoiselle. En route, Marianne avait réfléchi, et s'était dit : — Ma pauvre Caroline mourra de chagrin si je lui apprends la vérité; trompons-la... jusqu'à ce que le temps ait ramené un peu de calme dans sa tête et dans son cœur.

Et la bonne femme, ayant arrangé son plan, était revenue près de celle qu'elle ne voulait plus quitter. Les nouvelles qu'elle apportait ne devaient point rendre Caroline heureuse; mais plus Marianne aurait tardé à revenir, plus la jeune fille se serait bercée d'un espoir qu'il aurait fallu détruire. Dans une telle circonstance, tarder est toujours un tort; le coup qui frappe vite est moins sensible que celui que l'on attend.

Caroline tressaillit en voyant revenir sa bonne; mais son père était là, il fallut se contenir, dissimuler. Cependant la jeune fille regardait Marianne, et cherchait dans ses yeux une réponse à ses désirs, un regard rassurant; mais la gouvernante évitait de rencontrer les yeux de Caroline, et le son de sa voix aurait dû déjà faire deviner à mademoiselle de Melleval que Marianne n'apportait point de bonnes nouvelles; car nous ne parlons pas dans la peine comme dans le plaisir, et ces nuances délicates que ne remarquent point les êtres indifférents ne sauraient échapper à l'oreille de l'amour ou de l'amitié.

Enfin, le moment vint où Caroline put rejoindre en secret Marianne, et sa première question fut :

— Eh bien! l'as-tu vu? lui as-tu parlé?

— Non, mademoiselle, dit Marianne en faisant un effort pour cacher tout ce qu'elle éprouve.

— Tu ne l'as pas vu!... et tu reviens si vite près de moi?

— Mon Dieu! mademoiselle, j'aurais eu beau attendre; rester plus longtemps eût été inutile, car M. Arthur... n'est plus à Paris.

— Plus à Paris? où donc est-il alors?

— Mademoiselle, je me suis informée dans la maison où il demeurait; on m'a dit : M. Arthur Gervillier est parti pour faire un grand voyage; on ne sait quand il reviendra.

— Un grand voyage!... Parti! sans chercher à me voir... sans m'écrire... sans m'apporter une parole d'espérance, de consolation!... Ah! Marianne! c'en est donc fait!... je suis perdue sans retour!... Lorsque mon père connaîtra ma faute... et il viendra un moment où je ne pourrai plus la lui cacher... il me maudira... me chassera peut-être, et lors même qu'il me pardonnerait, crois-tu que je pourrai, moi, me pardonner la douleur que je lui causerai, la rougeur dont je verrai son front se couvrir!... Ah! Marianne, je ne pourrai jamais supporter la pensée d'avoir rendu mon père malheureux!... Ah! ma bonne, j'aime bien mieux mourir.

Et la jeune fille pleurait amèrement en étendant ses bras autour du cou de Marianne. Sans doute il eût mieux valu faire toutes ces réflexions avant d'aller se promener seule avec Arthur dans le fond du petit bois; mais sachons encore gré aux personnes qui se repentent d'avoir mal fait, il y en a tant pour qui l'expérience n'est jamais une leçon.

Marianne embrasse Caroline et fait ce qu'elle peut pour ranimer son courage.

— Ma chère enfant, lui dit-elle, il ne faut pas vous désoler ainsi... M. Arthur arrivera peut-être au moment où nous y penserons le moins. Et puis la Providence est grande! elle veillera sur vous!... Mais il ne faut pas vous désespérer, et surtout ne point songer à mourir... Fi! mon enfant, éloignez de telles idées! rappelez-vous d'ailleurs que vous êtes mère, et que votre existence ne vous appartient plus!... vous la devez à ce petit être que vous portez dans votre sein.

Caroline se sent vivement émue, les paroles de Marianne ont été jusqu'au fond de son cœur; sa bonne a trouvé le meilleur moyen pour ranimer ses esprits abattus. C'est dans ce qui cause ses peines que la fille du colonel doit aussi trouver ce qui doit les adoucir : être mère! Ce nom est si doux à l'oreille d'une jeune fille! la pensée qu'elle pourra couvrir de ses baisers le fruit de ses amours a déjà rendu quelque force à son âme; elle croit voir son enfant, elle le porte dans ses bras, l'admire, lui donne les noms les plus doux... et elle oublie en ce moment tous les tourments que sa naissance peut lui causer. C'est ainsi qu'auprès de la plante qui nous donnerait la mort, nous trouvons presque toujours l'antidote pour nous guérir.

La pauvre Marianne ne partageait aucunement l'espoir qu'elle s'efforçait de rendre à Caroline, et lorsqu'elle se rappelait Arthur et l'entretien qu'elle avait eu avec lui, son indignation renaissait, et elle maudissait le suborneur de sa chère enfant.

— Séduire une jeune fille bien candide, bien pure! se disait Marianne, lui faire croire qu'on l'aime, mettre tout en œuvre pour lui faire partager son amour... lui tourner la tête par de tendres serments jusqu'à ce que la pauvre enfant ait oublié ses devoirs, voilà donc l'occupation de ces beaux freluquets, qui ont malheureusement assez de fortune pour ne pas faire autre chose!... Eh ben!... c'est gentil!... Si c'est là ce qu'on appelle un jeune homme bien élevé, je voudrais ben savoir ce que font ceux qu'on élève mal.

Quelquefois, en réfléchissant à son entrevue avec Arthur, Marianne se disait encore : — Il était peut-être gris... Il ne pensait peut-être pas ce qu'il m'a dit!

Mais la réflexion ne tardait pas à détruire ce dernier espoir; car, si en effet le jeune Gervillier n'eût parlé à Marianne que sous l'influence de l'ivresse, le lendemain, de sang-froid, il se serait hâté de venir démentir ses paroles; et les jours s'écoulèrent sans que l'on entendit parler de lui.

Caroline ne pouvait croire que son amant l'eût oubliée; son cœur ne voulait pas perdre l'espoir d'être encore aimée d'Arthur; pour excuser sa conduite, elle inventait elle-même mille événements qui pouvaient le retenir loin de Paris. Tantôt elle se disait : — A l'âge d'Arthur on a peu d'ordre, on fait des dettes... C'est peut-être ce motif qui l'a forcé de s'éloigner... ou bien un accident peut l'arrêter en voyage... Il a pu être malade... blessé. O mon Dieu! s'il allait mourir loin de moi!

La jeune fille adoptait plus volontiers toutes ces conjectures que la pensée de l'inconstance d'Arthur, parce que son amour à elle était toujours le même qu'au temps où elle se rendait au point du jour dans le petit bois.

Caroline brûlait du désir de questionner le vieux capitaine, car elle ne supposait pas que M. Gervillier pût ignorer entièrement ce que son neveu était devenu; et Marianne cherchait à dissuader la jeune fille de ce projet, craignant que par le capitaine elle n'apprît la vérité. Un soir, pendant que son père était allé faire une courte visite chez un voisin, Caroline fut s'asseoir près du vieux militaire, qui par respect voulut éloigner sa chaise de celle de la fille de son colonel; mais Caroline le retint près d'elle en posant ses pieds sur les bâtons du siége qu'il occupait; puis, tâchant de dissimuler sa vive émotion, elle lui dit :

— Il y a bien longtemps, capitaine, que nous n'avons vu M. votre neveu?

— C'est vrai, mademoiselle.

Caroline attend, elle espère en vain quelques mots de plus; voyant que le vieux militaire se tait, elle reprend :

— Mais... est-ce que... M. Arthur... n'est pas en voyage?... il m'avait semblé une fois lui entendre dire... qu'il voulait voyager?...

— Ce serait bien possible, répond le capitaine sans bouger, de peur de remuer sa chaise, sur laquelle s'appuie la fille de son colonel.

— Comment! capitaine, vous n'en êtes pas certain?... Ainsi votre neveu serait à trois cents lieues d'ici que vous n'en sauriez rien?...

— Je ne m'en douterais même pas, mademoiselle.

— Cette indifférence m'étonne... car je pensais... qu'un oncle devait aimer son neveu.

— A quoi bon, quand le neveu n'aime pas son oncle?

— Quel homme! dit Caroline en jetant un regard sur Marianne, qui écoutait en tremblant cette conversation; il faut renoncer à apprendre par lui quelque chose touchant Arthur!

La gouvernante ne répondit rien, mais elle se félicita tout bas de la singularité du capitaine.

L'hiver s'avançait; on était au commencement de mars. Il y avait près de sept mois que la jeune fille avait sa faute à cacher.

Grâce aux précautions de Marianne et à sa manière de s'habiller, jusque-là Caroline avait pu tromper les yeux peu clairvoyants d'un ancien militaire; mais chaque jour pouvait amener la découverte de sa faiblesse. La jeune fille le sentait, Marianne tremblait aussi, et toutes deux cherchaient par quel moyen elles éviteraient une terrible catastrophe, lorsqu'un matin, en embrassant sa fille comme de coutume, M. de Melleval lui dit :

— Ma chère amie, j'ai quelque chose à t'apprendre dont moi-même je ne me doutais pas hier.

Caroline tremble, rougit ; car, lorsqu'on se sent coupable, on rapporte à sa faute toutes les paroles dont on ne saisit pas bien le sens ; mais déjà le colonel a repris :

— Oui, ma chère Caroline, il faut que je te quitte pour quelque temps... je vais partir pour Bordeaux...

— Vous allez partir, mon père? répondit la jeune fille en respirant plus librement.

— J'ai reçu ce matin une lettre qui rend ce voyage indispensable. Tu sais que je possède près de Bordeaux une assez jolie propriété dont j'ai hérité jadis, et que, par parenthèse, je veux vendre, parce que je n'irai jamais me retirer là. J'avais chargé un homme d'affaires, que l'on m'avait recommandé, de faire faire à ma propriété toutes les réparations dont elle a besoin, et qui rendront la vente plus facile ; mais il paraît que ce monsieur a fort mal rempli mes intentions. Un notaire m'écrit que ma présence est indispensable là-bas si je veux réparer toutes les bévues de mon homme d'affaires. La chose en vaut la peine... Je vais donc partir... Je ne t'emmènerai pas avec moi, d'abord ; depuis quelque temps, tu te plains, tu es souffrante... ce voyage te fatiguerait encore ; et puis, j'avoue que j'aime peu à voyager avec une femme. Tu resteras ici avec la bonne Marianne... la cuisinière et le jardinier... Du reste, je suis tranquille ; la maison est sûre et le pays aussi.

— Est-ce que vous partirez bientôt, mon père.

— Eh, mon Dieu ! ma chère amie, je vois par cette lettre que je n'ai pas de temps à perdre ; j'ai déjà donné l'ordre que l'on fasse ma valise ; ce matin même je me rends à Paris... de là aux diligences... et je pars aujourd'hui pour Bordeaux, si cela se peut.

En toute autre circonstance, Caroline eût été affligée de se séparer pour quelque temps de son père ; mais en ce moment il lui semble que c'est le ciel lui-même qui vient de faire cet événement, qui va lui permettre de dérober sa honte à l'auteur de ses jours; elle n'éprouve donc pas ce chagrin que le colonel redoutait de lui causer; mais il ne peut en ce moment en faire l'observation, parce qu'une autre personne captive son attention.

Depuis l'instant où M. de Melleval avait annoncé son prochain départ pour Bordeaux, le capitaine, qui était présent, était resté comme saisi, gardant entre ses doigts une prise de tabac qu'il avait eu l'intention de porter à son nez; et lorsque le colonel avait dit à sa fille qu'il laissait auprès d'elle Marianne, une bonne et le jardinier, les regards inquiets du vieux militaire s'étaient portés sur son supérieur, comme pour lui dire:

— Eh bien... et moi? qu'est-ce que je vais faire?... vous ne parlez pas de moi... est-ce que je dois m'en aller?

Mais M. de Melleval, qui devine probablement la secrète pensée de son vieux compagnon d'armes, le regarde quelques instants en souriant, puis lui dit :

— Comment, capitaine, vous restez là... tranquillement!... est-ce que vous n'avez rien à faire aussi?... Vous avez pourtant entendu ce que je viens d'annoncer à ma fille.

— Oui, mon colonel, répond le vieux capitaine en fronçant légèrement le sourcil; puisque vous partez... c'est juste... il ne serait pas convenable que je restasse ici en votre absence... et je vais m'en retourner à Paris, jusqu'à ce que vous soyez revenu...

— Non, mon vieux camarade, ce n'est pas ainsi que je l'entends; mais vous allez faire vos dispositions pour m'accompagner à Bordeaux...

— Comment! mon colonel... il se pourrait!... vous me faites l'honneur de m'emmener? s'écrie le capitaine, dont la figure est devenue rayonnante.

— Dites le plaisir, mon camarade; loin de ma fille, c'est bien le moins que j'aie un ami pour me parler d'elle... pour faire le soir la conversation, tout en fumant comme ici... N'est-ce pas, ma Caroline, que j'ai raison d'emmener Gervillier?

— Oh! oui, mon père, s'écrie Caroline; vous ne serez pas seul au moins, et je serai plus tranquille!

— Ah! mon colonel, reprend le capitaine, vous me causez une joie!... Sacredié! si...

Le vieux militaire s'arrête, tout confus d'avoir juré devant mademoiselle de Melleval: puis, portant le revers de sa main à son front, il fait un demi-tour sur ses talons, et sort en s'écriant

— Je vais faire mon sac.

Au bout de deux heures, le colonel, qui avait conservé l'habitude d'exécuter promptement ce qu'il avait arrêté, disait adieu à sa fille, tandis que le capitaine se tenait derrière lui et saluait respectueusement mademoiselle de Melleval.

— Croyez-vous être longtemps absent, mon père? dit Caroline en pressant encore tendrement la main du colonel.

— Ma chère enfant, tu dois bien penser que des réparations à revoir, à terminer, à changer, cela ne va pas aussi vite qu'on le voudrait; et s'il m'était possible de vendre avant de revenir, j'aimerais mieux alors rester absent quelques semaines de plus, afin d'avoir entièrement terminé cette affaire. Au reste, tu dois être sûre que je me hâterai afin d'être plus tôt près de toi; cependant, il ne faut guère compter me revoir avant six semaines ou deux mois.

— Ah! dit tout bas Marianne pendant que Caroline embrassait son père, le ciel permettra qu'il ne revienne pas trop tôt..

CHAPITRE VIII

UN FILS.

M. de Melleval est parti. Caroline et Marianne n'auront plus ces craintes, ces terreurs que chaque moment devait accroître; car elles sont presque seules maintenant, elles ne redoutent plus des regards sévères ou curieux. La cuisinière est une grosse fille qui ne monte jamais dans les appartements, et ne voit sa jeune maîtresse qu'au moment où elle prend ses repas; le jardinier est un paysan déjà âgé, qui ne s'occupe absolument que de son jardin, ne voit que ses fleurs, n'examine que ses arbres, n'admire que ce qu'il a planté. Devant de telles gens il suffit de quelques précautions pour être à l'abri de tous soupçons. Quant aux voisins, on n'ira pas en voir, et, s'il en vient, on leur dira toujours que mademoiselle est sortie ou qu'elle est indisposée. Enfin, la consigne est donnée pour que personne ne pénètre près de Caroline; et, en l'absence du colonel, cette consigne semble toute naturelle aux habitants de la maison.

Marianne ne quitte pas sa chère enfant; elle l'entoure de soins, de prévenances; elle ranime son courage lorsqu'elle la voit triste, lui parle de son enfant lorsqu'elle s'aperçoit qu'elle a pleuré, et lui dit souvent :

— Vous voyez bien que le bon Dieu a pitié de vous, puisqu'il a fait naître cette affaire... cette circonstance qui a forcé votre père à s'éloigner!... Pourquoi donc perdre courage au moment où vous allez être délivrée de toute inquiétude?

— Mais mon enfant... je ne pourrai pas le nourrir... le garder près de moi!... Ah! Marianne, quel dommage!... je sens que je l'aimerais tant!

— Non, sans doute, vous ne pourrez pas le nourrir... Pardi! voilà une belle idée!... Mais soyez tranquille... est-ce que je n'ai pas songé à tout?... C'est au village de Champrozay que je porterai cette innocente créature... La nourrice est déjà retenue; c'est une brave paysanne, ben gentille, ben fraîche, ben portante... Oh! l'enfant sera ben nourri, je vous en réponds!... Et puis, d'ailleurs, est-ce que je n'irai pas le voir à chaque instant?

— Mais que diras-tu à cette paysanne, Marianne, si elle te demande quels sont les parents de mon enfant?

— Ne vous inquiétez pas! mon histoire est déjà faite. Je lui ai dit que j'avais à Paris une nièce qui avait été séduite... que j'adoptais son enfant, que je me chargeais de tout, mais que je voulais que le nourrisson ne manquât de rien; elle ne m'en a pas demandé plus. Avec les paysans, donnez de l'argent, c'est tout ce qu'ils veulent, et ils ne vous parlent qu'avec des révérences.

— Ah! Marianne, que ne te dois-je pas! Mais je pourrai aussi aller souvent voir mon enfant, n'est-ce pas?

— Oui, oui. Oh! nous trouverons bien moyen d'arranger cela... d'ici à Champrozay, c'est une si jolie route!...

— Oh! comme je la ferai avec plaisir! Cher enfant... si ton père t'abandonne, ah! du moins l'amour de ta mère ne te man querа jamais!... Mon Arthur reviendra... Il ne sait pas que je suis mère... sans cela je suis bien sûre qu'il ne serait pas parti... n'est-ce pas, Marianne?... Arthur ne peut m'avoir oubliée! Il ne voudrait pas manquer à tous les serments qu'il m'a faits?

Marianne baissait la tête en murmurant :

— Dame! mademoiselle... je ne sais que vous dire!... les hommes, voyez-vous, c'est chanceux.

Et tout bas la bonne femme se disait :

— Pauvre petite, c'est bien à tort qu'elle compte encore sur l'amour de son séducteur; c'est fini!... il l'abandonne... il ne pense plus à elle!... Avoir un si beau physique, une si belle tournure... et une âme si noire... un cœur si sec!... Ah! mon Dieu! fiez-vous donc aux jolis garçons!... C'est pas l'embarras! les vilains ne valent pas mieux, et s'ils sont moins inconstants, c'est qu'ils trouvent moins de femmes qui veuillent les écouter.

Caroline reçut bientôt des nouvelles de son père; elle les attendait avec impatience, d'abord pour être tranquille sur la santé du colonel, puis pour savoir s'il parlait de son retour. Mais loin de là, M. de Melleval engageait sa fille à prendre patience; il avait trouvé sa propriété en fort mauvais état, et prévoyait de longs ennuis avant de pouvoir songer à son retour.

Marianne fit un bond de joie en entendant la lecture de cette lettre, tandis que Caroline ne put retenir ses larmes, et s'écria :

— Ah! ma bonne, on est bien coupable quand on est obligée de se féliciter de l'absence de son père!...

Le temps s'avançait où Caroline allait mettre au monde cet enfant dont la naissance devait être un mystère. Depuis plusieurs jours, Caroline ne quittait plus sa chambre, une indisposition servait de prétexte; cependant le temps était beau et doux, le mois d'avril ramenait le printemps, les lilas montraient de gros bourgeons, et l'habitant de la campagne commençait à se promener avec joie dans son jardin.

Une nouvelle lettre de M. de Melleval avait encore assuré la tranquillité de sa fille et de Marianne. Le colonel ne prévoyait son retour que vers la fin de mai, et bien avant ce temps Caroline devait être en état de se montrer aux yeux de son père. Rien ne devait donc alarmer les habitants de Draveil, lorsque, par une belle journée, un cabriolet élégant s'arrêta devant la maison du colonel.

En ce moment, Caroline était seule dans sa chambre; Marianne venait de descendre au jardin. La jeune fille a entendu le bruit d'une voiture, et elle remarque avec effroi que ce bruit cesse devant sa demeure. Elle quitte à la hâte le fauteuil dans lequel elle passait une partie de ses journées, et se dirige vers la fenêtre qui donne sur la route. Elle aperçoit le cabriolet qui vient de s'arrêter à leur porte; au même instant, un jeune homme en descendait lestement, et Caroline n'a pu apercevoir son visage, parce qu'il entrait dans la maison comme elle plaçait sa tête contre les carreaux de sa croisée.

Mais pour Caroline, qui n'a qu'un espoir, qu'une pensée, ce jeune homme doit être celui qu'elle attend depuis si longtemps, qu'elle espère toujours; ce doit être Arthur, qui, de retour de ses voyages, s'empresse d'accourir près de sa bien-aimée. Une seconde a suffi pour faire naître toutes ces idées dans la tête de Caroline; et, sortant vivement de sa chambre, elle traverse deux pièces qui donnent sur l'escalier, afin de voler au-devant d'Arthur.

Au moment où Caroline sort de la dernière chambre, la personne qui montait l'escalier arrivait sur le palier. Aussitôt la fille du colonel s'arrête et se laisse tomber sur un siége qui se trouve près d'elle, en murmurant :

— Oh! mon Dieu, ce n'est pas lui!

Celui que Caroline avait d'abord pris pour Arthur était à peu près du même âge que le neveu du capitaine, et sa taille était la même. Mais si, vu par derrière, on pouvait un instant prendre l'un pour l'autre, de face on ne devait trouver aucune ressemblance entre les deux individus.

Le personnage qui vient d'arriver chez le colonel a les cheveux beaucoup moins noirs que ceux d'Arthur; sa figure est pâle et son aspect sévère, ses traits assez fortement prononcés ont au premier abord quelque chose de dur qui glace au lieu d'attirer; cependant ses yeux ont par moment une expression qui a du charme, et sa voix, ordinairement brève et forte, prend aussi quelquefois une expression de douceur qui inspire la confiance.

Caroline n'a pas remarqué tout cela; pour elle ce n'est pas Arthur; dès lors ce n'est plus qu'un étranger qui ne doit pas l'intéresser, et dont la présence en cet instant peut au contraire la jeter dans un grand embarras. Elle reste sur la chaise sur laquelle elle vient de s'asseoir, et tâche de s'y arranger de manière à ce qu'on ne puisse s'apercevoir de sa position.

Le jeune homme entre dans la pièce où Caroline s'est hâtée de s'asseoir, et la salue profondément en lui disant :

— Est-ce à mademoiselle de Melleval que j'ai l'honneur de parler en ce moment.

— Oui, monsieur, répond Caroline en se bornant à faire une légère inclination de tête, et priant en secret le ciel de lui envoyer Marianne pour la tirer d'embarras.

— Mademoiselle, je suis peut-être indiscret en me présentant devant vous, reprend le jeune homme; mais je me nomme Charles Daverny... Je suis le fils d'un ancien ami de votre père... mon nom... je le pense du moins... ne saurait vous être étranger.

— En effet, monsieur, reprend Caroline en plaçant sur ses genoux un gros livre qu'elle vient de prendre sur un meuble près d'elle, j'ai plus d'une fois entendu mon père parler de M. le major Daverny, qui, je crois, s'est retiré à Lyon, sa patrie... où il est mort il y a un an.

— Oui, mademoiselle... il y a un an que j'eus le malheur de perdre mon père. Depuis ce temps, le séjour de Lyon me devint insupportable, et j'ai résolu de venir me fixer à Paris : il y a six semaines que j'y suis. Mon père m'avait si souvent parlé de son ami le colonel de Melleval, que depuis longtemps j'avais le désir de faire sa connaissance; je savais qu'il s'était retiré à Draveil, et, ce matin, je me suis mis en route, me faisant d'avance une joie de voir quelqu'un qui a été l'ami de mon père.

— Mon Dieu !... monsieur, votre espoir sera déçu aujourd'hui... car mon père est en voyage.

— C'est ce que votre jardinier... ou votre concierge m'a dit lorsque je suis entré dans la maison; mais je savais que M. de Melleval avait une fille, et j'ai demandé s'il me serait possible de lui offrir mes hommages. On m'a répondu que vous étiez indisposée depuis longtemps, qu'on ne savait pas si vous pourriez me recevoir... A tout hasard, je suis monté... et...

— Et vous voyez, monsieur, qu'on ne vous a pas trompé ! s'écrie Marianne qui vient d'entrer et s'est hâtée de jeter sur Caroline un grand châle avec lequel elle l'entortille tout en disant :

— Comment, mademoiselle, vous avez quitté votre chambre ! faible, souffrante comme vous l'êtes... mais cela n'a pas le sens commun... Ah! si j'avais été là, ça ne serait pas arrivé... je ne l'aurais pas souffert... Et certainement le concierge... savait bien... je lui avais dit que mademoiselle était hors d'état de recevoir aucune visite!...

— Ah! c'est moi qui suis coupable! reprend Daverny en s'inclinant devant Caroline. Pardonnez-moi, mademoiselle, d'avoir troublé votre solitude... le désir que j'avais de vous connaître n'aurait pas dû me rendre indiscret... mais je vais vous laisser...

— C'est moi, monsieur, dit Caroline, qui dois m'excuser de vous recevoir ainsi... et... de ne pas vous retenir... mais depuis quelque temps je suis tellement souffrante... et si faible!...

— Pardi! on voit bien que vous êtes malade!... reprend Marianne, et vous n'avez pas besoin de l'affirmer pour qu'on vous croie!... Monsieur ne peut pas se formaliser d'une chose qui n'est pas de votre faute.

M. Charles Daverny avait arrêté ses regards sur Caroline, et semblait la considérer attentivement; mais tout à coup, croyant remarquer qu'elle rougissait, il fit quelques pas en arrière en s'écriant :

— Je vous renouvelle mes excuses, mademoiselle; je reviendrai lorsque monsieur votre père sera de retour. L'attendez-vous bientôt?

— Dans un mois, je pense, dit Caroline.

— Oh! c'est-à-dire dans deux mois au plus tôt! s'empresse de dire Marianne. Il est bien loin... il fait bâtir... Est-ce qu'on sait jamais quand on aura fini lorsqu'on fait bâtir?... Les ouvriers, ça traîne toujours! et M. de Melleval a écrit qu'il ne reviendrait qu'après que tout serait fini.

Pendant que Marianne parlait, le fils du major Daverny portait souvent ses regards sur Caroline; mais aussitôt que celle-ci levait les yeux sur lui, il s'empressait de détourner les siens, comme s'il eût craint que l'attention avec laquelle il la regardait pût la formaliser. Enfin, la gouvernante a cessé de parler, et le jeune homme fait un profond salut à Caroline en lui disant :

— Adieu, mademoiselle... plus tard... lorsque M. votre père sera de retour, j'aurai l'honneur de vous revoir... J'espère que d'ici là votre santé sera entièrement rétablie.

— Oh! oui! oui! dit Marianne, qui voit que sa chère enfant balbutie et ne sait que répondre. Mamzelle se rétablira...

avec le printemps... la belle saison... Le médecin a bien dit que ce n'était pas dangereux. Il ne faut que du repos à mademoiselle.

M. Daverny n'a pas eu l'air d'écouter Marianne; il considérait le visage pâle, mais plein de charmes, de mademoiselle de Melleval; c'est elle qu'il voudrait entendre parler, mais Caroline garde le silence; alors le jeune homme, après l'avoir saluée de nouveau, se dispose à sortir de l'appartement. Caroline, cédant à une habitude de politesse, a fait un mouvement pour se lever et reconduire l'étranger, mais un regard de Marianne lui rappelle qu'elle va commettre une imprudence, et, retombant sur son siége, elle y reste clouée en murmurant :

— Excusez-moi, monsieur, si je ne vous reconduis pas... mais en ce moment... je me sens si peu forte...

— Ah ! mademoiselle, vous ne me devez aucune excuse; c'est moi au contraire qui vous supplie de nouveau de me pardonner l'indiscrétion que j'ai commise, et de croire au plaisir que j'éprouverai plus tard à venir vous renouveler mes hommages.

Après avoir prononcé ces mots, M. Daverny est sorti vivement de l'appartement, et au bout de quelques secondes, on entend le bruit de son cabriolet qui prend la route de Paris.

— Il est enfin parti, ce monsieur ! c'est bien heureux ! s'écrie Marianne; mais comment se fait-il que vous soyez venue au-devant de lui jusqu'ici ?... A quoi songiez-vous donc, mon enfant ?...

— Ah ! Marianne ! c'est qu'en entendant une voiture s'arrêter devant la maison, je me suis approchée de la croisée : un jeune homme entrait alors chez nous... à sa taille... à sa tournure... j'ai cru que c'était Arthur !... Arthur que j'attends, que j'espère toujours !... Alors je me suis sentie transportée de joie, et dans mon ivresse j'ai couru au-devant de lui... Ce n'est qu'en ouvrant la porte qui donne sur le carré que j'ai reconnu mon erreur. Alors !... oh ! si tu savais quel mal cela m'a fait éprouver ! mon pauvre cœur s'est serré, j'avais bien envie de pleurer !... et je me suis assise sur la première chaise que j'ai trouvée près de moi.

— Pauvre petite !... Et cet imbécile de jardinier qui laisse monter malgré ma défense !

— Ah ! Marianne, pourvu que ce monsieur n'ait pas remarqué... qu'il ne se soit pas aperçu de ma situation...

— Oh ! que non !... vous avez une grande blouse bien large... vous étiez assise quand il est entré ?

— Oui, et j'avais pris ce gros livre que je tenais devant moi.

— Il n'aura rien vu... Est-ce que les hommes s'aperçoivent de ces choses-là ?... celui-ci était tout occupé de regarder votre figure, et voilà tout.

— Nous l'avons bien mal reçu ce monsieur... je pense que je ne lui ai pas même offert de s'asseoir.

— Ah ! tant pis ! pourquoi vient-il si mal à propos ?... nous avons bien besoin de sa visite !... Il a l'air sévère et pas aimable, ce monsieur-là.

— Mais c'est le fils d'un ami de mon père.

— Eh ben ! quand monsieur votre père y sera, il le recevra bien et vous aussi. En attendant, qu'on nous laisse tranquilles; nous n'avons pas pris jusqu'ici mille soins, mille précautions, pour qu'un monsieur qui nous est inconnu nous en fasse perdre le prix. Mais je jure de ne plus vous quitter d'une minute jusqu'au moment fatal !... et je saurai ben empêcher qu'on ne vous approche, moi !

Marianne achevait à peine ces mots, qu'un bruit confus de voix se fit entendre dans la cour. Caroline regarde sa bonne, qui reste toute saisie en balbutiant :

— Eh ! mon Dieu ! qu'est-ce que c'est encore ?

— Je crois reconnaître ces voix, dit Caroline.

— Eh oui !... s'écrie Marianne qui vient de regarder dans la cour, c'est la famille des Troussard !... père, mère, enfants !... Ah ! mon Dieu ! c'est donc le diable qui s'en mêle aujourd'hui !...

— Ah ! ma bonne ! je suis perdue !...

— Mais non, non... est-ce que je ne suis pas là ?... Courez vite à votre chambre, et couchez-vous... Mettez-vous bien vite dans votre lit... le reste me regarde. Allez, et ne craignez rien.

Caroline se hâte de regagner sa chambre; heureusement elle n'avait pas besoin pour y arriver de prendre l'escalier, car déjà la famille Troussard le montait; on entendait parler madame, chanter mademoiselle et crier les enfants. Bientôt tout cela entre dans la pièce où Marianne est restée pour les recevoir.

— Bonjour, Marianne, dit madame Troussard en entrant avec deux de ses fils, tandis que le troisième marchait sur sa robe;

nous voilà tous : j'espère que nous avons choisi un beau temps pour venir ; il fait un peu froid, mais c'est égal, c'est plus sain... Alphonse, tu me marches sur les pieds, mon ami... Il y a longtemps que nous voulions passer une journée ici... et en même temps donner un coup d'œil à notre maison... ouvrir... donner de l'air...

— Relever des bouteilles, dit M. Troussard ; j'en ai trouvé cinq de cassées.

— Mais nous avions toujours tant d'affaires ! des bals, des concerts, des soirées ! nous ne trouvions pas un moment... Thérésinette est devenue si forte sur le chant !... vous l'entendrez, Marianne, vous verrez comme elle a gagné... Tout le monde veut l'avoir !... elle chante un concerto de Rode pour le violon... comme madame Catalani... n'est-ce pas, Thérésa ?... Ah ! je crois que tu passes une variation... laquelle ?

— La quatrième, maman, parce qu'elle est trop sourde et ne fait pas d'effet.

— Tu as raison alors... mais elle en chante encore sept... et mes petits commencent à épeler... Ils vont en pension auprès de chez nous... ils ont beaucoup de dispositions... leur maître a dit qu'ils auraient peut-être des prix l'année prochaine... Ces chers amours, il fallait bien les amuser un peu ! et, ma foi ! aujourd'hui nous sommes partis tous de bonne heure, et nous sommes arrivés il y a une heure... car nous avons déjà été chez nous regarder, visiter...

— Oui, j'ai trouvé mon grand chapeau de paille mangé par les rats ! dit mademoiselle Thérèse ; c'est bien agréable ; laissez donc quelque chose à la campagne !

— On en fera une casquette pour un de tes frères ; et moi, je te donnerai ma glaneuse. Fanfan, ne touchez donc pas toujours à votre nez ! vous vous le ferez devenir gros comme un navet. C'est à la pension qu'ils prennent ces mauvaises habitudes-là... Ils se font aussi des grimaces, et ils se rendent vilains ! Les maîtres ne sont pas assez sévères pour cela. Et tout le monde se porte bien ici, Marianne ?

Marianne avait laissé parler madame Troussard sans l'interrompre, car elle n'était pas fâchée que Caroline eût tout le temps de se mettre au lit : lorsque enfin cette dame s'arrête pour prendre sa respiration, Marianne lui dit :

— Mais, madame, est-ce que vous ne savez pas que M. de

Melleval est allé à Bordeaux, d'où il ne doit pas revenir de sitôt encore ?

— Ah ! si... si, nous savons cela, on nous l'a dit dans le pays. Mais c'est égal ; nous sommes toujours venus, parce que nous avons pensé que mademoiselle Caroline nous recevrait tout aussi bien que son père... et qu'elle serait contente de nous voir cette chère enfant, car elle doit bien s'ennuyer seule ici !...

— Je chanterai des airs nouveaux, dit la jeune Thérèse ; j'ai apporté un gros rouleau de musique !... car nous coucherons ici !... n'est-ce pas, maman ?

— C'est notre intention, répond madame Troussard ; je sais que le colonel a plusieurs chambres d'amis, et que ça ne gênera pas de nous loger... tandis que chez nous il n'y a pas de linge... pas de draps... Quand on passe tout l'hiver à Paris, ce n'est pas la peine de laisser son linge à la campagne...

— Pour que les rats le mangent, comme le chapeau de paille de ma fille ! dit M. Troussard.

— Allons, monsieur Troussard, est-ce que vous allez encore bougonner deux heures pour ce malheureux chapeau ?... Je crois qu'il avait coûté trente sous !

— Enfin, il était très-bon... il pouvait faire encore trois étés !

Marianne n'écoutait plus les Troussard. En apprenant qu'ils avaient l'intention de coucher chez M. de Melleval, elle avait été tellement saisie, qu'elle avait peine à se remettre. Cependant, profitant d'un moment où l'on mouche les trois petits garçons, elle s'écrie :

— Mais, madame... vous ne savez donc pas... le jardinier ne vous a donc pas dit que mamzelle Caroline est malade depuis quelques jours ?

— Ah ! si ! si ! il nous l'a dit ! répond mademoiselle Thérèse ; il ne voulait même pas nous laisser monter, votre jardinier !

— Oui, reprend madame Troussard ; mais nous lui avons fait observer que nous étions des voisins, des amis, que nous venions sans façon nous établir chez vous, pour un... ou deux jours... ça dépendra du temps qu'il fera demain !... et que cette pauvre Caroline serait au contraire bien contente d'avoir de la société... Sa maladie ne peut pas être grand'chose ? Qu'est-ce qu'elle a ? un rhume... un refroidissement... un échauffement de poitrine ?... Alors, il ne faut pas qu'elle parle... mais nous ne la ferons pas parler... Allons la voir, cette chère enfant...

— Oui, oui, allons la voir... Elle est dans sa chambre, sans doute?

— Je sais où c'est ! s'écrie mademoiselle Thérèse.

— Un instant, mademoiselle, dit Marianne en se mettant en avant de la jeune fille. Ma jeune maitresse est... plus malade que vous ne pensez... En ce moment elle dort peut-être... je dois m'en assurer avant de vous laisser entrer chez elle.

— Eh bien ! allez, Marianne, allez voir si Caroline dort ; en attendant, nous allons toujours nous débarrasser de nos chapeaux, de nos châles, et puis tout à l'heure vous nous mènerez dans les chambres que vous nous destinez, nous y transporterons tout cela, et vous nous ferez donner quelque chose à manger avant le dîner, car mes petits ont faim. N'est-ce pas, mes petits, que vous avez faim ?

— Oui... oui... nous voulons des confitures...

— Vous leur donnerez des confitures, Marianne, ils sont très-faciles à nourrir. Quant à nous, un morceau de pâté, de volaille, la moindre des choses !... nous nous réserverons pour le dîner.

— Oh ! oui ! je dînerai bien ! dit M. Troussard, et puis j'aime beaucoup le petit vin du colonel !...

— Oh ! le plus souvent que vous vous établirez ici ! se dit Marianne en laissant la famille Troussard. Nous verrons si je ne viendrai pas à bout de vous faire déguerpir.

Marianne trouva Caroline dans son lit ; là, elle pouvait sans crainte braver tous les regards.

— Eh bien ? dit la jeune fille en regardant sa bonne.

— Ah ! mamzelle ! s'ils ne venaient que pour vous voir un moment, il n'y aurait pas grand mal !... mais ils comptent dîner et coucher ici... Et peut-être même y rester deux ou trois jours, s'il fait beau !...

— Oh ! mon Dieu ! Marianne, que nous sommes malheureuses !... et si pendant leur séjour ici... l'instant arrivait !... Je ne sais si ce sont tous ces événements qui me bouleversent ; mais il me semble que j'éprouve... des symptômes... je crains !...

— Jarni !... ce serait le bouquet ça... Ah ! mais il ne sera pas dit que ces gens-là s'établiront ici malgré nous... Attendez, mamzelle... attendez... je conçois une idée !... Plaignez-vous seulement d'un violent mal de tête... d'un malaise... de démangeaisons partout...

— Quel est ton projet?

— Vous verrez... oh! j'espère que ça réussira... Je les entends!... ne mettez que le bout de votre nez hors de votre couverture.

Marianne court au-devant de la famille Troussard, qui s'approchait de la chambre de Caroline.

— Eh bien! dit madame Troussard, dort-elle? peut-on entrer?...

— Elle ne dort pas... vous pouvez venir, dit Marianne; mademoiselle sera très-contente de vous voir!

Toute la famille qui arrive de Paris entre dans la chambre de la jeune fille, qui est couchée, et dont le lit est entouré de grands rideaux qui laissent à peine voir la jeune malade. Cependant, mademoiselle Thérèse et sa mère courent près du lit, tandis que M. Troussard se jette dans un fauteuil, près de la cheminée, où brille un bon feu, et que les trois petits garçons commencent à se rouler sur les tapis et à grimper sur les meubles.

— Eh bien! ma chère Caroline; vous êtes donc malade? dit madame Troussard en s'asseyant contre le lit. Nous venons d'apprendre cela en arrivant ici!... et nous qui venions passer quelques jours avec vous pour courir, jouer, nous hiverner un peu... Mais c'est égal, nous voici, nous resterons la même chose, nous vous tiendrons compagnie... nous vous égayerons!...

— Nous boirons à votre rétablissement, mademoiselle, dit M. Troussard en attisant le feu.

— Moi, je vous chanterai des airs nouveaux... qui font fureur!... dit Thérèse en se penchant sur le lit. Je prends des leçons d'un Italien à présent... M. Adagelli! ah! c'est celui-ci qui montre bien!...

— Je ne sais pas trop si ma pauvre enfant sera en état de vous entendre! dit Marianne en secouant la tête.

— Ah! mais, à propos, c'est vrai, vous êtes malade, ma chère amie, reprend madame Troussard; et où donc avez-vous mal? quelle est votre maladie?

— Je souffre beaucoup à la tête, répond Caroline d'une voix faible, et puis j'éprouve par tout le corps... des démangeaisons...

— Oh! c'est singulier! est-ce que votre médecin n'a pas su vous dire ce que c'était?

— Pardonnez-moi!... il nous l'a dit positivement ce matin,

répond Marianne; dame... cela fait un peu peur à mamzelle... mais pourtant, quand on est bien soigné on en meurt rarement... et surtout en se tenant bien chaudement...

— Comment? quelle est donc la maladie de mademoiselle de Melleval? demande madame Troussard d'un air inquiet.

— Eh! mon Dieu! madame, c'est la petite vérole que mamzelle va avoir...

— La petite vérole! s'écrie madame Troussard en se levant brusquement.

— La petite vérole! dit mademoiselle Thérèse en faisant un bond jusqu'à l'autre bout de la chambre.

— Vous n'avez donc pas été vaccinée? dit M. Troussard.

— Il paraît qu'elle ne l'a pas été, dit Marianne; et puis d'ailleurs on assure qu'on peut encore l'avoir après cela... Moi, pour mon compte, je l'ai eue trois fois!...

— Ma chère Caroline, reprend madame Troussard en courant prendre ses fils et les poussant du côté de la porte, puisque c'est la petite vérole que vous avez, nous ne resterons pas plus longtemps dans votre maison... D'abord, ce serait indiscret... ça vous gênerait... et puis... je vous avoue que j'ai très-peur de la petite vérole; je ne suis pas bien sûre de l'avoir eue... ensuite ce serait très-imprudent pour mes enfants... ils ont été vaccinés, mais puisqu'on l'a souvent deux fois...

— Oh! oui... oui... allons-nous-en, maman! s'écrie Thérèse, qui est déjà dans une autre pièce; allons-nous-en... moi, je n'ai pas envie de devenir laide... grêlée... on trouverait que je ne chante plus si bien... Adieu! mademoiselle Caroline! à cet été...

— Adieu! ma bonne petite, dit madame Troussard en poussant ses trois garçons hors de la chambre, de manière à ce qu'il y en a deux qui culbutent et tombent sur leur nez; nous vous laissons, soignez-vous bien... tenez-vous bien chaudement... Allons, monsieur Troussard, venez-vous?... qu'est-ce que vous avez donc à traîner comme cela? vous devriez déjà être dans la cour.

Et en un clin d'œil la compagnie a quitté la chambre de Caroline, pris ses châles, ses chapeaux, descendu l'escalier; si bien que, deux minutes après, il ne restait plus dans la maison du colonel rien qui pût y rappeler le rapide passage de la famille Troussard.

Alors Marianne put rire tout à son aise du succès de sa ruse

— Mais si nos voisins parlent de cela à mon père, cet été? dit Caroline à sa bonne.

— Pardi, mamzelle, je dirai à monsieur votre père que ça vous ennuyait de recevoir toute cette famille de Troussard pendant son absence, et que j'ai imaginé cela pour vous en débarrasser. Je gage bien que monsieur le colonel sera le premier à rire de mon idée! Mais, de crainte d'accident nouveau, je vas parler au jardinier. Et Marianne descend dire au paysan qui leur sert de concierge :

— Maintenant, qu'il vienne n'importe qui, ne laissez pas entrer; mademoiselle est fatiguée, assommée par toutes ces visites : ces gens-là ne lui rendront pas la santé. Moi, je réponds de mademoiselle à son père, et je ne veux plus qu'on vienne la priver du repos dont elle a besoin.

Le reste de la journée se passa sans autres événements; mais, vers le soir, Caroline éprouva de nouvelles douleurs. Marianne ne la quittait pas, elle soutenait son courage. Enfin, vers minuit, la fille du colonel mit au monde un fils.

Il serait difficile de peindre l'ivresse de la jeune mère lorsqu'elle entendit le premier cri de son enfant. Quant à Marianne, qui servait à la fois de sage-femme et de garde, elle bénit le ciel de ce que sa chère Caroline n'avait été mère qu'à minuit; car, à cette heure-là, le jardinier et la cuisinière étaient ensevelis dans un profond sommeil, et il n'y avait pas à craindre que les cris du nouveau-né parvinssent jusqu'à eux.

— La Providence nous protége, dit Marianne. Embrassez votre fils, ma pauvre enfant; embrassez-le bien. Puis ensuite, je vous en supplie, prenez du repos, et fiez-vous à moi pour tout le reste.

— Mais, Marianne, auras-tu bien soin de mon fils?... sauras-tu lui donner ce qu'il lui faut?

— Oh! ne craignez rien... Ce cher petit, vous devez bien penser que je l'aime... comme je vous aime, et c'est assez dire!... Demain, un peu avant qu'il fasse jour, après l'avoir bien emmailloté, bien entortillé, bien couvert, je le porterai chez sa nourrice, qui l'attend, et qui le recevra avec joie!

— Demain!... sitôt me priver de mon fils!...

— Eh! chère enfant!... voulez-vous que nous perdions tout le fruit de nos peines?... Demain, quand il fera jour, un seul cri de cet enfant nous trahirait!... et alors... songez à votre père!

— A mon père! oh! oui, tu as raison, Marianne; emmène mon fils... avant le jour!... mais dès que je pourrai sortir, j'irai le voir, j'irai l'embrasser, ce cher enfant...

— Eh! certainement que nous irons; vous savez bien que c'est à Champrozay qu'il sera!... tout près d'ici... une promenade... et, en l'absence de votre père, nous ferons cette course-là tant que vous voudrez!...

— Tous les jours, Marianne, tous les jours j'irai embrasser mon fils... Oh! mais, vois donc, qu'il est joli! qu'il sera beau, mon fils!... il ressemblera à son père... n'est-ce pas?...

— Dans dix ou douze mois nous vous dirons ça. Mais calmez-vous, reposez-vous, dormez un peu, je vous en supplie; sans quoi vous serez longtemps avant de vous rétablir, et alors nous ne pourrons pas aller à Champrozay.

— Oh! tu as raison, ma bonne Marianne; je vais dormir alors... Mais au moins place mon fils là... dans mon lit... à côté de moi... Hélas! c'est peut-être la seule fois que je pourrai le tenir ainsi endormi près de moi!

— Eh ben! est-ce que nous allons nous chagriner, à présent? Ce serait bien raisonnable, lorsque tout nous a réussi!...

— Oh non! Marianne... non... je suis bien heureuse maintenant... j'ai un fils... Mais place-le donc tout contre moi... que je le voie, que je le sente, même en dormant.

Marianne a placé l'enfant près de sa mère, qui ne peut se lasser de le contempler, de le baiser, de le caresser; si bien qu'il faut que Marianne se fâche, et dise que l'on rendra l'enfant malade à force de caresses, pour que Caroline se décide enfin à laisser son fils en repos. Au bout de quelque temps la nature l'emporte sur la joie maternelle, les yeux de Caroline se ferment, et elle s'endort en plaçant sa bouche sur le front de son fils.

Marianne contemple avec bonheur ce tableau. Trois heures s'écoulent, pendant lesquelles la fidèle domestique n'a pas fermé l'œil, tout occupée de veiller sur les deux êtres qu'elle chérit, et dont elle épie les moindres mouvements. Enfin, sur les quatre heures du matin, Marianne, profitant du sommeil profond de Caroline, enlève tout doucement l'enfant placé à son côté: celui-ci se laisse faire et ne pousse pas un cri : on dirait qu'il respecte déjà le sommeil de sa mère. La bonne femme le prend sur ses genoux, l'emmaillotte, l'entortille avec soin; puis, jetant sur ses épaules une grande pelisse, elle cache ainsi l'enfant qu'elle tient sous son bras.

Le jour commençait à poindre. Marianne marche avec précaution, afin de ne réveiller personne, et de sortir de la maison sans qu'on puisse l'entendre. La fidèle gouvernante se glisse doucement dans les corridors, et descend les escaliers sur la pointe du pied... ainsi que faisait Caroline lorsqu'elle allait trouver Arthur dans le petit bois.

Ces pauvres enfants! on se cache lorsqu'on va les faire, puis on les cache quelquefois lorsqu'ils sont faits!

CHAPITRE IX

BONHEUR CACHÉ. — RETOUR DU COLONEL.

En ouvrant les yeux, le premier mouvement de Caroline fut d'avancer sa tête pour embrasser son fils; mais ses lèvres ne trouvèrent plus le petit visage d'un jour. Aussitôt elle étendit le bras, se leva à demi; il était alors grand jour, et elle vit que son fils était parti.

— Déjà! se dit Caroline en soupirant. Méchante Marianne! pourquoi l'avoir emporté sans m'éveiller?... Que je suis donc fâchée d'avoir dormi si longtemps!

Et la jeune mère était prête à pleurer de regret de n'avoir pas dit adieu à son fils; car la jeune mère était encore bien enfant elle-même. Cependant, la réflexion calma sa peine; mais elle attendit bien impatiemment le retour de Marianne.

La bonne revint enfin, tout essoufflée, mais toute joyeuse de ce que sa jeune maîtresse était désormais à l'abri du courroux de son père. Car chez la nourrice l'enfant passait pour son petit-neveu, et rien maintenant ne pouvait faire soupçonner qu'il fût le fils de mademoiselle de Melloval.

— Tout va bien! dit Marianne en courant au lit de Caroline. Je suis sortie d'ici avant que personne fût éveillé. Je n'ai rencontré en route que des paysans qui ne me connaissent pas; je suis arrivée à Champrozay avec ce cher amour, qui, tout le long du chemin, avait été sage comme un petit ange, et je l'ai remis à sa nourrice, qui est toute fière d'avoir un si bel enfant.

— Et qui en aura bien soin, Marianne?

— Cette question!... n'est-ce pas son intérêt, d'ailleurs? Et puis, n'irai-je pas le voir souvent?

— Et moi aussi, j'espère!

— Oui, vous aussi, quand vous serez en état de sortir et de faire le chemin!... Et pour cela, vous le savez, il faut m'obéir, être raisonnable, ne pas vous tourmenter.

— Oh! oui, ma bonne... tu seras contente de moi... Tu retourneras demain voir mon fils... n'est-ce pas?

— Oui, mamzelle...

— Mon fils!... ah! Marianne... si tu savais quel sentiment j'éprouve en prononçant ce mot!... Je suis fière... je suis heureuse!... Oh! je voudrais pouvoir aller dire partout : J'ai un fils, moi... un fils charmant!

— Ah! oui, ce serait bien joli de dire ça!

— Mon Dieu! je sais bien que cela ne se peut pas... mais je te fais part de mes sensations... de mes désirs!... Avec toi, au moins, je puis dire tout ce que j'éprouve!... Oh! mais, à propos, Marianne, dans mon ivresse je n'ai pas pensé... Tu as dû lui donner un nom à mon fils!... tu as dit à sa nourrice qu'il s'appelait Arthur, n'est-ce pas?... Arthur, comme son père?

— Non, mademoiselle, répond Marianne en secouant la tête, je n'ai pas dit ce nom-là à la nourrice.

— Et pourquoi donc cela, Marianne?

— Mademoiselle, c'est qu'il faut penser d'avance à l'avenir... plus tard... lorsque l'enfant aura trois ou quatre ans... si nous trouvons moyen de le faire venir ici... le nom d'Arthur ne pourrait-il pas donner à monsieur votre père des soupçons... faire naître des idées?... Il est bien plus sage d'appeler l'enfant autrement.

— Mais, avant ce temps-là, répond tristement Caroline, tu crois donc, Marianne, que... le père de mon enfant ne sera pas revenu me demander... à réparer sa faute?

— Je ne dis pas cela, mademoiselle, quoique je commence à croire... que votre séducteur... Enfin!... je ne veux pas en dire du mal, puisque cela vous déplaît; mais, ma foi! j'ai donné à votre fils un nom de mon choix, et je l'ai appelé Paul.

— Paul! murmure Caroline en faisant un peu la moue, Paul!... ce n'est pas aussi joli à dire qu'Arthur!

— Oh! que si, mamzelle; vous vous y ferez, et vous aimerez aussi ce nom-là.

— Il le faudra bien, puisque c'est le nom de mon fils. Oh! Marianne, quand donc pourrai-je aller à Champrozay?... Ah! que je voudrais être plus vieille de huit jours pour aller voir mon enfant!... de huit mois même, pour qu'il soit déjà plus fort... qu'il sourie à mes caresses!... Oh! c'est-à-dire que je voudrais avoir déjà deux ou trois ans de plus! Mon fils marchera, il parlera, je causerai avec lui... et puis quand il sera grand... il me donnera le bras... il sera mon cavalier.

— Eh, mon Dieu! mon enfant, un peu plus, et vous voudriez déjà être vieille pour voir votre fils grand... Soyez tranquille, le temps passera assez vite! Mais c'est une ben drôle de chose que la vie... J'ai toujours vu tout le monde avoir peur d'être au bout de sa carrière, et faire sans cesse des vœux pour y arriver un peu plus vite! Si on laissait faire les gens, il y en a qui enjamberaient des mois, des années à tout moment! Dormez, tenez-vous en repos, soignez-vous, et dans quelques jours nous irons à Champrozay.

Caroline sent que pour être plus tôt en état d'aller voir son fils elle doit obéir à Marianne; elle impose silence à son impatience, et elle replace sa tête sur son oreiller, en murmurant encore : Paul!... c'est dommage!... Enfin, puisque c'est son nom, il faudra bien que je l'aime aussi.

Le lendemain, dès la pointe du jour, la bonne Marianne s'est rendue à Champrozay, de façon qu'elle est de retour à Draveil peu de temps après le réveil de Caroline, qui attend déjà avec inquiétude des nouvelles de son enfant.

— Tout va le mieux du monde! dit Marianne en entrant dans la chambre de sa jeune maîtresse. C'est un superbe enfant, il se porte comme un charme!

— Ah! ma bonne, que je suis heureuse!... Et dis-moi... est-il plus fort depuis hier?... est-il bien gai?... parle-t-il?

— Ah! ah! ne croyez-vous pas déjà aussi qu'il est grandi et qu'il marche tout seul?... Soyez tranquille, tout cela viendra...

— Quand je pourrai l'aller voir, alors j'aurai plus de pa

tience... mais tu iras encore le voir demain matin, n'est-ce pas, Marianne ?

— Oui, mamzelle... j'irai tous les jours, jusqu'à ce que vous puissiez sortir vous-même.

Caroline tend sa main à sa bonne en lui disant d'un air attendri : — Je te cause bien des peines... bien de la fatigue, n'est-ce pas ?... je suis bien exigeante !...

Marianne ne la laisse pas achever; elle serre la main de Caroline dans les siennes en s'écriant : — Des peines ! de la fatigue ! eh ben ! par exemple !... est-ce que je ne suis pas au monde pour vous ?...

Au bout de quelques jours, Caroline se lève; quelques jours après, elle peut descendre se promener dans le jardin, en s'appuyant sur le bras de sa bonne. Déjà elle voudrait aller à Champrozay; elle prétend qu'elle aurait la force de faire deux lieues, lorsqu'elle peut à peine achever une promenade au jardin. Mais Marianne lui a dit avec fermeté :

— Envoyez-moi à Champrozay deux fois, trois fois par jour si vous le désirez, je suis prête à y courir, car j'ai de la force, moi ! mais vous laisser faire un si long chemin, quand vous êtes à peine en état de vous soutenir; non, mamzelle, je n'y consentirai pas, parce que je n'ai pas envie que vous soyez ensuite longtemps obligée de garder votre chambre.

Caroline s'attristait, car ses forces ne revenaient pas aussi vite qu'elle l'avait espéré, et son désir de voir son fils devenait à chaque instant plus impérieux. Un matin enfin, Marianne l'aborde d'un air joyeux en lui disant :

— Ne soyez plus triste... j'ai trouvé un moyen... vous irez aujourd'hui à Champrozay.

— Ah ! ma bonne, quel bonheur !... Est-ce que tu as une voiture ?

— Non, non, ça vous secouerait, ça ne vaudrait rien; mais j'ai trouvé un âne... un bel âne, ben solide, qui vous portera, et ne vous jettera pas à terre. Il y a longtemps que j'en cherchais un; mais les ânes sont rares par ici, et ceux qui en ont ne veulent pas les prêter... Ma foi ! j'ai acheté celui-ci.

— Oh ! que tu as bien fait, Marianne !... mais il fallait donc en acheter aussi un pour toi...

— Oh ! moi, j'ai de bonnes jambes, et je n'ai pas besoin d'être portée. Habillez-vous bien chaudement, couvrez-vous bien, et nous allons nous mettre en route, car l'envie que vous avez de voir votre fils finirait, je crois, par vous rendre malade.

Caroline a bientôt terminé sa toilette, que Marianne inspecte avec soin pour être sûre que sa maîtresse est en état de braver l'air des champs.

L'âne est dans la cour, tout prêt, tout bridé; une selle à la fermière reçoit Caroline; Marianne marche près d'elle, portant un panier avec des provisions, et l'on se met en route pour Champrozay.

A peine était-on sorti du village de Draveil, que l'on trouvait sur sa droite une jolie route, bordée d'un côté par une haie de noisetiers, de cornouillers et de mûriers sauvagers; de l'autre, des champs, des collines, des bouquets d'arbres, et une vue très-étendue, qui se reposait sur des fabriques et des maisons de campagne élégantes; c'était par cette route que l'on se rendait au petit village de Champrozay. On était alors aux premiers jours de mai; les feuilles étaient encore petites et peu nuancées; cependant cette verdure fraîche et nouvelle rendait déjà la campagne charmante. Si l'automne est plus beau de tons que le printemps, en revanche celui-ci a quelque chose qui égaye, qui réjouit davantage. L'automne est la saison des souvenirs; le printemps, celle de l'espérance.

Caroline s'est armée d'une houssine, avec laquelle elle tient en haleine sa monture, dont le pas est déjà fort délibéré; aussi la pauvre Marianne a-t-elle de la peine à suivre l'âne, et crie-t-elle souvent à sa maîtresse :

— Mamzelle!... si vous allez de ce train-là, je serai poussive avant d'arriver... vous le menez au grand tôt, votre âne!... ce n'est pas raisonnable!... vous l'éreintez, cette bête... et moi aussi.

Alors Caroline retient pendant quelques instants son coursier en murmurant : Je t'assure, ma bonne, que c'est lui qui s'em porte tout seul.

Puis, au bout de deux minutes, un petit coup de houssine est appliqué sur la croupe de l'animal, qui laisse de nouveau Marianne loin de lui. Heureusement pour la domestique, que l'on aperçoit bientôt le village de Champrozay; alors c'est Caroline qui, d'elle-même, ralentit sa course, car son trouble, son émotion sont tels, que sa main n'a plus la force de tenir les guides. Marianne court à sa jeune maîtresse, en lui disant :

— Qu'avez-vous donc, ma chère enfant? vous pâlissez... vous sentiriez-vous mal?...

— Oh! non, Marianne... c'est la joie... le plaisir... en apercevant ce village... où je vais voir mon fils... Ah! ma bonne... le bonheur fait donc mal aussi?...

— Allons, calmez-vous... remettez-vous. Si la vue du village vous cause tant de saisissement, que sera-ce donc quand vous verrez votre enfant?

— Je serai plus raisonnable... je te le promets... Y sommes-nous bientôt?... est-ce une de ces maisons que je vois?...

— Pas encore... mais nous allons prendre la première ruelle à droite, et nous y serons tout de suite.

Caroline ne parle plus; elle laisse Marianne prendre la bride de son âne, elle dévore l'espace, et à chaque instant est obligée d'essuyer des larmes qui roulent dans ses yeux et obscurcissent sa vue. Enfin, on est arrivé devant une maison de paysan, et Marianne a dit :

— C'est là.

Caroline est bien vite en bas de sa monture; elle entre dans la cour de la maison, ses yeux regardent de tous côtés, il lui semble qu'elle doit y trouver son fils... En effet, une grosse paysanne était assise au soleil, sur un banc de pierre, et elle tenait dans ses bras un enfant qu'elle tâchait d'endormir.

— Le voilà! dit Caroline; et, courant près de la paysanne, elle lui prend l'enfant des bras et le presse sur son sein. Son cœur ne l'avait point trompée; c'était bien son fils qu'elle embrassait.

La paysanne est restée toute saisie de l'action de la jeune fille; mais Marianne, qui vient d'entrer aussi dans la cour, s'empresse d'aller à elle, en s'écriant :

— Nous voilà, nourrice; je vous amène de la visite...

— Est-ce que c'est la mère du petiot? demande la paysanne en montrant Caroline.

— Non! non!... mais c'est ma jeune maîtresse, et comme elle aimait beaucoup ma nièce... qui est sa sœur de lait, elle lui a promis de bien aimer son enfant...

— Voyez donc!... elle l'embrasse comme du pain!...

Pour distraire la paysanne, Marianne se hâte de tirer de son panier divers effets pour le nourrisson, et des friandises pour les enfants de la nourrice. Les gens de la campagne aiment beaucoup les présents. Déjà quatre marmots, dont l'aîné n'a pas six ans, viennent à la voix de leur mère et entourent Marianne, qui distribue des gâteaux, des bonbons, des confitures; et pendant ce temps Caroline, qui s'est assise sur le banc de pierre, tient son fils sur ses genoux, et ne peut se lasser de le contempler... Elle lui parle déjà comme s'il était capable de l'entendre.

— Eh bien, mamzelle, comment trouvez-vous mon nourrisson? dit la paysanne lorsqu'elle revient près de Caroline.

— Oh! je le trouve bien joli...

— Et fort!... pour un enfant de quinze jours... car v'là juste quinze jours que je l'ai...

— Vous en avez bien soin, n'est-ce pas, nourrice?... La nuit vous ne le laissez pas crier?...

— Ah! soyez tranquille, mamzelle... j' sais élever les enfants... et la preuve, tenez, voyez ces quatre marmots... le plus jeune n'a que quinze mois... eh bien, il se traîne déjà tout seul sur son petit derrière!... gnia rien qui les *renforce* comme ça...

— Ah! mon Dieu! mais Paul pleure... qu'a-t-il donc... cher enfant?...

— Oh! j' sais ce qu'il veut... donnez... donnez, mamzelle...

— Pourquoi?... je saurais bien le consoler... l'apaiser...

— Mais non... pardi! c'est à téter qu'il veut, et vous ne pouvez pas lui donner ça, vous!

Caroline ne pouvait pas se décider à rendre son fils à la nourrice; il faut que Marianne elle-même vienne prendre l'enfant et le remette à la paysanne. Celle-ci s'empresse de donner le sein à son nourrisson, dont les cris cessent aussitôt.

En ce moment, Marianne regarde Caroline, qui détourne la tête pour cacher de grosses larmes qui tombent de ses yeux.

— Eh bien! qu'est-ce que cela signifie? pourquoi pleurez-vous? dit tout bas Marianne à sa maîtresse.

— Ah! ma bonne!... c'est que... je suis jalouse de cette paysanne qui nourrit mon enfant... tandis que moi... sa mère... je ne puis pas calmer... apaiser les cris de mon fils... Oh! si, je l'aurais pu!... je l'aurais bien nourri aussi, moi!... Est-ce que la nature ne m'en avait pas donné les moyens?... et il faut que je cède ce bonheur à une autre!

— Eh bien! si c'est ainsi que vous êtes raisonnable, je vous déclare que nous ne viendrons pas souvent à Champrozay.

— Comment, Marianne... je ne veux pas que ça me fasse de

la peine!... Regarde donc... mon fils qui puise l'existence au sein de cette femme!... Moi... j'ai aussi ce qu'il faut pour le nourrir... est-ce que je n'aurais pas pu... lui donner comme elle?... tiens, seulement toutes les fois que nous serions venues ici.

— Oh! que vous parlez bien comme une enfant! Est-ce que vous croyez qu'on peut être nourrice, comme ça, une fois par hasard, en passant?... Allons, mamzelle, ne pleurez plus, ou je me fâche, moi!... Voulez-vous tomber malade, ou voulez-vous par quelque imprudence faire savoir à votre père ce qui lui ferait tant de peine?

Dès qu'on lui parlait de son père, Caroline redevenait soumise et raisonnable; elle eût été désolée de causer du chagrin au colonel, car elle aimait son père presque autant que son enfant. Je dis presque, parce que l'amour filial le plus vif n'est jamais aussi fort que l'amour maternel. L'enfant n'ayant plus besoin de sa nourrice, Caroline le reprend, et va se promener dans le jardin qui dépend de la maisonnette, tandis que Marianne continue de causer avec la paysanne.

Caroline aurait voulu aller loin, bien loin avec le trésor qu'elle portait. Il lui semblait que le monde n'était plus rien pour elle; son fils et un désert, et elle aurait été heureuse. Aussi va-t-elle se cacher tout au fond du jardin; et là, assise sous des arbres dont le feuillage n'est pas encore assez épais pour la dérober à tous les yeux, elle regarde son enfant avec amour et lui dit :

— Tu es mon fils!... Mon fils!... Je ne puis pas le dire tout haut devant le monde... Mais à toi!... en secret, je dirai tout... et même lorsque tu seras grand... lorsque tu seras en état de m'entendre, eh bien! je te dirai encore : Tu es mon fils... car je veux t'entendre m'appeler ta mère.

Il y avait longtemps que Caroline était au fond du jardin, et il lui semblait qu'elle venait seulement de s'y rendre. Vous savez que le temps passe vite lorsqu'on est heureux!... Tout le monde a dit cela... mais tout le monde ne l'a pas éprouvé.

Marianne vient chercher Caroline en lui disant :

— Mademoiselle, il est temps de partir.

— Eh quoi! déjà, ma bonne!... nous ne faisons que d'arriver.

— C'est-à-dire qu'il y a plus de deux heures que nous sommes ici. Des absences trop longues pourraient paraître extraordinaires, faire jaser ; soyons prudentes si nous voulons revenir souvent.

Caroline sent la sagesse de ce conseil ; elle embrasse encore son enfant, puis le remet en soupirant dans les bras de sa nourrice. Ensuite elle remonte sur son âne, qui reprend le chemin de Draveil ; mais cette fois c'est Marianne qui est obligée de fouetter la monture, parce que Caroline ne songe pas du tout à la faire avancer.

Qu'est-il besoin de dire que les visites à Champrozay se renouvellent fréquemment? que toujours Caroline s'empare de son enfant et se hâte de s'isoler avec lui pour jouir plus complétement du bonheur qu'elle vient chercher, et puis peut-être pour ne pas voir la nourrice faire sauter son poupon, le prendre sur ses genoux et lui donner le sein? Cette conduite singulière, l'amour extrême que la jeune personne témoignait à l'enfant, pouvaient bien faire naître quelque soupçon de la vérité dans l'esprit de la nourrice ; mais on la payait bien, on l'accablait de cadeaux pour elle et pour ses marmots, et la paysanne n'en demandait pas davantage ; peu lui importait ensuite quels étaient réellement les droits de Caroline sur le petit Paul. Et soyez persuadé que toutes les nourrices agiront de même, parce que malheureusement nourrir les enfants des autres, est un état auquel les femmes de la campagne se livrent plutôt par spéculation que par goût.

On était aux premiers jours de juin, et depuis quelque temps Caroline n'avait pas reçu de nouvelles de son père, lorsqu'un matin un fiacre de Paris s'arrêta devant la maison du colonel, et bientôt M. de Melleval fut dans les bras de sa fille.

- Mon père! mon bon père! que je suis contente de vous revoir! dit Caroline en embrassant tendrement le colonel. Ah! maintenant... je suis bien heureuse!... il ne me manque... plus rien.

— Ah! le temps m'a semblé bien long aussi à moi! dit M. de Melleval en considérant sa fille avec joie. Sais-tu que j'ai été plus de trois mois absent?...

— Oh! oui, mon père, je le sais bien...

— Ce qui me charme, ma Caroline, c'est de te retrouver mieux portante que lors de mon départ... tu es fraîche... rose... Je vois que ta santé est revenue tout à fait.

— Oui, mon père... je me porte très-bien maintenant.

— C'est grâce à un exercice que je fais faire souvent à mamzelle, dit Marianne; je me suis ingérée de la faire monter à âne... et nous faisons comme ça de longues promenades... C'est étonnant comme ça lui a réussi. Aussi, monsieur, vous trouverez une bête de plus dans la maison... un bel âne que j'ai acheté pour mamzelle.

— Tu as fort bien fait, Marianne; tout ce qui peut être utile ou agréable à ma fille est une chose nécessaire dans ma maison.

— Mais... vous revenez seul, mon père! dit Caroline au bout d'un moment. Et votre compagnon de voyage... le capitaine Gervillier... qu'en avez-vous fait?

Le front du colonel se rembrunit; il passa sa main sur ses yeux en répondant :

— Mon vieux camarade?... ah! ma chère amie... il ne fumera plus sa pipe près de moi... Huit jours avant mon départ de Bordeaux... le pauvre capitaine a passé l'arme à gauche... en une nuit... après un souper où il avait été fort bon convive... Il faut que ce soit un coup de sang... une apoplexie!... Enfin, le lendemain il était mort.

— Pauvre capitaine! dit Marianne. Du moins, je suis sûre qu'il aura été satisfait de mourir près de son colonel.

— Hélas! se dit Caroline en poussant un soupir, je n'ai donc plus personne à qui je puisse parler d'Arthur, et par qui j'espère avoir de ses nouvelles!

Le fait, c'est que le capitaine Gervillier était mort par suite d'un excès de déférence envers son supérieur. Un soir que le colonel était en appétit, il avait fait venir un excellent souper pour lui et son compagnon, qui, ce soir-là, au contraire, avait encore son dîner très-présent; mais comme son colonel mangeait, le capitaine aurait cru manquer à la subordination en ne mangeant pas, et il mit tant de zèle à faire son service, qu'il mourut dans la nuit d'une indigestion.

CHAPITRE X

L'ÉTÉ RAMÈNE LES VOISINS.

Huit jours ne s'étaient pas écoulés depuis le retour de M. de Melleval, lorsque la famille Troussard revint à Draveil ainsi que M. et madame Dugrandet. M. de Vieussec et sa nièce étaient allés faire un voyage en Italie; Ophélie avait persuadé à son oncle qu'un climat chaud lui rendrait la vue et l'ouïe, parce que la romanesque demoiselle avait un goût très-prononcé pour les voyages; elle espérait toujours qu'ils lui feraient avoir des aventures; son plus grand désir en parcourant l'Italie était d'y être arrêtée par des brigands et enlevée par un autre Fra Diavolo, ne se mettant point en peine de tout ce qui pourrait en résulter.

Le colonel se promenait avec sa fille dans son jardin. Caroline, tout en écoutant son père, pensait à son fils et soupirait, parce que depuis trois jours elle n'avait pas pu aller à Champrozay; la présence de M. de Melleval ne permettait pas que l'on fît d'aussi fréquentes promenades à âne. Puis, lorsque le temps se mettait à la pluie, on n'avait aucun prétexte pour sortir, tandis qu'avant le retour du colonel on bravait le vent et l'orage pour aller embrasser le petit Paul.

Tout à coup plusieurs personnes se présentent au détour d'une allée. C'est toute la famille Troussard qui vient rendre visite au colonel : madame, qui donne la main à l'un de ses fils, lequel tient ses deux frères, dont le dernier s'accroche à la robe de sa sœur, qui donne le bras à son père. Tout cela forme une chaîne par-dessus laquelle il faudrait nécessairement sauter si l'on voulait passer outre, parce qu'aucun membre de la famille Troussard ne fait mine de vouloir lâcher l'autre.

— Eh! bonjour, colonel, dit madame Troussard du plus loin qu'elle aperçoit M. de Melleval. Nous voilà!... c'est nous... vos voisines d'été... Nous sommes revenues tard à la campagne cette année; mais ma fille était si courue à Paris... elle a eu tant de succès avec sa voix!... elle chante que c'est à n'y pas tenir, maintenant!... Trouvez-vous mes fils grandis?... L'aîné a eu bien mal au nez tout l'hiver... j'ai bien cru qu'il le perdrait! C'eût été très-malheureux, car qu'est-ce qu'un homme sans nez?... on n'ose se présenter nulle part!... Mon mari a eu trois rhumes énormes... il n'a presque pas cessé de tousser... Certainement nous ferons deux lits l'hiver prochain ; je ne veux point passer ma vie à lui donner de la tisane!... Et vous, ma chère Caroline, comment vous en êtes-vous tirée?... êtes-vous grêlée?

— Mais non... mais non! dit mademoiselle Thérèse, qui vient de quitter son père et ses frères pour accourir près de Caroline. Elle n'est pas marquée du tout!... Ah! que c'est heureux!... j'avais si peur de vous trouver laide que je n'osais pas vous regarder, de crainte de vous faire de la peine.

Caroline est devenue rouge comme une cerise; elle baisse les yeux, car son père la regarde en s'écriant :

— Comment... pas marquée... pas grêlée?... qu'est-ce que cela signifie?... qu'as-tu donc eu pendant mon voyage?

— Ah! il paraît qu'elle ne vous l'a pas dit, répond madame Troussard; je la comprends... elle aura craint de vous inquiéter, de vous faire de la peine... et au fait c'est une terrible maladie... mais à présent que c'est passé, on peut bien vous l'apprendre...

— Quoi donc, enfin!

— Eh bien! que votre fille a eu cet hiver la petite vérole... pendant que vous étiez à Bordeaux.

— La petite vérole! serait-il possible!

— Et tenez... ça se voit un peu... voilà deux marques ici... près du nez... n'est-ce pas, Thérésine?

— Oui, maman... Ah! et puis en voilà une encore contre la bouche... Oh! c'est bien visible! c'est large comme une lentille.

M. de Melleval examinait la figure de sa fille et y cherchait en vain les marques de petite vérole que les dames Troussard prétendaient y voir. Pendant ce temps, Caroline se sentait fort embarrassée : peu habituée à mentir, il lui en coûtait surtout de tromper son père; heureusement pour elle, madame Troussard, qui ne déparlait pas, ne lui laissait pas le loisir de répondre.

— Oui, colonel, nous sommes venus au mois d'avril pour vous voir... c'était par un temps superbe, un peu froid... mais nous avions des manchons... Nous comptions passer quelques jours chez vous; mais cette pauvre Caroline était bien malade, elle était dans le fort de sa petite vérole... Ah ! Dieu, elle était pourprée !... Quand nous avons su quelle maladie elle avait, je ne vous cache pas que nous nous sommes sauvés tous comme des voleurs !... Ah ! Dieu, la petite vérole... j'en ai si peur... surtout pour mes enfants !... Des amours qui seraient grêlés... quel dommage ! Et à deux pas d'ici j'ai acheté de l'ail, beaucoup d'ail; nous en avons mangé tous, nous nous en sommes frottés, parce qu'on assure que cela chasse le mauvais air; et pendant huit jours mon mari et mes fils en ont eu constamment une gousse dans la poche de leur culotte... on les sentait d'une lieue.

— En vérité... je n'en reviens pas !... dit le colonel en embrassant sa fille, ta vie a couru des dangers, et je ne l'ai pas su !... Ah ! je serais revenu sur-le-champ... j'aurais tout quitté, mon enfant...

Caroline va balbutier quelques mots; madame Troussard répond pour elle :

— Ce sont des chagrins qu'elle a voulu vous épargner; il faut lui en savoir gré... c'est même très-joli de sa part... Aurez-vous beaucoup de fruit, cette année, colonel ?... Chez nous, nous sommes couverts de prunes; si elles ne tombent pas, nous aurons de quoi nous régaler.

— Ah oui !... et si nos polissons ne les mangent pas vertes, dit M. Troussard. Ça me fait penser que j'ai des bouteilles à relever... Mon vin travaille que c'en est dégoûtant.

— Nous reviendrons vous voir ce soir, dit mademoiselle Thérèse; je vous apporterai des romances nouvelles... Ah ! M. Théophile Minot m'en a donné beaucoup... Vous savez bien ce jeune homme qui est venu ici l'année dernière... avec M. Arthur ?...

— Oui... oui, dit Caroline, qui au nom d'Arthur est devenue toute tremblante. Vous voyez donc ce monsieur ?... il va chez vous ?...

— Oh ! certainement, il est venu souvent cet hiver !... dit madame Troussard. Il a fait beaucoup de musique avec Thérésina... et puis il nous a menées une fois au théâtre de la Porte-Saint-Martin... Il est extrêmement galant, ce jeune homme... un ton parfait... et toujours mis avec une élégance !... Je suis sûre que c'est lui qui donne les modes dans son quartier.

— Oui, maman; il m'a dit que c'était lui qui avait fait reprendre les pantalons collants.

— Ah! il a très-bien fait, les hommes ne devraient jamais porter autre chose. Mais il faut rentrer, nous avons mille choses à faire chez nous... et puis ces petits ont faim... Nous reviendrons ce soir... A tantôt, colonel... à tantôt, ma bonne Caroline...

Et madame Troussard pousse sa fille, qui pousse ses frères, lesquels poussent leur père; de façon que toute la famille, après avoir décrit plusieurs figures du télégraphe, disparaît enfin du jardin.

Le colonel tenait encore une main de sa fille, qu'il pressait dans la sienne en répétant :

— Comment, tu as été si malade, ta vie était en danger, et on me l'a caché! Oh! j'en veux beaucoup à Marianne de tout ce mystère...

Caroline n'y tient plus; elle se jette dans les bras de son père en s'écriant :

— Non... non... tout cela n'est pas vrai... je ne veux pas vous tromper... c'est Marianne qui a imaginé cette maladie pour nous débarrasser de la famille Troussard, qui venait s'établir ici pour plusieurs jours... J'étais... un peu malade... Marianne a pensé que cela me fatiguerait de recevoir tant de monde en votre absence... et leur a dit que j'avais la petite vérole... et ils ont ensuite pris la fuite... Est-ce que nous avons eu tort, mon père?

—Non... non, mon enfant, l'expédient me semble même assez drôle, pour se débarrasser d'ennuyeuses visites... mais seulement tu aurais dû me dire cela plus tôt; car si tu as des secrets avec les autres, il me semble que tu ne dois pas en avoir pour ton père.

Caroline reste quelques moments muette; puis, pour changer la conversation, s'écrie : — Ah! il nous est venu aussi une autre visite en votre absence... un monsieur... jeune... M. Charles Daverny.

— Daverny! Comment, le fils de mon ancien ami, le major Daverny!

— Oui, mon père.

— Quoi! son fils est venu, et tu ne m'en disais rien!

— Mon Dieu, mon père, je l'avais oublié... depuis votre retour... je n'ai pensé qu'à vous.

— Je t'en remercie, mon enfant; mais j'aimais beaucoup le

major Daverny; j'ai appris sa mort il y a un an, et dès lors pensant bien que son fils ne resterait pas à Lyon, je lui avais écrit de venir me voir, de regarder ma maison comme la sienne... Ce pauvre garçon!... la dernière fois que je le vis il avait douze ans... il doit être bien changé, et il est probable que je ne le reconnaîtrais pas; mais déjà c'était un fort bon enfant, aimant le travail, soumis et plein d'amour pour son père, qui depuis m'a toujours fait l'éloge de son fils... Tu l'as bien reçu, j'espère, n'est-ce pas, ma fille? tu t'es rappelé que c'était le fils d'un de mes bons amis.

— Oui, mon père... oui... sans doute... mais comme j'étais seule ici, alors..., je ne pouvais pas engager ce monsieur à rester...

— Pourquoi donc cela? Je fils de Daverny!... oh! c'est un garçon d'honneur, j'en répondrais...

— Mais, mon père... en votre absence... je ne savais pas... je n'ai pas osé... Ce monsieur lui-même s'est empressé de dire qu'il reviendrait quand vous seriez de retour.

— A-t-il laissé son adresse au moins?

— Non, mon père.

— Il fallait donc la lui demander!... Il n'habite plus Lyon?

— Non, mon père, il est à Paris.

— A Paris... allons, il faut espérer qu'il ne tardera pas à revenir; mais je suis vraiment fâché que tu ne l'aies pas fait rester ici : le fils de mon ancien ami devait être chez moi comme chez son père.

Le colonel quitte sa fille, et celle-ci va conter à Marianne tout ce qui s'est passé.

— Voyez-vous ces Troussard qui vous ont trouvée marquée de la petite vérole! dit Marianne. V'là pourtant ce que c'est que l'imagination, et c'est comme cela qu'on trouve presque toujours de la ressemblance entre des enfants et leur père!...

— Mais ce n'est pas tout, ma bonne; mademoiselle Troussard m'a dit qu'elle voyait souvent M. Théophile Minot... c'est un ami d'Arthur... Ah! si par lui je pouvais savoir ce qu'est devenu le père de mon enfant?

Marianne fait un léger mouvement de tête et ne répond rien. Caroline reprend au bout d'un instant : — Et mon fils, voilà plusieurs jours que je ne l'ai vu... Ah! ma bonne, je veux absolument aller demain matin à Champrozay.

— Mais, mademoiselle, si votre père voulait venir promener avec nous?

— Nous partirons sans rien lui dire.

— S'il trouve cela mal?

— Nous serons de retour, et j'aurai embrassé mon fils!

— Si le temps est mauvais... s'il pleut?...

— Oh! ne me parle pas du temps, Marianne; si tu me refuses... j'irai seule!...

— Seule!... méchante enfant!... ce serait joli!... c'est alors que votre père me gronderait, me renverrait peut-être!...

— Oh! non... non... jamais!... d'ailleurs tu viendras avec moi.

Le soir ramène chez le colonel toute la famille Troussard, puis M. et madame Dugrandet. Le vieux banquier se flatte d'avoir fait ses quatre lieues à pied dans la journée et de n'être pas fatigué du tout. En disant cela, il se jette avec tant d'abandon dans une bergère, que le meuble craque comme s'il allait se briser sous lui. Pendant que madame Troussard mouche ses trois fils; et que son mari fait à ses voisins le dénombrement de ses prunes, Caroline s'est approchée de la grosse Thérèse et lui a dit :

— Tu as donc vu cet hiver... M. Théophile Minot?...

— Oui, ma bonne amie, nous l'avons vu souvent... il aime beaucoup à chanter avec moi... il a beaucoup d'esprit, ce monsieur-là! Oh! c'est un petit maître... il suit les modes avec la plus rigoureuse exactitude; si on mettait six pantalons par jour, il en mettrait sept.

— Et... son ami... M. Arthur Gervillier... avec qui il est venu ici?...

— Oh! celui-là, nous ne l'avons jamais vu à Paris.

— Mais M. Théophile vous a-t-il quelquefois parlé de lui?

— Mon Dieu! non, jamais...

— Jamais!... tu ne sais pas alors s'il le voit encore.

— Comment veux-tu que je sache cela?... ça ne m'intéresse guère; M. Théophile me parlait toujours de moi... de ma belle voix, qui se mariait si bien avec la sienne... Et puis... il est fort galant, ce monsieur. Si bien que maman prétend... mais moi, je ne dis pas que cela soit... enfin, maman croit que M. Théophile est amoureux de moi, et qu'il a très-envie de m'épouser.

— En vérité?

— Dame! nous verrons bien!... s'il a envie, il n'a qu'à me demander à mes parents... Moi, je ne le refuserai pas, parce que je serai contente d'avoir un mari qui se mette bien... qui soit bien habillé... Vois-tu, l'homme le plus riche, s'il n'avait pas de sous-pieds à son pantalon, je ne l'épouserais certainement pas. Oh! c'est que j'ai de la tête, moi!

Caroline avait cessé d'écouter la grosse Thérèse, elle pensait à Arthur, et elle se disait : — On ne le voit plus... on ne parle plus de lui! Mon Dieu! ne pourrai-je trouver personne qui me dise où il est!... ce qu'il fait!... ce qu'il est devenu!...

— Au reste, reprend Thérèse, je crois que cet été nous aurons le plaisir de voir M. Théophile ici, à notre maison de campagne... Maman l'a beaucoup engagé à venir y passer quelques jours avec nous, et il a accepté.

Ces mots rendent un peu d'espérance à Caroline : en revoyant un ami d'Arthur, elle se persuade qu'elle parviendra à savoir des nouvelles de son amant, et elle attend le moment où elle reverra Théophile Minot peut-être avec plus d'impatience que mademoiselle Thérèse.

Le lendemain, au point du jour, Caroline est debout; c'est elle, cette fois, qui réveille Marianne et la presse de se lever pour aller à Champrozay. La fidèle domestique se hâte afin de contenter sa jeune maîtresse. Elles descendent dans la cour. Caroline voudrait aller à pied; car elle pense qu'elle arriverait encore plus vite; mais Marianne lui fait comprendre que l'âne est un prétexte, un exercice que l'on a dit être nécessaire à la santé, et la jeune fille consent à monter son coursier.

On part. L'âne, fouetté vivement, a bientôt fait le trajet, et la bonne Marianne essuie la sueur qui découle de son front, parce qu'il lui a fallu trotter à pied tout le long du chemin. Caroline va prendre le petit Paul dans les bras de sa nourrice; elle l'embrasse avec plus d'ardeur encore que de coutume, car il y avait plusieurs jours qu'elle n'avait vu son fils, et la privation d'un bonheur en centuple la jouissance. Au bout d'une demi-heure passée chez la paysanne, Marianne dit bas à sa jeune maîtresse :

— Il faut partir, si vous voulez que votre père ne trouve pas notre absence trop longue pour une simple promenade.

Alors Caroline embrasse encore l'enfant, et le rend à sa nourrice.

— Vous repartez si vite? dit la paysanne.

— Hélas! répond Caroline en versant des pleurs, maintenant nous viendrons plus rarement, et il nous faudra rester bien moins longtemps chez vous! Ah! que ne donnerais-je pas pour une journée entière près de... cet enfant!

— Du courage, mamzelle! dit Marianne; un jour viendra, il faut l'espérer, où ce cher petit pourra rester toujours avec nous!

— Un jour, dis-tu?... Ah! ma bonne Marianne!... on passe sa vie à attendre des jours heureux!...

CHAPITRE XI

UN EXERCICE GYMNASTIQUE. — LE CHIEN FIDÈLE.

Le colonel parlait souvent de Charles Daverny, et il s'affligeait de ne point le voir revenir chez lui.

— Si du moins vous lui aviez demandé son adresse à Paris, disait ensuite M. de Melleval, je lui aurais écrit dès mon retour... ou plutôt je serais allé le chercher... Vous ne lui avez donc pas témoigné tout le plaisir que j'aurais à le voir?

Caroline se contentait de répondre : — Si, mon père; en baissant les yeux, mais Marianne affirmait au colonel que l'on avait fait promettre à ce monsieur de revenir promptement, et qu'elle ne concevait point pourquoi il ne tenait point sa promesse.

Quelquefois, M. de Melleval, tout en causant avec sa fille de choses indifférentes, ramenait la conversation sur le fils de son ancien ami. Alors il fixait ses regards sur Caroline, en lui disant :

— Comment as-tu trouvé le fils du major?

Et Caroline répondait avec un grand calme :

— Comment j'ai trouvé ce monsieur?... mais, mon père... il m'a semblé être comme tout le monde!

— Je te demande s'il est bien de figure, de tournure?.

— Mon Dieu! je ne l'ai presque pas regardé!

— Pas regardé!... Tu l'as donc renvoyé bien vite? car il est impossible de causer quelque temps avec une personne sans la regarder...

— Mais, mon père... ce monsieur n'est pas resté bien longtemps... c'est vrai... cependant il m'a parlé... beaucoup... Il est extrêmement poli.

— Voilà une belle chose!... Je pense aussi qu'un homme bien élevé est poli... Je te demande si sa figure... si sa physionomie prévient en sa faveur?

— Mon père... je lui ai trouvé l'air un peu sévère...

— Sévère... c'est qu'il ressemble à son père alors; mais sous un abord froid, le major cachait une âme aimante, généreuse... Son fils tient de lui, je n'en doute pas. Enfin, ce n'est pas un homme laid... un vilain cavalier?

— Oh! non! mon père... mais je vous avoue que je l'ai très-peu regardé.

Le colonel quittait alors sa fille en faisant un mouvement d'impatience, et celle-ci allait faire part à Marianne de sa conversation avec son père, en disant à sa bonne :

— Pourquoi donc me faire toutes ces questions au sujet de M. Daverny?... Est-ce qu'il saurait que je l'ai mal reçu, que je ne lui ai même pas offert de se reposer un moment?

— Non, mamzelle, dit Marianne, ce n'est pas cela... je soupçonne autre chose, moi. Ce monsieur Daverny est fils d'un homme que votre père aimait et estimait beaucoup... Il semble disposé à reporter sur le fils toute l'amitié qu'il avait pour le père... et puis... comme vous devenez d'un âge... comme il est probable que M. de Melleval pense à...

— Ah! Marianne, n'achève pas!... je comprends... mon père aurait l'intention de me marier à ce monsieur... Oh! mon Dieu! que me dis-tu?... je vais haïr ce monsieur avant de le connaître... Je vais... je vais trembler qu'il ne revienne!... Moi! me marier à un autre qu'à Arthur!... cela ne se peut pas, Marianne, tu sais bien que cela ne se peut pas!... Et, d'ailleurs, n'ai-je pas un fils?... ne suis-je pas mère, moi?... Ah! s'il le fallait, j'irais avec mon Paul me jeter aux genoux de mon père plutôt que de consentir à cet hymen.

— Allons, allons, calmez-vous, mon enfant. Mon Dieu! on ne peut rien vous dire... vous vous bouleversez sur-le-champ!... Je fais des conjectures... mais v'là tout!... Vous savez bien que votre père vous aime trop pour vous marier jamais malgré vous! D'ailleurs, ce monsieur Daverney ne semble pas déjà si empressé de vous revoir, puisqu'il ne revient pas!

— Oh! tant mieux, ma bonne, tant mieux!... Oh! si j'avais pu lui paraître laide... désagréable.... que je serais contente! Certainement, il n'a pas dû me trouver aimable... Oh! j'espère qu'il ne reviendra pas!

— Ou bien, s'il revient, il ne demandera pas à être votre mari.

Chez les Troussard, on s'étonnait beaucoup de ne point voir arriver M. Théophile Minot, qui avait cependant promis de passer quelques jours à Draveil. Mademoiselle Thérèse avait étudié plusieurs morceaux de chant; madame Troussard avait fait faire des matelots neufs à ses trois fils; le chef de la famille s'était décidé à acheter une pièce de vin qui ne faisait pas faire la grimace, et tout cela pour recevoir dignement le digne élégant de Paris. De plus, les arbres du jardin étaient couverts de prunes qui étaient mûres, et on voulait que M. Théophile pût se régaler à peu de frais. Enfin, vers la fin de juillet, un fiacre de Paris entra dans le village; toute la famille Troussard courut se mettre sur la porte, espérant en voir descendre le gros jeune homme; mais la voiture s'arrêta devant la maison du colonel, et l'on en vit sortir le vieux M. de Vieussec et sa nièce Ophélie.

Grâce à la tournée qu'il avait faite en Italie, le vieux magistrat revenait entièrement sourd et aveugle; mais mademoiselle Ophélie assurait que son oncle se portait beaucoup mieux; et depuis qu'elle avait vu Rome, elle se croyait une Corinne, et ne jetait plus qu'un regard de pitié sur la porte Saint-Denis. Quant aux brigands, elle avait eu beau faire, personne, à son grand regret, n'avait voulu l'attaquer.

Caroline ne voyait plus avec plaisir venir du monde chez son père, car sa pensée unique était son fils, tout ce qui pouvait rendre moins fréquents les voyages à Champrozay était pour elle fort mal venu. Cependant elle tâcha de dissimuler son ennui pour recevoir son ancienne amie, et elle fut agréablement flattée lorsque Ophélie lui dit en l'embrassant :

— Ah! ma chère!... ne me parle plus de ta campagne, de tes sites, de tes environs! Quand on a vu Rome, vois-tu!... on ne peut plus rien regarder... on trouve tout petit, mesquin... affreux...

— Ah! vous revenez de Rome, mademoiselle? dit le vieux Dugrandet, qui se trouvait alors chez le colonel.

— Oui, monsieur, j'ai parcouru une partie de l'Italie avec mon oncle... Ah! c'est un voyage charmant!

— J'ai eu souvent envie d'aller à Rome... Je suis certain que je ferais ce trajet-là à pied... en allant doucement.

— Et tu te plaisais beaucoup en Italie? dit Caroline.

— C'est-à-dire que je goûtais une existence tout intellectuelle : je me sentais enivrée, transportée... Ce Capitole! cette basilique! ces superbes édifices qui nous rappellent ces Romains fameux d'autrefois! Ah! je ne conçois pas qu'on puisse vivre ailleurs.

— Pourquoi donc êtes-vous revenue alors, mademoiselle? dit madame Dugrandet d'un air moqueur.

— Mon Dieu! madame, parce que mon oncle n'aime pas le macaroni et la cuisine italienne... et cependant, il se portait parfaitement à Rome. Il ne sait pas l'italien, c'est vrai; il est à peu près sourd et aveugle; mais je le promenais avec moi, et à chaque instant je lui disais : Voici un monument, voilà une ruine... c'est superbe! c'est admirable!... Il me semble que je ne pouvais pas mieux faire..., et je ne conçois pas qu'il ait voulu revenir... Mais mon oncle n'a jamais été complaisant.

Caroline laisse mademoiselle Ophélie parler de Rome, et son vieil oncle jurer qu'on ne le fera plus voyager; elle va trouver Marianne, avec qui elle peut au moins parler de son fils, et lui dit en soupirant :

— Hélas! ma bonne, nous ne pourrons donc pas aller le voir demain matin?...

— Non, mademoiselle, car monsieur votre père pourrait trouver mauvais que nous nous absentions quand il y a des étrangers ici.

— Mais crois-tu donc qu'à cause d'Ophélie je cesserai d'aller voir mon fils?...

— Je ne dis pas cela; mais il faut prendre garde de mécontenter votre père.

— Et c'est quand mon fils devient charmant, c'est quand il commence à me connaître, à me sourire, qu'il faut que je l'embrasse moins souvent!... Ah! Marianne! quand donc serai-je heureuse!... Oh! que j'envie le sort de ces mères qui peuvent à chaque instant du jour caresser leur fils!

— Celles-là, mademoiselle, se hâtent souvent de remettre leurs enfants en des mains étrangères; quand ils reviennent de nourrice, elles les placent en pension, et souvent ils arrivent à l'adolescence sans avoir passé une journée entière près de leurs parents.

— Ah! ce n'est pas possible ça, Marianne!

— Pardonnez-moi, mademoiselle; c'est comme cela que dans le monde les mères aiment leurs enfants.

Huit jours après l'arrivée d'Ophélie et de son oncle, madame et mademoiselle Troussard arrivent un matin chez le colonel, en s'écriant d'un air joyeux :

— Il est arrivé... il est chez nous... depuis ce matin!... Il nous consacrera plusieurs jours!...

— Il est venu dans son cabriolet, dit mademoiselle Thérèse, avec son domestique et un superbe chien de chasse, qui rapporte supérieurement!

— Ah ça, madame, dit le colonel en souriant, voudriez-vous bien nous expliquer maintenant ce qui vous rend si joyeuse?... Qui est-ce qui est arrivé d'abord?... un grand artiste... un virtuose... ou un de vos parents?...

— Ah bien oui, un parent! répond madame Troussard; Dieu merci, c'est mieux que cela : c'est M. Théophile Minot... un jeune homme que vous avez reçu ici l'année dernière... qui vous a été présenté par le neveu de ce pauvre capitaine Gervillier... M. Arthur.

Au nom d'Arthur, M. de Melleval fronce légèrement le sourcil, tandis que Caroline a senti tout son sang refluer vers son cœur; mais le colonel répond bientôt :

— Et c'est l'arrivée de ce jeune homme qui vous cause tant de joie?... Mais, autant que je me le rappelle, ce M. Minot était un garçon fort ordinaire... Je ne me suis pas aperçu qu'il eût des talents...

— Je gage qu'il n'a pas été à Rome, murmure Ophélie en haussant les épaules.

— Oh! vous verrez, colonel, vous verrez!... c'est un garçon charmant... rempli d'esprit, d'amabilité... Et pour les talents, il en a beaucoup.

— Alors, pendant son séjour chez moi, il paraît qu'il a bien caché tout cela...

— C'était probablement par timidité.

— Il ne m'a pas fait l'effet d'être timide.

— Enfin, vous le jugerez mieux, j'espère, pendant le temps qu'il passera chez nous... car il ne vient pas pour un jour... et d'ailleurs, j'ai tout lieu de croire, de penser...

Ici, madame Troussard se rapproche du colonel, et lui parle à l'oreille, mais pas assez bas pour qu'on n'entende pas à chaque instant le nom de sa fille et celui de Théophile Minot. Pendant cet aparté de sa mère, Thérèse se donne un air embarrassé, et se pince la bouche; mademoiselle Ophélie sourit d'un air moqueur, en disant bas à Caroline :

— C'est sans doute depuis qu'il va chez les Troussard que ce monsieur est devenu spirituel!... Il se sera formé à la société des trois petits garçons.

Madame Troussard ayant cessé de s'adresser à l'oreille du colonel, reprend tout haut :

— Pour célébrer l'arrivée de notre hôte, nous donnerons ce soir une petite soirée... mais sans façon... C'est seulement pour attendre la grande fête.

— Ah! vous voulez donner une grande fête? dit le colonel.

— Oui, une fête champêtre... de jour, dans notre jardin. M. Théophile, qui est rempli d'idées, a dit qu'il nous organiserait des choses charmantes, des surprises!... Et puis son chien fera des tours... Il paraît qu'il est supérieurement dressé. Enfin, nous venons toujours vous prier de venir tous ce soir... On fera de la musique, beaucoup de musique. Nous avons invité quelques bonnes gens de l'endroit... l'adjoint du maire... et le receveur des contributions... ça fait nombre. Ah! mademoiselle Ophélie, vous nous amènerez votre oncle, n'est-ce pas?

- Pourquoi faire, madame? il est sourd et aveugle; que voulez-vous qu'il fasse à une soirée de musique?

— Oh! c'est égal... M. Théophile l'amusera beaucoup... Il vous fera des tours... Mais nous comptons d'abord sur vous.

La société accepte une invitation qu'il n'était pas possible de refuser, et Caroline cherche en elle-même comment elle pourra amener M. Théophile à lui parler d'Arthur.

Le soir on se rend chez M. Troussard, qui, contre son habitude, n'avait pas contremandé l'invitation du matin. Toute la maison était en grande tenue. Les petits garçons avaient leurs matelots neufs, et le papa portait une casquette en paille que l'on pouvait soupçonner venir du chapeau rongé de sa fille. Madame et mademoiselle avaient pris des robes presque blanches; et, chose plus remarquable encore, il y avait des assiettées de prunes et de groseilles sur une table, à la discrétion de la compagnie.

M. Théophile parut au colonel ce qu'il l'avait trouvé chez lui, un être sot et suffisant. Mademoiselle Ophélie assura qu'il avait encore pris du ventre, et Caroline rougit pendant que le gros jeune homme la saluait; car elle se rappela qu'il l'avait rencontrée dans le petit bois avec Arthur.

Les notables de l'endroit, invités par madame Troussard, ne tardèrent pas à prendre leur part des amusements promis. L'adjoint du maire était un gros homme, habitué à diriger les travaux des champs et fort peu aux usages de la société; aussi, après avoir salué tout le monde, renfonça-t-il son chapeau sur sa tête et s'obstina-t-il à le garder : madame Troussard, qui trouve cela un peu trop sans façon, s'approche de l'adjoint et lui dit :

— Monsieur Gingorleau, voulez-vous qu'on vous débarrasse de votre chapeau?

— Merci, madame, il ne me gêne pas.

— Mais il me semble que vous devez avoir trop chaud avec votre chapeau.

— Pas du tout! oh! j'y suis habitué!

— Monsieur est peut-être enrhumé du cerveau! dit Théophile d'un air ironique et en se posant devant le cultivateur; celui-ci regarde le gros jeune homme d'un air ébahi, et lui répond enfin :

— Est-ce que je vous ai emprunté votre mouchoir?

Cette réponse, à laquelle on ne s'attendait pas, fait beaucoup rire la compagnie, et Théophile ne juge pas à propos de pousser plus loin la conversation avec M. Gingorleau.

Le receveur des contributions était un petit homme beaucoup plus policé que l'adjoint. Il mettait même tant de prétentions dans ses saluts, qu'on pouvait le prendre pour un vieux maître de danse; quelques autres gros cultivateurs de l'endroit vinrent encore se joindre à la compagnie, et la plupart jugèrent à propos de garder leur chapeau sur la tête, comme M. Gingorleau, en y joignant encore un bonnet de coton qui n'était pas d'une entière blancheur : tout cela donnait à la réunion quelque chose de très-mélangé; aussi, mademoiselle Ophélie se tourna-t-elle du côté de Caroline, en lui disant :

— Comment trouves-tu la société?... elle est distinguée! J'avoue qu'en ce moment je voudrais être comme mon oncle.

Cependant madame et mademoiselle Troussard se donnaient beaucoup de mal pour organiser leur soirée; elles tournaient autour de chacun, puis revenaient toujours à Théophile, qui s'était jeté sur une causeuse, et caressait un gros chien-loup, qu'il assurait être né sur le mont Saint-Bernard.

— Qu'est ce que nous allons faire?... dit madame Troussard. Commençons-nous par la musique... par le chant?... Monsieur Théophile, vous chanterez votre grand air de *Mazaniello*. Ah! vous le savez parfaitement maintenant.

— Grâce aux leçons de mademoiselle, répond M. Minot en souriant à Thérèse, et en continuant de caresser son chien, qui semble fort tourmenté par des puces et s'obstine à frotter son dos contre les jambes de son maître.

— Mais je chanterai plus tard, répond Théophile, je ne suis pas pressé!

— Nous ne le sommes pas non plus! dit Ophélie à Caroline, et je crois que nous l'entendrons toujours trop.

Pendant que l'on causait, un des gros cultivateurs disait à l'adjoint :

— Qu'est-ce qu'on va donc faire ici?

— Je ne sais pas... je crois qu'on va jouer la comédie...

— Ah!... la comédie!... je n'ai jamais vu ça!... Mais on ne nous offre pas à nous rafraîchir.

— Oh! ça viendra sans doute.

En effet, M. Troussard, sur un coup d'œil de sa femme, était descendu à sa cave pour chercher du vin, parce que, en fait de rafraîchissement, les cultivateurs le préfèrent aux sirops qu'on offre à la ville; mais au lieu de remonter avec du vin, M. Troussard s'obstinait à compter ses bouteilles et à regarder si elles étaient bien bouchées. En attendant le retour du maître de la maison, le receveur allait à chaque instant faire un tour auprès des assiettées de prunes et de groseilles; il en prenait tant que ses mains pouvaient en contenir, s'en fourrait ensuite dans la bouche, et allait, en saluant tout le monde, jeter les noyaux et les rafles dans la cheminée.

— Voilà un fameux chien! dit l'adjoint en regardant l'animal placé entre les jambes de Minot.

— Oui, dit le colonel, il est assez beau... c'est, je crois, un chien de berger.

— Oh! non pas, colonel! s'écrie Théophile, Castor n'est point un chien de berger... il est né sur le Saint-Bernard... je vous le certifie... il a déjà sauvé trois hommes, sans compter les enfants!... C'est un chien rempli de qualités.

— Je ne discute point son mérite, mais je prétends que ce n'est pas là un chien de Terre-Neuve.

— Ah! Terre-Neuve... je ne vous l'affirmerai pas... cependant il est né sur le Saint-Bernard.

— Ce monsieur me semble encore plus bête cette année que l'année dernière, dit tout bas Ophélie à M. Dugrandet. Et le vieux banquier sourit en répondant :

— Je ne le crois pas grand marcheur!

Mademoiselle Thérèse se décide à commencer le concert; elle chante une romance, comme si c'était un air de bravoure, ce qui n'empêche pas madame sa mère de lui crier de temps à autre :

— Plus haut, ma fille!... livre-toi!... tu as plus de voix que cela le matin à jeun!

Après la romance vient un duo chanté par Théophile et mademoiselle Thérèse. Pendant qu'on fait de la musique, le receveur a fait cinq voyages autour des prunes et des groseilles, puis il a été soigneusement jeter ses noyaux dans la cheminée; deux des cultivateurs se sont endormis; l'adjoint semble disposé à en faire autant, lorsque M. Troussard entre comme un furieux dans le salon, en s'écriant :

— On m'a volé! je suis volé! C'est extrêmement désagréable!

— Qu'est-ce qu'il y a donc? disent les cultivateurs en s'éveillant, tandis que madame Troussard s'écrie :

— Eh! mais, taisez-vous, monsieur!... Est-ce que vous n'entendez pas que Thérésinette chante le duo de *la Vestale* avec M. Théophile?... et vous arrivez en faisant un bruit épouvantable... vous avez fait peur à vos fils... Les pauvres petits se sont cachés sous le piano!...

— Madame, il n'est pas question de *la Vestale*. J'avais acheté ce matin un chapon superbe... que j'avais placé dans le cellier... devant la porte de la cave... Il n'y est plus, je l'ai cherché en vain...

— Eh! monsieur, voilà bien du bruit pour un chapon... il se retrouvera... laissez-nous donc chanter.

— Madame, il faut pourtant retrouver le chapon.

— Est-il vivant? demande l'adjoint, pendant que le receveur va faire un tour près des assiettes.

— Vivant? non certainement, puisque je l'avais pendu à un croc.

— Avoir été à Rome! et se trouver à une soirée comme celle-ci! dit tout bas Ophélie. En vérité, c'est pour en mourir!

Caroline ne parlait pas; mais comme l'histoire du chapon avait interrompu le chant, M. Théophile avait quitté le piano d'un air d'humeur, et était venu s'asseoir près de la fille du colonel; celle-ci regardait de temps à autre son voisin, auquel elle brûlait d'adresser la parole. Enfin, profitant d'un moment où toute la société écoutait M. Troussard donnant le signalement de son chapon, elle se hasarde à dire à Théophile :

—Vous êtes venu... seul... à la campagne... cette année, monsieur?...

— Seul... oui, mademoiselle. C'est-à-dire, j'ai amené, mon chien et mon domestique.

— Mais... vous n'êtes pas... vous n'avez pas... votre compagnon de voyage... de la dernière fois?...

— Ah! vous voulez parler d'Arthur?...

Caroline n'a pas la force de répondre; elle baisse les yeux, mais elle attend avec anxiété que Théophile continue, ce qu'il fait enfin en disant :

— Oh! Arthur!... il est bien loin, s'il court toujours!... Je serais bien embarrassé pour le rejoindre!... Je crois qu'il était temps qu'il partît... il mangeait tout, à Paris!... Après cela, il en fera peut-être autant ailleurs.

Le jeune homme cesse de parler; Caroline frémit, mais elle écoute encore; les moindres paroles lui sont précieuses lorsqu'il s'agit d'Arthur. Mais bientôt Théophile s'écrie:

— Eh mais... qu'est-ce que je vois!... Castor joue avec quelque chose!... Avec quoi diable joue-t-il?... Ici, Castor!... apporte tout de suite!

Le chien vient, d'un air obéissant et la queue en trompette, déposer aux pieds de son maître une patte de volaille que

M. Troussard reconnait sur-le-champ pour avoir appartenu au chapon dont il était en peine. Le voleur est trouvé, c'est Castor qui aura dérobé le chapon. Le maître de la maison aurait bien envie de battre le chien, mais il n'ose pas, parce que M. Théophile Minot fait la cour à sa fille. Pour passer son désespoir, M. Troussard emporte les prunes et les groseilles, et retourne à sa cave, d'où il ne revient pas pendant le reste de la soirée.

On a refait de la musique, on a entendu trois fois mademoiselle Thérèse, et deux fois le gros Minot. La société a bien assez de chant, elle désire passer à d'autres récréations. M. Théophile ôte son habit en disant :

— Vous allez voir, je vais vous faire un tour!... c'est très-curieux! Je parie que personne ne le fait après moi.

— Je gage que nous serons attrapés, dit Ophélie pendant que l'adjoint se frotte les yeux et pousse ses voisins pour les réveiller, et que le receveur va fureter dans tous les coins de la chambre, afin de tâcher de retrouver les groseilles et les prunes.

— Oh! voyons! voyons! disent madame et mademoiselle Troussard. Je ne sais ce que c'est... mais je gage que ce sera charmant!

— Ceci, dit Théophile, est une petite récréation gymnastique où il entre plus d'adresse que de force... car le tour m'a été montré par une dame qui s'en acquittait fort bien!

— Oh! alors, je le ferai! s'écrie la grosse Thérèse.

— Oui, ma fille le fera après vous, dit madame Troussard, moi ensuite, et mes fils après... J'adore la gymnastique et tous les exercices du corps.

— Ah çà! mais qu'est-ce qu'ils feront tous? demande un des habitants du pays à l'adjoint.

— Je ne sais pas, mais je trouve qu'on ne se rafraîchit pas souvent ici!... Ah! quand je reçois des amis, moi, j'ai toujours des bouteilles et des verres sur une table!...

— Ce n'est pas l'usage à Paris, dit le receveur d'un air de dignité.

— Ah ben! en v'là une bonne!... est-ce que nous sommes à Paris, ici?

Pendant que la société causait, M. Théophile avait demandé un manche à balai et deux chaises. A défaut de manche à balai qu'on ne trouve pas dans la maison, parce que M. Troussard les fait servir de tuteurs à ses dahlias, mademoiselle Thérèse va ôter la flèche qui est au-dessus de son lit, et l'apporte à Théophile en lui disant :

— Est-ce aussi bon?

— Délicieux, mademoiselle. Maintenant, regardez bien comme je fais !...

M. Théophile passe la flèche derrière son dos, la tient ainsi des deux mains, fait poser une chaise en équilibre sur chaque bout : puis, relevant ses bras, fait repasser le bâton par-dessus sa tête, en tenant toujours ses chaises en équilibre.

Toute la société applaudit, il n'y a que les cultivateurs qui se disent :

— Enlever deux chaises! c'est pas lourd! v'là un beau tour!...

— J'enlèverais bien plus lourd que ça, moi.

— Ah! oui, mais l'équilibre!...

— C'est égal, c'est pas assez lourd.

— A mon tour, dit mademoiselle Thérèse en s'emparant de la flèche; je gage en faire autant.

— C'est beaucoup plus difficile que vous ne pensez, mademoiselle...

— Oh! c'est égal, ma fille est très-adroite, dit madame Troussard; et pour l'équilibre, elle est étonnante, elle ferait sur une corde tout ce qu'on voudrait.

Mademoiselle Thérèse a passé la flèche derrière son dos et s'écrie :

— Est-ce déjà comme cela qu'il faut la tenir?

— Plus bas, mademoiselle, plus bas... là... qu'on puisse passer le bâton sous les chaises que vous enlèverez... Très-bien.

— Posez les chaises...

— Elles y sont, ma fille.

— Regardez bien à présent.

Mademoiselle Troussard relève ses bras pour ramener le bâton par-dessus sa tête, en conservant l'équilibre aux chaises; le tour se faisait assez bien, lorsqu'un événement qu'on n'avait pas prévu vint en augmenter l'effet.

La flèche, que mademoiselle Thérèse tenait derrière elle, collée contre sa robe, avait conservé vers son centre un clou nécessaire sans doute pour fixer les rideaux; ce clou s'était piqué dans les vêtements de la jeune fille, et, au moment où elle relève ses bras pour faire remonter la flèche par-dessus sa tête, la robe, le jupon et le vêtement indispensable, accrochés par le maudit clou, se relèvent également, et montrent aux regards de toute la compagnie deux demi-lunes parfaitement appuyées l'une contre l'autre.

— Très-joli!... très-bien!... tu le feras, ma fille! criait madame Troussard, qui, placée de l'autre côté, ne voyait pas la robe de sa fille se relever avec la flèche; tandis que les cultivateurs se poussaient du coude et riaient, en se disant tout bas :

— Tiens! tiens!... mais c'est assez gentil ce tour-là...

— Ah ben, en v'là une de drôle!...

— Est-ce que c'est dans les usages de Paris de montrer ça en société?

M. de Melleval, occupé à causer avec madame Dugrandet, ne s'apercevait pas de ce qui arrivait; Caroline était plongée dans ses réflexions et ne voyait rien autour d'elle; M. Dugrandet regardait ses pieds; Théophile suivait de l'œil les chaises; et les notables de l'endroit, frappés du spectacle nouveau qui s'offrait à leur vue, se seraient bien gardés de le faire cesser, lorsque mademoiselle Ophélie s'écrie tout à coup :

— Baissez vos bras!... lâchez votre flèche, mademoiselle!... lâchez vite!

— Mais non!... mais non!... dit madame Troussard, il faut qu'elle achève de vous montrer son adresse; n'est-ce pas, monsieur Théophile?

— Eh! madame, elle nous montre bien autre chose que son adresse! répond Ophélie avec colère. Mais retournez-vous donc... regardez donc la robe de votre fille!

— Ah! mon Dieu! dit madame Troussard en voyant ce que mademoiselle Thérèse expose aux regards de la société... Ah!... je ne m'en doutais pas... Ma fille, baisse les bras... baisse la flèche... baisse tout :

— Mais pourquoi donc cela, maman? répond mademoiselle Thérèse, qui tient à achever le tour qu'elle a commencé; laissez-moi donc finir, je sens bien que cela se fait.

— Ma fille, encore une fois, lâche tout!... tu montres le dessous de... ta robe... avec tous ses accessoires...

M. Théophile, qui vient de voir aussi ce dont il est question, saute sur le bâton pour l'ôter des mains de la jeune fille, qui s'obstine à ne point le lâcher. Il s'établit une lutte entre mademoiselle Troussard, sa mère et M. Théophile Minot : c'est à qui s'emparera de la flèche, ce qui simule parfaitement un combat au drapeau. Enfin, pendant cette lutte, les chaises sont tombées, et M. Troussard arrive dans le salon au moment où le rideau tombait sur la partie la plus curieuse du spectacle.

Cet événement a mis fin à la soirée; car mademoiselle Thérèse, ayant appris par sa mère ce qui lui était arrivé, est allée se cacher dans un coin du salon, d'où elle ne veut plus bouger. Les voisins ne jugent pas convenable d'attendre un second exercice gymnastique, parce que le premier leur a semblé suffisant; les cultivateurs seuls y avaient pris goût; mais, en voyant tout le monde saluer et dire bonsoir, ils se décident à en faire autant. C'est ainsi que se termine la soirée donnée par la famille Troussard. Tout le monde sourit en se rappelant les événements qui s'y sont passés. Caroline est la seule qui gardera de cette soirée un triste souvenir; ce qu'on lui a dit d'Arthur n'est pas de nature à la consoler : il est parti; on ne sait pas ce qu'il est devenu; et son inconduite à Paris était connue de tout le monde! Peut-elle espérer que son père lui donnera jamais Arthur pour époux?

Mademoiselle Ophélie pensait que les Troussard s'en tiendraient là, et que l'incident arrivé à mademoiselle Thérèse en faisant de la gymnastique empêcherait la fête champêtre d'avoir lieu; elle se trompait. M. Théophile était devenu encore plus empressé, plus galant, près de Thérèse depuis la fameuse soirée, et madame Troussard en concluait que l'événement arrivé à sa fille pourrait avoir son bon côté, puisqu'il n'avait fait qu'augmenter l'ardeur du jeune fashionable parisien, quelquefois même elle allait jusqu'à s'imaginer que Théophile avait lui-même planté un clou dans la flèche pour amener l'incident qui s'en était suivi, et madame Troussard se disait :

— Au fait, ce serait extrêmement adroit... ce serait une manière de ne point épouser chat en poche... Il n'est pas défendu de désirer savoir à qui l'on aura affaire.

D'après cela, loin de renoncer à donner une fête champêtre, la famille Troussard y convia tous ses voisins, et même plusieurs propriétaires des environs; il fut seulement convenu que la belle Thérèse s'abstiendrait de répéter les tours ou exercices de corps faits par M. Théophile.

Le jour fixé pour la fête était un dimanche, parce que cela était plus commode aux notables de l'endroit, qui ce jour-là ne conduisaient point la charrue. Le colonel, ses hôtes et les Dugrandet avaient accepté l'invitation de madame Troussard, car dans un village les distractions sont rares, et l'on prend toutes celles qui se présentent. D'ailleurs, les voisins se seraient fâchés si l'on ne s'était pas rendu à leur fête; et à la campagne il faut toujours éviter de se fâcher avec ses voisins.

La journée était belle, le soleil ardent; la compagnie se réunissait sur une assez jolie pelouse bordée d'arbres, qui était au milieu du jardin de M. Troussard. On y avait disposé plusieurs jeux, tels que balançoires, grâces, volants, cerceaux. M. Théophile Minot, qui semblait être le roi de la fête, portait un costume tout à fait galant. Il avait une petite veste de chasse en étoffe claire et légère et un pantalon pareil, qui dessinait parfaitement tous ses agréments. Mademoiselle Thérèse, vêtue d'une robe très-courte et qui laissait voir une jambe assez bien prise, était d'une gaieté folle, et sautillait avec tant d'abandon sur la pelouse, que mademoiselle Ophélie disait à chaque instant :

— Je crois que son intention est encore de nous faire voir quelque chose.

Enfin, M. Troussard, suivi de ses trois fils, se promenait avec des assiettes chargées de prunes, et allait en offrir à chacun, parce que la récolte avait été si abondante, qu'on ne savait qu'en faire : c'est ce qui rendait le maître de la maison si généreux.

— Oh! bien obligé! j'y renonce, dit Théophile en voyant M. Troussard venir à lui avec d'assez belles reines-Claude. Vous ne savez donc pas que ce matin je suis monté sur un de vos pruniers afin d'en cueillir pour mademoiselle votre fille, et là je m'en suis donné... oh! mais j'en ai mangé comme ça ne m'était jamais arrivé...

M. Troussard n'insiste pas, et le gros Théophile appelle Castor, qui accourt à la voix de son maître. Celui-ci jette fort loin son mouchoir, un gant, et jusqu'à une pièce de deux sous; le chien rapporte tout avec une grande promptitude, et chacun fait compliment au jeune homme sur la manière dont son chien est dressé.

— C'est charmant un animal comme cela, dit Thérèse, cela fait beaucoup d'honneur! vous devez le mener partout avec vous?

— Oh! partout... même au spectacle, d'autant plus que j'y ai trois entrées! Mais c'est assez nous occuper de Castor. Nous avons de l'espace ici, je veux vous faire voir quelque chose.

— Oh! je voudrais bien revoir le tour de l'autre fois... avec les chaises et le bâton!... dit un des notables. Mademoiselle Thérèse se pince les lèvres en rougissant un peu, et personne ne juge convenable de répondre à l'indiscrète demande de l'homme des champs.

Cependant, Théophile sautillait, gambadait sur la pelouse et cherchait la place la plus unie pour y déployer son adresse, qui consistait à s'asseoir et à se relever en croisant ses jambes et sans poser ses mains à terre. Tout à coup une légère douleur qu'il ressent dans l'abdomen lui cause un tressaillement assez vif; mais comme elle n'a pas de suite et que toute la compagnie a les yeux fixés sur lui, attendant avec curiosité ce qu'il va faire, Théophile croise ses jambes et se baisse jusqu'à terre avec une grande dextérité.

— Très-bien! très-joliment exécuté! dit madame Troussard. Il faut voir à présent comment vous vous relèverez sans poser les mains!... ça me semble bien fort...

Mais au lieu de faire le moindre mouvement pour se relever, M. Minot restait cloué à terre; il était devenu très-pâle, ses traits exprimaient un grand malaise; enfin, se relevant tout d'un coup, mais en se servant de ses mains comme tout le monde, le jeune homme part comme un éclair et disparaît dans l'endroit le plus isolé du jardin.

— Où va-t-il donc?...

— Qu'est-ce qu'il lui prend?...

— Ah! je devine, dit madame Troussard, il aura oublié quelque objet nécessaire pour son tour ou pour un autre, et il va le chercher... Je gage que c'est quelque surprise qu'il nous ménage! Il faut convenir que c'est un jeune homme bien aimable et bien gracieux en société.

Théophile s'était sauvé pour un motif tout autre que ceux que l'on supposait : les prunes dont il avait mangé le matin avec excès avaient provoqué un accident tout à fait inattendu et qui ne doit jamais arriver en société. Heureusement pour le jeune homme que sous son pantalon collant il portait un caleçon; il se hâte de gagner un épais fourré, et là, se débarrassant du mieux possible de tout ce qui le gêne, il roule son caleçon et le cache dans un gros buisson de lilas. Puis, après avoir bien examiné sa toilette pour savoir si rien ne peut le trahir, M. Théophile retourne vers la société en cherchant un prétexte à sa brusque sortie.

— Ah! le voilà! le voilà! disent les dames Troussard en voyant le petit-maître revenir.

— Mais où donc avez-vous été?...

— Vous vous êtes mis à courir comme un cerf.

— Ah! c'est que j'avais oublié quelque chose... pour un tour d'escamotage que je vous ferai plus tard,

— C'est ce que nous avions pensé. Moi j'ai dit : M. Théophile nous ménage une surprise... Vraiment vous êtes trop aimable... mais le tour de tout à l'heure, vous ne l'avez pas achevé?... nous ne vous en tenons pas quitte.

— Oh! je vais le faire... rien ne me gêne maintenant. Je suis à vos ordres, mesdames.

Et M. Théophile, qui se sent beaucoup plus leste, risque une pirouette, un entrechat, puis recommence à croiser ses jambes et à s'asseoir sans mettre ses mains; il ne s'agissait plus que de se relever, et le jeune homme allait y procéder, lorsqu'on voit arriver Castor, qui depuis quelques instants avait disparu, mais qui revient en courant, la queue en trompette, l'air triomphant, et tenant dans sa gueule un objet qu'il semble fier de rapporter.

— Ah! voilà votre chien qui vous rapporte quelque chose, dit madame Troussard : quel fidèle animal!... Je crois que c'est un mouchoir qu'il tient dans sa gueule... Probablement vous aviez perdu votre mouchoir sans vous en être aperçu.

— Mais non, répondit Théophile en se tâtant, je n'ai rien perdu... j'ai mon mouchoir dans ma poche...

— Alors c'est autre chose; mais nous allons bien le savoir.

En effet, Castor était arrivé près de la compagnie; il perce le cercle, arrive devant son maître, et dépose à ses pieds, non pas un mouchoir, mais le malheureux caleçon que Théophile avait caché dans un buisson de lilas.

En reconnaissant l'objet que son chien vient de lui apporter, le jeune homme reste pétrifié, il ne se sent même plus la force de se relever; cependant, comme Castor joue avec le caleçon, et semble disposé à le faire circuler dans la société, chacun se lève et s'éloigne sans juger nécessaire d'attendre la fin du tour promis par M. Minot.

Mademoiselle Ophélie entraîne le colonel et sa fille en disant :

— Ce qui est arrivé l'autre soir était fort inconvenant, aujourd'hui c'est pire!... Il paraît que c'est de plus fort en plus fort!... Vous voyez bien qu'il n'y a pas moyen de venir chez ces gens-là!

M. Dugrandet a aussi emmené sa femme. Les notables s'écrient que cette surprise-là ne vaut pas celle de l'autre fois. Madame Troussard et sa fille ne savent que dire; M. Troussard prend du tabac; et quant au beau monsieur de Paris, il est encore disparu comme un éclair. Mais cette fois c'est pour appeler bien vite son domestique, demander son cabriolet, et quitter Draveil sans prendre congé de personne.

Ainsi se termine la fête champêtre si pompeusement annoncée! *Vanitas vanitatum, et omnia vanitas!*

CHAPITRE XII

LA FORÊT DE SÉNART.

Quinze jours après leur fête champêtre, tous les Troussard quittèrent Draveil sans dire même adieu à leurs voisins. Le dernier tour exécuté par le gros Théophile Minot leur tenait encore au cœur; d'ailleurs, le jeune fashionable était retourné à Paris, et peut-être madame Troussard jugea-t-elle nécessaire de l'y poursuivre avec Thérésinette, qui languissait, et ne chantait plus assez haut depuis que son élève l'avait abandonnée.

Caroline se félicitait de voir sa société diminuée; car moins elle voyait de monde, plus elle trouvait de temps pour courir à Champrozay embrasser son fils, qui venait parfaitement bien, parce qu'une nourrice a toujours grand soin d'un enfant que l'on vient voir souvent.

L'été touchait à sa fin, et le fils du major Daverny n'était pas revenu chez M. de Melleval; le colonel s'en affligeait. Il avait été plusieurs fois à Paris, il s'était informé du fils de son ami, et personne n'avait pu lui donner aucun renseignement sur son compte. Caroline, au contraire, se félicitait de ne plus avoir à redouter les visites de ce monsieur, car elle pensait que, piqué de l'accueil froid qu'elle lui avait fait, M. Charles Daverny n'avait point l'intention de se présenter de nouveau chez son père.

Mais, vers les premiers jours d'octobre, une voiture, en s'arrêtant devant la maison du colonel, annonça une visite. Bientôt, en effet, la porte du salon s'ouvrit, et M. Daverny se présenta devant Caroline et son père, qui se trouvaient alors dans le salon, ainsi que mademoiselle Ophélie et son oncle.

Caroline est restée toute saisie en reconnaissant le jeune homme qu'elle a vu une seule fois, mais à une époque qu'elle ne peut oublier; quant au colonel, pendant que Charles Daverny fait un profond salut à la société, et avant qu'il ait prononcé un mot, il le fixe, fait un mouvement de joie, et se lève en s'écriant :

— Votre nom, monsieur, votre nom, s'il vous plaît?...

— Charles Daverny, répond le jeune homme en faisant quelques pas vers le colonel.

— Oh! je vous avais deviné... reconnu, mon cher Daverny! vous êtes le fils de mon vieil ami.

Et en disant ces mots, M. de Melleval avait ouvert ses bras à celui qu'il avait vu enfant, et le pressait avec joie contre son cœur.

— Ah çà, mon cher ami, dit le colonel lorsque les premières effusions d'amitié furent calmées, pourriez-vous m'expliquer pourquoi vous avez tant tardé à revenir nous voir?... Comment! vous vous présentez ici... j'étais en voyage; mais ma fille vous reçoit, elle vous dit que je serai bientôt de retour, et vous êtes six mois sans revenir!... Diable! vous mettez de l'intervalle entre vos visites! Et pourquoi donc être tout ce temps sans reparaître?... Est-ce que ma Caroline vous aurait fait peur?... Il me semble cependant qu'elle n'est pas bien effrayante.

— Oh! mademoiselle n'est pas faite pour inspirer un tel sentiment! répond Daverny en jetant sur Caroline un regard indécis et embarrassé; mais je vais vous apprendre ce qui m'a privé si longtemps du plaisir de vous voir. Depuis longtemps j'avais formé le projet d'aller visiter l'Angleterre et l'Écosse; une occasion se présenta, et j'en profitai. Je ne comptais pas faire un aussi long séjour chez nos voisins d'outre-mer, mais leur pays me plut... l'Écosse surtout. Je ne pouvais me lasser de parcourir ces contrées si bien dépeintes par Walter Scott : en retrouvant ces vieux châteaux, ces vallées, ces précipices dont j'avais lu dans ses romans d'exactes descriptions, il me semblait voir aussi tous les héros de ces ouvrages qui ont fait mes délices. Je me retrouvais avec *Warrerley*, *Claver-House*, *Guy Mannering;* je voyais *Rob-Roy* descendre des montagnes à la tête de son clan, je pénétrais dans la grotte de la vieille *Meg Merillies;* enfin je n'étais pas seul un instant, car le génie de Walter Scott avait rendu la vie au passé, et il vivifiait tout autour de moi. Voilà ce qui me fit prolonger mon séjour dans la patrie de l'illustre romancier; voilà pourquoi je ne me présente qu'aujourd'hui devant vous.

— Allons, mon ami, nous vous pardonnons en faveur de *Walter Scott*. Mais maintenant que nous vous possédons, ce sera pour quelque temps, j'espère! vous passerez l'automne avec nous... nous jouerons au billard, nous chasserons... Aimez-vous la chasse?

— Oui, monsieur.

— Très-bien. Oh! alors nous ferons des excursions dans les environs... et puis... nous parlerons de votre père... de ce brave Daverny!... que j'aimais tant... Allons, c'est décidé, n'est-ce pas?... vous resterez avec nous un mois, deux mois... le plus que vous pourrez!

Daverny semblait hésiter à répondre. Il jetait sur mademoiselle de Melleval des regards furtifs; on aurait dit qu'il voulait, avant de promettre de rester, s'assurer si cela ne déplaisait point à Caroline; mais celle-ci tenait ses yeux baissés, et ne les portait jamais sur le nouveau venu. Le jeune homme se décide alors à répondre au colonel :

— Monsieur, je suis bien touché de l'accueil que vous me faites... et certainement ce sera pour moi un grand plaisir de passer quelque temps près de vous... si toutefois cela ne vous cause aucun dérangement.

— Allons donc, mon ami, vous plaisantez! s'écrie le colonel; du dérangement!... mais ma maison est grande, Dieu merci. Écoutez, Charles, car désormais vous me permettrez de vous appeler ainsi; un ancien militaire ne connaît point les cérémonies; vous êtes ici chez celui qui fut le meilleur ami de votre père, vous devez dès à présent vous y regarder comme dans votre famille. Caroline, va dire à Marianne de disposer une chambre au second pour Charles ; et vous, mon ami, venez avec moi visiter mon jardin, nous causerons de votre père.

Le colonel prend le bras du jeune homme et l'emmène ; mademoiselle Ophélie fait un mouvement d'impatience en murmurant :

— Monsieur de Melloval est étonnant !... dès qu'il arrive quelqu'un ici, il s'en empare... il ne laisse même pas aux personnes le temps de nous regarder... Mon oncle, comment trouvez-vous ce monsieur ?... mon oncle... trouvez-vous qu'il s'exprime élégamment ?... Pas un mot !... Décidément, c'est comme si je parlais à un mur.

Caroline s'est empressée d'aller trouver Marianne, à laquelle elle dit d'un air presque effrayé :

— Il est arrivé, ma bonne !

— Je le sais, mademoiselle ; je l'ai vu descendre de voiture, et je l'ai reconnu sur-le-champ.

— Ah ! si tu savais combien la présence de ce monsieur m'a fait mal !... Je me suis tout de suite rappelé ce que tu m'as dit... et puis mon père lui témoigne tant d'amitié !... Il l'a déjà engagé à rester avec nous bien longtemps, plusieurs mois peut-être... Ah ! Marianne, il me semble que je le hais, cet homme !...

— Allons, mon enfant, il ne faut pas vous tourmenter d'avance... D'abord, il n'est pas dit que ce monsieur s'amusera beaucoup ici... qu'il voudra n'en plus bouger...

— Oh ! je tâcherai qu'il s'y ennuie, moi ; je te réponds que je ne ferai rien pour l'amuser...

— Prenez garde, mamzelle, il ne faudrait pas non plus fâcher votre père.

— Oh ! je serai polie... mais voilà tout ; on ne pourra pas me forcer à être aimable, peut-être... D'ailleurs, je ne le suis jamais à présent !... Encore un étranger ici !... encore quelqu'un qui nous gênera pour aller voir mon fils !... mon fils, qui devient si beau !... qui me sourit !... qui m'entend, qui me parlera bientôt !

— Nous irons tout de même à Champrozay, mamzelle. Pardi ! ce monsieur ne sera pas sans cesse derrière nous... Je pense qu'il n'est pas venu ici pour nous espionner.

— Oh ! c'est égal... j'aurais bien préféré qu'il ne revînt pas !...

Ah! Marianne!... si, lorsqu'il vint la première fois, il s'était aperçu!...

— Allons, vous êtes folle, mon enfant... Songez donc que rien depuis ce temps n'ayant trahi votre position, cette idée-là n'a pu venir à personne... Ceux qui l'auraient eue, même en vous voyant alors, penseraient s'être trompés.

— Tu me rassures, Marianne, et cependant... je ne sais si cela vient du souvenir de cette époque, mais je n'ose pas regarder ce monsieur. Il a l'air méchant, n'est-ce pas, ma bonne?

— Méchant!... dame... je ne sais pas trop... mais il a l'air sévère... Il ne doit pas être gai, ce jeune homme-là! C'est égal, je vas toujours préparer sa chambre.

Caroline ne retourne au salon que le plus tard possible; elle redoute de se trouver avec M. Daverny; mais celui-ci, qui est allé faire une longue promenade avec le colonel, ne revient avec son hôte qu'au moment du dîner. A table, M. de Melleval fait placer Charles à côté de sa fille, et cet arrangement fait encore tressaillir Caroline, qui craint d'avoir à subir les soins empressés et la conversation de son voisin. Mais elle ne tarde pas à se rassurer; M. Daverny parle fort peu, et n'a près d'elle que les politesses d'usage dans la bonne société. Si quelquefois le regard du nouvel hôte du colonel se porte sur Caroline, il s'empresse de détourner la tête lorsqu'il croit que la jeune fille va lever les yeux de son côté. Enfin, écoutant les discours de mademoiselle Ophélie, qui est aussi près de lui, et qui est enchantée de trouver quelqu'un à qui elle puisse parler de Rome et de l'Italie, Charles Daverny est pour Caroline un voisin fort commode, car il semble craindre de lui parler presque autant qu'elle a peur de l'entendre.

Les soirs, le colonel joue au billard avec Charles et M. Dugrandet, et lorsque le vieux banquier n'est pas venu, M. de Melleval, qui aime beaucoup le jeu d'échecs, et qui a trouvé dans son nouvel hôte un digne adversaire, se place avec lui devant un échiquier, et n'en bouge plus de la soirée.

Caroline rend grâce au jeu d'échecs, tandis que mademoiselle Ophélie répète : — Il paraît que c'est pour lui seul que M. de Melleval désire garder ce monsieur ici!... Je ne comprends pas comment un homme un peu galant joue aux échecs. A la vérité, M. Daverny ne me semble pas encore être bien empressé près des dames!... Il parle très-peu... je le crois assez instruit... mais pour aimable, j'en doute fort!... Il a l'air trop réfléchi pour un jeune homme!... Il n'y a pas d'abandon... de désinvolture dans ses manières... Il n'y a pas de poésie dans cet homme-là!

— Vous préféreriez M. Théophile Minot? dit Caroline en souriant.

— Ah! ma chère amie! ne me parlez pas de cet être-là, ou vous allez me donner des nausées! Et ces Troussard qui sont partis au milieu de l'été pour courir après lui!... n'est-ce pas trop drôle! Certainement, il n'épousera jamais la grosse Thérèse.

— Pourquoi donc pas, s'il l'aime?

— Ah! au fait, il est assez stupide pour cela.

Pendant les premiers jours qui suivent l'arrivée de Charles Daverny chez le colonel, Caroline a été plus triste, plus sérieuse que de coutume; mais petit à petit elle s'habitue à la présence de son nouvel hôte, et comme il ne semble pas rechercher la sienne, comme il n'est jamais sur ses pas, et ne lui parle que comme à tout le monde, sans essayer de lier avec elle des conversations particulières, la fille du colonel pense que ses inquiétudes étaient mal fondées, car M. Daverny ne paraît pas songer à lui faire la cour.

Cependant, lorsqu'on habite ensemble à la campagne, il y a mille occasions de se trouver en tête-à-tête même avec quelqu'un qu'on ne cherche pas. Ainsi plus d'une fois, en entrant dans le salon, Charles n'y trouve que Caroline occupée à travailler. Alors il semble aussi embarrassé que mademoiselle de Melleval, et après avoir fait quelques tours dans l'appartement, il ne manque pas de trouver un prétexte pour sortir. Si c'est dans le jardin que Charles rencontre Caroline, aussitôt qu'il l'aperçoit de loin, il s'arrête, et après l'avoir considérée quelques moments sans qu'elle le voie, il prend une autre allée, comme s'il craignait de la contrarier dans sa promenade.

Caroline s'apercevait quelquefois de la singulière façon dont M. Daverny agissait avec elle, et elle se disait : — Oh! tant mieux! c'est que je ne lui plais pas!... et j'en suis bien contente!... Quelle différence de ce jeune homme-là avec Arthur!... Arthur est si bien!... il a une si jolie tournure, tant de grâces dans ses manières... tant d'assurance dans tout ce qu'il entreprend!... Il est si gai, si aimable!... Celui-ci... je ne sais pas trop comment est sa figure, je ne le regarde jamais, mais je vois bien qu'il n'a pas l'air aimable... qu'il ne dit presque rien... qu'il est sérieux... triste même; enfin qu'il n'a rien pour plaire! Mais Arthur!... qu'est-il donc devenu?...

C'est près de son fils que Caroline allait chercher des distractions à ses peines, et toutes les fois que M. de Melleval allait à la chasse avec Charles Daverny, elle se rendait avec Marianne chez la nourrice du petit Paul.

Après un séjour de six semaines chez le colonel, M. Daverny annonça qu'il était obligé de retourner à Paris, où il avait à régler des affaires d'intérêt.

— Allez, dit M. de Melleval à Charles, mais songez, mon ami, qu'ici vous serez toujours le bienvenu, que je vous attends avec impatience, que je me suis habitué à votre compagnie, et que je suis maintenant d'un âge où le bonheur ne se compose plus que d'habitudes.

— Je reviendrai vous voir cet hiver, dit Charles, car je serais bien ingrat si je n'étais pas sensible à tout l'intérêt que vous me témoignez.

En disant ces mots, le jeune homme fit un profond salut à Caroline, et il allait la quitter ainsi, lorsque le colonel lui dit :

— Eh bien!... vous n'embrassez pas ma fille?... Est-ce ainsi qu'on se dit adieu avec ses vrais amis?

Charles revient près de Caroline; il était pâle, et semblait trembler en s'approchant d'elle. Enfin ses lèvres effleurèrent les joues de la jeune fille, et il partit ensuite brusquement!

— Singulier garçon! dit M. de Melleval en souriant; près des dames il est timide comme une jeune fille! Au reste, dans ce siècle-ci, où le contraire est poussé à l'excès, le respect pour les dames est devenu une qualité rare; Charles ne ressemble pas aux jeunes gens du jour.

Puis le colonel se tourna vers sa fille, et lui dit :

— Ah çà, tu connais le fils du major maintenant; eh bien veux-tu me dire comment tu le trouves à présent?

— Mon Dieu! mon père... je le trouve... comme la première fois que je l'ai vu...

— Ce jour-là tu m'as dit que tu ne l'avais pas regardé.

— S'il vous plaît, mon père... c'est tout ce qu'il faut.

— Est-ce qu'il ne te plaît pas, à toi?

— Moi... mon père?... mais tous vos amis me plaisent.

Le colonel fit encore un mouvement d'impatience, et s'éloigna de Caroline, qui se dit :

— Marianne avait-elle raison ?

L'hiver était venu, et alors il n'était pas aussi facile de se rendre à Champrozay, car M. de Melleval sortait peu, et lorsque sa fille parlait de faire une promenade avec sa bonne, il s'écriait :

— Il fait trop froid, je ne veux pas que tu sortes !... pour t'enrhumer et retomber malade comme l'hiver dernier ! Non, non... reste avec moi.. ou cours dans le jardin, c'est bien assez.

Il fallait obéir à son père, et rester quelquefois plus de quinze jours sans embrasser son fils ; mais alors on trouvait des prétextes pour donner des commissions à Marianne, et la bonne fille, malgré la neige ou la glace, courait chez la nourrice ; elle voyait l'enfant, l'embrassait, et revenait dire à sa mère :

— Il se porte bien ! il est de plus en plus gentil, il pousse comme un champignon ! Patience... le printemps reviendra, et vous pourrez aller souvent l'embrasser !

Caroline versait des larmes, maudissait la longueur de l'hiver, et murmurait :

— Quand donc pourrai-je garder mon fils près de moi ?... Marianne, tu m'as dit que lorsqu'il serait grand, tu trouverais un moyen pour l'introduire dans cette maison ?

— Oui, sans doute ; mais l'enfant n'est pas encore assez grand pour cela... Est-ce qu'on peut présenter au colonel un marmot qui n'a pas encore un an ?... Quand il en aura deux... qu'il marchera bien, nous verrons, nous chercherons.

— Ah ! que de temps encore à passer ! répondait la jeune mère en portant ses regards vers le côté de la campagne où était son fils.

Le vieux magistrat et sa nièce étaient retournés à Paris, quoique pour M. de Vieussec tous les séjours fussent égaux, pourvu qu'il eût une bonne table, un bon lit et un bon feu ; mais Ophélie s'ennuyait à la campagne, elle s'ennuyait aussi à Paris, elle aurait voulu retourner à Rome, en Italie, n'importe où ! Il lui fallait du mouvement, du changement, peut-être même du bouleversement. Car ces gens qui ne sont heureux nulle part, et qui veulent toujours ce qu'ils n'ont pas, accepteraient des révolutions pour avoir des émotions, et des tremblements de terre par curiosité.

Pendant l'hiver, Charles Daverny vint trois fois chez le colonel; chaque fois son séjour fut d'une semaine, et ses causeries avec Caroline furent toujours aussi polies, mais aussi froides et aussi réservées.

Enfin, les arbres recouvrèrent leur feuillage, la campagne redevint gaie, riante, animée; alors Caroline put sortir de grand matin avec sa bonne, et, sous prétexte de faire une petite promenade dans les environs, se rendre dans le village où l'on élevait son enfant. Le petit Paul avait un peu plus d'un an; il n'était point gros, joufflu et rouge comme la plupart des enfants de paysans; il était mignon et délicat comme sa mère; mais du reste son teint rose et la vivacité de ses yeux annonçaient une bonne santé.

— Il ne sera pas fort, ce cher petit! disait Caroline en contemplant son fils.

— Eh! mon Dieu! mamzelle, répondait Marianne, ce ne sont pas les plus gros qui viennent le mieux... ceux-ci, au contraire, ne sont presque jamais malades. On n'a pas besoin d'être un Turc pour se bien porter.

L'enfant commençait à balbutier quelques mots.

— Lorsqu'il parlera, disait Caroline, je lui apprendrai a me dire maman...

— Gardez-vous-en bien, répondit Marianne; vous feriez là une belle chose! et puis si nous trouvons un prétexte pour faire venir ce cher enfant chez votre père, il aurait l'habitude de vous appeler sa mère, et il vous nommerait comme ça devant le monde!... Oh, non! il ne faut pas faire d'imprudence.

Caroline gardait le silence; mais en elle-même elle se disait: — Il faut pourtant que j'entende une fois mon fils m'appeler sa maman... Je ne serai heureuse que lorsqu'il m'aura nommée ainsi.

L'été n'a point ramené Ophélie et son oncle à la campagne du colonel. La nièce de M. de Vieussec a fait accroire au vieux magistrat qu'il y avait dans les Pyrénées une source d'eau chaude qui rendait la vue, l'ouïe, et empêchait de tousser, et l'oncle d'Ophélie s'est laissé emmener vers cette source merveilleuse que sa nièce a résolu de chercher partout, alors même qu'elle aurait la certitude de ne la trouver nulle part.

La famille Troussard ne revient pas non plus habiter sa maison de campagne; mais vers le commencement de l'été tous les notables de Draveil reçoivent une lettre de faire part du mariage de mademoiselle Thérèse Troussard avec M. Théophile Minot.

En recevant cette lettre et en la communiquant à sa fille, M. de Melleval lui dit d'un air presque chagrin :

— Tu le vois, Caroline, toutes les demoiselles se marient... car, enfin, il faut bien finir par là... et toi... toi seule, lorsque je te parle de mariage, tu boudes... tu pleures... ou tu ne veux pas m'écouter...

Caroline tâche de prendre un air indifférent, en répondant :

— Mais, mon père... si je me trouve heureuse comme je suis, pourquoi changer de situation?... Et d'ailleurs... qui vous dit que personne voudrait de moi?...

— Qu'à cela ne tienne, ma chère amie; je sais quelqu'un qui t'aime... qui t'adore... qui sera fière d'être ton mari...

— Qui donc, mon père?

— Charles Daverny.

— M. Daverny! Oh! vous vous trompez, j'en suis sûre... M. Charles ne pense pas à moi... jamais il ne m'a dit un mot... une parole qui puisse me faire croire...

— Parce que tu le traites toi-même si froidement, tu lui témoignes si peu d'amitié, que cela n'a pas dû l'encourager.

— Est-ce que ce monsieur s'est plaint de ma manière d'être avec lui?

— Non, ma fille, Charles est incapable de se plaindre de vous; il ne m'a pas même dit qu'il vous aimait, et cependant j'en ai la certitude; car, une seule fois, lui ayant demandé s'il voudrait être mon fils, il a pris ma main, l'a serrée avec force dans les siennes, et m'a seulement répondu : — Ce serait pour moi un grand bonheur... mais il faudrait d'abord que cela fit celui de votre fille. Voilà tout ce que Charles m'a dit, et c'est assez pour moi, qui le connais, qui l'apprécie, pour être certain qu'il vous aime et qu'il désire être votre époux. Mais à vous autres jeunes filles, il faut des jeunes gens galants, sémillants ou romanesques! Quand ils ne vous ont pas débité mille extravagances sur leurs prétendus sentiments, quand ils ne vous ont pas dit qu'ils se tueraient si vous ne partagiez leur ardente passion, vous ne croyez pas être aimées, pauvres folles que vous êtes!... Les personnes qui aiment le mieux sont presque toujours celles qui le disent le moins; il en est de l'amour comme du courage : les hommes qui se vantent beaucoup ne sont pas ceux qui en ont le plus.

Caroline ne répond rien, mais elle pleure, car jamais son père ne lui avait parlé aussi positivement de ses desseins sur elle. En voyant sa fille verser des larmes, le colonel ne peut plus conserver un ton sévère, il l'entoure de ses bras, et l'embrasse en lui disant :

— Eh bien! voilà que tu pleures à présent!... Eh! mon Dieu!... ne vas-tu pas te faire du chagrin, te rendre malade, parce que je te parle de te marier?... Tu sais bien que je ne te forcerai jamais à faire ce qui te déplairait... que je ne veux point te faire de peine... Allons... ne pleure plus... peut-être que toi-même... plus tard... tu rendras justice à Charles... Je veux que tu sois heureuse... mais je ne veux pas que tu pleures.

Caroline embrasse son père en le remerciant de sa bonté; mais dès cet instant il lui semble qu'elle redoute encore davantage la présence de Daverny, et qu'elle doit haïr quelqu'un qui songe à l'épouser. Puis elle va rapporter à sa confidente sa conversation avec le colonel, et Marianne s'écrie :

— Vous voyez que je ne m'étais pas trompée... M. Daverny est amoureux de vous...

— Amoureux de moi? mais ce n'est pas possible, ma bonne : ce monsieur me parle à peine, ne me regarde jamais, semble me fuir même.... car, lorsqu'il me voit dans une allée du jardin, il ne manque pas d'en prendre une autre... Est-ce que c'est ainsi qu'on se conduit quand on aime quelqu'un?

— Apparemment que c'est sa manière de faire sa cour, à ce monsieur... elle est drôle quoique ça!

— Non, il ne m'aime pas! Mais peut-être son père désirait-il ce mariage, le mien lui aura aussi fait entendre qu'il serait content de le nommer son fils, et M. Daverny... par politesse peut-être, aura répondu qu'il en serait bien aise! .. et voilà comment on nous unirait.

— Se marier par politesse!... ce serait bien froid!

— Oh! tu sais bien, Marianne, que cela ne sera jamais!... n'ai-je pas mon fils... mon cher Paul?... Eh bien! s'il le faut... je me jetterai aux pieds de mon père en lui avouant ma faute.

— Oh! mademoiselle... il ne faut en venir là que s'il n'y avait plus d'autre moyen.

— En attendant, je sens que la vue de M. Charles me sera

encore plus insupportable... A présent que je sais qu'il a parlé de m'épouser, je n'oserai plus rester près de lui.

— Il ne faut pas avoir l'air de rien savoir; et puisqu'il ne vous souffle pas mot de son amour, vous n'aurez rien à lui répondre.

— Et je crois qu'il va bientôt venir... mon père l'attend... Et maintenant que nous n'avons plus ici ni Ophélie ni son oncle... que les Troussard n'habitent plus Draveil... que notre société se borne à M. et madame Dugrandet, qui ne viennent pas nous voir tous les jours, comment ferai-je pour ne point me trouver souvent seule avec ce monsieur?

— Puisque vous dites qu'il vous fuit, et que de votre côté vous ne le cherchez pas, il est probable que vous ne vous rencontrerez guère.

— Ah! c'est égal, ma bonne, je prévois que cet été je vais être bien malheureuse!

Charles Daverny ne tarde pas en effet à revenir s'installer chez M. de Melleval; mais sa conduite avec Caroline est toujours la même. Si quelquefois il entre dans le salon lorsque la fille du colonel y est seule, s'il prend une chaise et se place non loin d'elle, Caroline ne manque pas de trouver un prétexte pour quitter l'appartement. Alors Charles la regarde tristement s'éloigner, ses regards ne se détournent pas d'elle tant qu'il peut l'apercevoir, mais il ne la suit point, et pendant le reste de la journée évite avec soin de la rencontrer.

Daverny avait plus d'une fois remarqué l'embarras de Caroline lorsque le colonel, s'apercevant de la longueur de ses sorties du matin, lui demandait de quel côté elle avait porté ses pas; il s'était aperçu que mademoiselle de Melleval préférait aller seule avec Marianne, à toutes les parties de promenade que son père lui proposait. Loin de chercher à être le cavalier de Caroline et à l'accompagner dans les environs, Charles avait toujours soin d'emmener de bonne heure le colonel, ou de le retenir par une partie d'échecs, lorsque celui-ci aurait pu remarquer l'absence de sa fille.

Vers le milieu de l'été, M. Troussard vint à Draveil; mais il était seul; on sut bientôt dans le pays qu'il n'était venu que pour mettre sa maison de campagne en vente; c'est ce qu'il dit lui-même au colonel en allant lui faire visite et lui demander à dîner, un jour que celui-ci traitait M. et madame Dugrandet,

— Eh quoi ! vous vendez cette maison que vous aimiez tant ? dit M. de Melleval à M. Troussard.

— Oui... nous la vendons, parce que mon gendre Minot n'aime pas la campagne... surtout celle-ci ! il a positivement déclaré qu'il n'y remettrait pas les pieds. Alors ma femme a dit : Si nos enfants ne viennent pas à notre campagne, moi, je m'y ennuierai, je ne veux plus y aller... vendons-la...

— Je voudrais bien savoir d'où vient l'antipathie de votre gendre pour ce pays ? dit madame Dugrandet en regardant M. Troussard d'un air malin. L'ancien commerçant répond avec bonhomie :

— Je ne la comprends pas... mais quand on parle de Draveil à mon gendre Minot, il devient de mauvaise humeur et fait une singulière figure.

— Monsieur votre gendre a-t-il toujours son chien Castor qui rapportait si bien ? reprend madame Dugrandet en souriant.

— Non, il s'en est défait... il l'a donné, je crois... je ne sais pas pourquoi, car c'était un animal rempli de qualités.

— Et qui faisait de bien jolis tours avec son maître.

M. Troussard, qui a peu de mémoire, n'a pas compris la plaisanterie. Il prend congé de ses anciens voisins de Draveil en les invitant à venir le voir à Paris ; puis, craignant sans doute qu'on ne profite de son invitation pour arriver chez lui et y demander à dîner, il revient sur ses pas dire à la société :

— Si vous venez à Paris nous voir... que ce soit de bonne heure, parce que nous n'y sommes jamais dans la journée... nous dînons chez mon gendre... Nous ne tenons pas de maison... ma femme aime mieux cela... et moi aussi...

Le colonel sourit de la recommandation, tandis que madame Dugrandet s'écrie : — Il peut être tranquille, ce monsieur, nous n'irons pas le voir à Paris, c'était déjà beaucoup de le supporter à la campagne.

L'été se passe sans amener aucun changement dans la situation de Caroline. Charles Daverny était fort souvent à Draveil, mais il n'avait pas dit un mot à mademoiselle de Melleval touchant son amour ou son désir de l'épouser. Le colonel n'avait pas non plus reparlé à sa fille de cet hymen, il craignait de contrarier Caroline ; il espérait que l'habitude de voir Charles et de vivre près de lui ferait naître entre les deux jeunes gens une intimité qui ressemblerait à de l'amour.

L'hiver revint avec ses jours tristes, courts et froids. Caroline dut encore se priver souvent du bonheur qu'elle allait goûter à Champrozay. Mais la santé du colonel devenait chancelante; sans être malade, il sortait peu; des blessures reçues au champ d'honneur le faisaient souffrir, et son plus grand plaisir était d'avoir sa fille près de lui. Celle-ci faisait céder l'amour maternel à l'amour filial; d'ailleurs Marianne lui avait dit : — Voilà le petit Paul qui devient grand, qui marche seul; l'été prochain je chercherai une histoire... j'arrangerai les choses de manière à présenter l'enfant chez votre père comme le fils d'une de mes parentes morte sans fortune... On trouvera tout simple que j'en prenne soin... et M. de Melleval me permettra de le garder chez lui. Alors vous le verrez tous les jours, à toute heure, vous jouerez avec lui tant que vous voudrez... on trouvera cela tout naturel; mais il ne faut pas lui dire de vous appeler maman, car alors ça dérangerait toute mon histoire.

Caroline se taisait, mais le désir de s'entendre appeler de ce nom si doux à l'oreille d'une mère était plus fort que les raisonnements de Marianne; et tout en s'occupant en secret de faire des vêtements pour son fils, elle se disait : — Je tâcherai cet été d'aller une fois seule à Champrozay... et pendant que Marianne ne sera pas là, j'apprendrai à mon fils à m'appeler sa mère... mais je lui recommanderai bien de ne m'appeler ainsi que quand il sera seul avec moi. Mon fils a beaucoup d'esprit, il est très-obéissant, il fera tout ce que je lui dirai.

Ce temps si désiré par Caroline arrive enfin; la santé du colonel, qui est meilleure dans les beaux jours, permet à la jeune fille de faire de fréquentes excursions vers le village où l'on élève le petit Paul; mais Marianne veut toujours accompagner sa jeune maîtresse; car elle redoute sans cesse quelque imprudence de la part de Caroline, dont l'amour maternel semble augmenter encore chaque jour.

On est au mois de juillet, Marianne se rend à Paris. M. de Melleval l'a chargée de diverses commissions qui doivent l'y retenir deux jours, et à son retour il est convenu qu'elle parlera de l'enfant, qu'elle annoncera être le fils d'une de ses parentes.

Charles Daverny est arrivé depuis quelques jours chez M. de Melleval; et comme il tient assidûment compagnie au colonel, Caroline veut en profiter pour aller embrasser son fils, pour le voir à son aise, sans que Marianne soit derrière elle à lui recommander la prudence. Le temps est magnifique, l'air doux, le ciel pur, Caroline sort après le déjeuner, et, enveloppée d'un châle léger, la tête couverte d'un grand chapeau de paille noué sous le menton par un simple ruban, la fille du colonel prend sa course vers Champrozay. Légère comme la biche, leste comme le chamois, son pied effleure à peine le gazon; il semble qu'elle vole au lieu de marcher; car le plaisir donne des ailes, et Caroline n'avait jamais été aussi heureuse qu'en ce moment.

En moins d'une heure, elle arrive au village chez la nourrice de son fils. Aux caresses que Caroline prodiguait au petit Paul, la paysanne devait depuis longtemps avoir deviné le secret de la naissance de l'enfant; mais elle feignait de ne rien savoir, et on la payait trop bien pour qu'elle ne fût pas discrète et satisfaite d'avoir servi de nourrice à l'enfant.

Caroline trouve son fils jouant avec ses frères de lait, et tout fier de porter depuis quelques jours les vêtements de son sexe, elle prend son fils par la main, et, pour être seule avec lui, sort de chez la nourrice en se dirigeant du côté de la forêt qui n'est pas éloignée du village.

Caroline ne peut se lasser d'admirer son fils, qui lui semble encore plus gentil dans son petit matelot de garçon. Le petit Paul souriait à sa mère, qu'il connaissait déjà si bien et qu'il appelait sa bonne amie. Il lui quittait quelquefois la main pour courir devant elle et cueillir une fleur qu'il revenait lui montrer, ce qui lui valait toujours une nouvelle caresse.

Caroline entre avec son fils dans la forêt. La chaleur du jour faisait rechercher un ombrage épais. Arrivée au bord d'un sentier où le soleil ne pénètre pas, la jeune mère s'asseoit sur le gazon, prend son fils sur ses genoux, et lui dit :

— Ici, nous sommes seuls... le monde ne peut nous entendre... Écoute-moi, cher enfant, si tu m'aimes bien, il faut m'appeler maman... car... je suis ta mère, moi!... Ils ne veulent pas que je le dise... mais je veux que tu le saches... Tu es mon fils!... mon fils, entends-tu?... A présent, dis-moi : Maman! chère maman!...

L'enfant regarde Caroline, et lui sourit en répondant : — Oui, ma bonne amie.

— Mais ce n'est pas cela... c'est maman qu'il faut dire... car cela me rendra bien heureuse d'entendre ce nom sortir de ta bouche!... Mon cher fils... tu es tout ce qui me reste... ton père m'a abandonnée... pour toujours peut-être!... mais, toi, tu me tiendras lieu de tout... Voyons, dis-moi : Maman, je t'aime bien...

Le petit Paul tend sa joue à sa mère en répondant : — Oui, ma bonne amie, je t'aime bien!...

— Mon Dieu!... tu ne m'entends donc pas?... Il ne faut pas dire : Ma bonne amie!... il faut dire : Maman... Voyons, répète avec moi : Maman...

— Ma-man...

— Oh! c'est bien cela!... redis encore...

— Maman...

— Oh! que je suis heureuse!... Dis encore : Maman... je t'aime bien!...

Le petit Paul répète la phrase que sa mère vient de lui apprendre, et celle-ci, transportée de joie, serre son fils contre son cœur et le couvre de baisers. Mais en ce moment une voix se fait entendre dans la forêt; c'est celle de M. de Melleval, qui appelle Charles Daverny. Caroline, en reconnaissant la voix de son père, est demeurée comme frappée par la foudre; bientôt ces mots arrivent à son oreille :

— Venez par ici, Charles, ce sentier nous conduira au village de Champrozay, et nous y rencontrerons peut-être ma fille.

Ces paroles bouleversent Caroline. Si son père va à Champrozay, elle se persuade qu'il verra la nourrice de son enfant, qu'il découvrira que depuis deux ans c'est là qu'elle se rend en secret; enfin elle voit déjà sa faute connue et son père la maudissant. Mais pour éviter ce malheur, si son père la rencontrait maintenant, il n'irait sans doute pas plus loin, et retournerait à Draveil. Ne sachant plus ce qu'elle doit faire, la tête perdue, et frémissant de crainte que son père ne paraisse tout à coup devant elle, Caroline assied son enfant au pied de l'arbre en lui disant :

— Reste là, cher petit... ne bouge pas... je reviendrai bientôt... je trouverai mille prétextes... Tiens, garde ce mouchoir... je reviendrai en disant que je l'ai perdu... Mais si mon père te voyait en ce moment, mon trouble lui apprendrait tout... Je vais l'éloigner... reste là... reste là!...

Caroline dépose un baiser sur le front de l'enfant, et s'élance du côté où elle a entendu venir le colonel.

Le petit garçon reste un moment assis au pied de l'arbre; mais, habitué à jouer, à courir, à gambader, il se lève bientôt pour aller cueillir une fleur qui lui semble jolie, un peu plus loin il en voit une autre qui lui plaît aussi, puis encore une autre dont les couleurs sont plus belles. Il les réunit, il veut faire un bouquet; mais, tout en courant de fleur en fleur, il ne s'aperçoit pas qu'il s'éloigne de l'endroit où l'avait laissé sa mère. Enfin, lorsque, fatigué de courir, l'enfant relève la tête et regarde autour de lui, il voit bien de tous côtés de grands arbres, mais il n'aperçoit plus le tertre de verdure sur lequel on l'avait placé.

Un sentiment de crainte commence à s'emparer de l'enfant; car plus il marche, et plus la forêt devient épaisse et sombre. Il porte de tous côtés ses yeux, dans lesquels brillent déjà des larmes, en s'écriant :

— Maman!... maman! .. je t'aime bien!...

Personne ne répond à la voix du petit Paul; il croit entendre marcher loin de lui, il se remet à courir, mais il s'est trompé, il ne rencontre personne. Las de marcher, il s'assied au pied d'un arbre, et là, le cœur gros, la voix tremblante, balbutie de nouveau :

— Maman... je t'aime bien... viens donc... ma bonne amie!... Tu vois bien que je dis maman!...

Mais le silence le plus profond continuait de régner dans la forêt. L'enfant se remet à marcher au hasard; bientôt la fatigue, puis l'appétit se font sentir, et les sentiers de la forêt deviennent plus sombres, car le jour commençait à baisser. Alors le petit Paul s'assied de nouveau au pied d'un arbre : il pleure, il appelle; mais bientôt la fatigue qu'il éprouve amène le sommeil, et ses yeux se ferment, pendant que sa bouche balbutie encore :

— Maman... je t'aime bien!

CHAPITRE XIII

LE DÉLIRE.

Caroline, en laissant son fils au pied d'un arbre, avait pressé le pas et s'était trouvée bientôt devant son père et Charles Daverny.

Le colonel pousse une exclamation de joie en apercevant sa fille; cependant il s'efforce de prendre un air sévère, parce qu'il veut la gronder d'avoir été seule aussi loin de Draveil.

— Caroline, dit M. de Melleval, il me semble que tu te promènes assez souvent avec Marianne, et que tu pouvais bien aujourd'hui rester avec nous ou nous demander à t'accompagner, puisque tu avais tant envie de courir. Mais non!... mademoiselle part toute seule, sans rien dire!... elle court les champs comme une héroïne de roman... Quand je demande ma fille, on me répond : Elle est sortie!... Alors j'ai dit : Nous allons courir après mademoiselle, et ce sera bien le diable si nous ne la rencontrons pas. Et ce Charles qui prenait ta défense... qui m'engageait à rester, à t'attendre!... Oh! non pas... D'ailleurs, je te le répète, Caroline, une demoiselle bien élevée ne va pas ainsi seule courir les champs... cela n'est pas convenable... et j'espère que cela ne se renouvellera plus... Et aller aussi loin... faire une lieue!... sans quelques paysans qui t'ont vue passer et nous ont dit la route que tu avais suivie, jamais je ne serais venu te chercher jusqu'ici!...

Pendant que son père la gronde, Caroline fait tous ses efforts pour cacher son trouble et dissimuler son impatience. Charles, qui a remarqué l'altération de ses traits, s'empresse de dire au colonel :

— Maintenant que nous avons rencontré mademoiselle votre fille, il me semble inutile de pousser notre promenade plus loin... Qu'en pensez-vous, colonel?

— Vous ne voulez donc pas aller jusqu'à Champrozay?...

— A quoi bon!... Au reste, c'est comme mademoiselle voudra.

— Je retournais chez nous, balbutie Caroline.

— Eh bien, soit, dit M. de Melleval. Après tout, Champrozay n'a rien de merveilleux... c'est un village comme tous les autres... Retournons à Draveil... Charles, donnez le bras à ma fille.

Le colonel s'est remis en marche. Charles s'approche de Caroline et va lui présenter son bras; mais il s'arrête, frappé du trouble, de la pâleur de la jeune fille.

— Qu'avez-vous, mademoiselle? lui dit-il à demi-voix.

— Rien, monsieur... mais... je viens de m'apercevoir que j'ai oublié mon mouchoir ici près... à un endroit où je me suis assise!... Allez toujours... je vous rejoins bientôt...

Charles n'a rien répondu, mais il a fait un signe d'acquiescement, et continue à marcher en se tenant à une certaine distance du colonel, de manière à ce que celui-ci ne puisse voir encore que sa fille ne le suit point.

Caroline retourne en courant vers le lieu où elle a laissé son fils, elle se dit : — Je vais le prendre dans mes bras, le reporter chez sa nourrice, j'aurai rejoint mon père dans un moment, et il ne se doutera de rien.

Mais comment dépeindre l'effroi, l'inquiétude de la jeune mère en ne retrouvant plus le petit Paul à l'endroit où elle l'a laissé? Ses yeux s'arrêtent sur le gazon, ils interrogent les arbres qui l'entourent, et elle se dit : — C'est pourtant bien ici que je l'avais laissé... oh! oui... voilà bien la place où nous étions assis tous deux... Qu'est-il donc devenu?... Paul... Paul!... où es-tu?... réponds-moi!

La voix de l'enfant ne répond pas à celle de sa mère, et Caroline, tremblante, désespérée, marche au hasard, appelle, puis revient sur ses pas en se disant :

— O mon Dieu! vous ne voudriez pas me priver de mon fils.

Tout à coup une pensée se présente à l'esprit de Caroline, c'est que son fils sera sorti de la forêt et aura regagné le village, ou quelque paysan l'y aura ramené. Cet espoir la ranime; et sortant de la forêt par un sentier qui abrége le chemin, elle court, ou plutôt elle vole jusqu'à Champrozay, entre dans la maison de la nourrice et s'écrie :

— Il est ici, n'est-ce pas?... il est revenu?... on l'a ramené?...

— Qui donc, cela, mamzelle? demande la paysanne, frappée du trouble, du désordre de Caroline.

— Mais... le petit Paul... mon fils, car vous savez bien que c'est mon fils, vous! vous avez bien dû deviner que j'étais sa mère!

— Mon Dieu! mam... madame, il n'est pas ici, ce cher enfant; vous savez bien que c'est vous qui l'avez emmené pour vous promener avec lui.

— Pas ici!... O mon Dieu... il s'est donc perdu dans forêt!... Oh! mais je vais le retrouver... il faut bien que je retrouve.

Et sans répondre aux questions que lui adresse la nourrice, Caroline est repartie; elle s'élance vers la forêt, y pénètre, marche au hasard en faisant retentir l'air du nom de son enfant. Chaque instant ajoute à sa terreur, à son désespoir: elle ne sait plus où elle est; souvent elle retourne à une place qu'elle vient de quitter; sa tête se perd, ses yeux n'y voient plus, sa voix s'éteint; elle tombe enfin sur la terre, entièrement privée de sentiment.

Mais Charles avait remarqué le trouble, l'effroi de Caroline, et, après avoir marché quelque temps, il s'était arrêté pour l'attendre, laissant le colonel aller toujours devant. Inquiet de ne point voir revenir mademoiselle de Melleval, Charles se décide à revenir sur ses pas; il l'a vue rentrer dans la forêt, il prend le sentier qu'elle a suivi. Au bout de quelque temps, un objet frappe sa vue... il s'approche... c'est la fille du colonel étendue sans connaissance au pied d'un arbre.

Charles se met à genoux devant Caroline; il la prend dans ses bras, cherche à la ranimer : elle reste dans le même état. C'est en vain qu'il crie et appelle du monde, personne ne vient, et la jeune fille est mourante; alors saisissant dans ses bras celle qui ne l'entend plus, Charles se relève avec vigueur, et emporte hors de la forêt son précieux fardeau.

Une charrette de paysan passait sur la route.

— Tout l'argent que vous voudrez! s'écrie Daverny en s'adressant à un jeune garçon couché dans la charrette; mais, par grâce, aidez-moi à transporter cette jeune demoiselle dans votre voiture, et ramenez-nous à Draveil..

Le paysan a consenti. Il dispose quelques sacs, quelques bottes de paille pour y placer la demoiselle, et bientôt Caroline est étendue dans la charrette; et Daverny, assis près d'elle, soutient sa tête, et consulte à chaque instant les battements de son cœur.

On arrive à Draveil au moment où le colonel allait entrer chez lui; il demeure frappé d'effroi en voyant sa fille qui est toujours privée de sentiment, et que Charles Daverny porte dans ses bras.

— Qu'est-il donc arrivé à ma pauvre Caroline? s'écrie M. de Melleval en cherchant à réchauffer dans les siennes la main glacée de sa fille.

— Je ne sais, colonel... mademoiselle votre fille m'avait quitté de nouveau... elle avait, me dit-elle, perdu un mouchoir à l'entrée de la forêt... Je l'attends assez longtemps; enfin, ne sachant à quoi attribuer sa longue absence, je retourne dans la forêt pour la chercher... et voilà comme je l'ai trouvée... étendue au pied d'un arbre... privée de sentiment.

— Daverny, courez chercher un médecin... on vous indiquera le plus près du village, le meilleur... pendant ce temps je vais donner tous mes soins à ma fille. Et Marianne qui n'est pas ici!... Mais, allez, courez, mon ami!

Daverny ne s'est point fait répéter ces paroles; il est déjà loin, lorsque le colonel, qui vient de faire placer Caroline sur son lit, cherche, en lui faisant respirer des sels, à la rappeler à la vie.

Pendant longtemps les efforts du colonel sont superflus; mais enfin Caroline reprend le sentiment de l'existence, un long gémissement s'échappe de sa poitrine, et d'une voix forte et brève elle fait entendre ces mots :

— Perdu!... perdu!... ce cher enfant! oh! non... vous me le rendrez, vous qui me l'avez pris... car on l'a pris... on me l'a enlevé!...

— Pauvre fille! se dit le colonel, elle a le délire, elle parle d'un enfant perdu. Mais qui peut donc l'avoir réduite en cet état? est-ce une frayeur?... est-ce à la suite de quelque accident?

Charles revient avec un médecin; celui-ci examine la jeune fille, déclare qu'elle est en proie à une fièvre cérébrale très-violente, recommande de ne point la laisser seule un instant, écrit des ordonnances, et ne s'éloigne qu'en promettant de revenir dans la soirée.

— Monsieur de Melleval, s'écrie Daverny lorsque le médecin

est éloigné, il faut que quelqu'un passe toute cette nuit près de votre fille, permettez que je me charge de ce soin... la bonne Marianne est absente, votre santé est trop faible pour que vous supportiez cette fatigue... Laissez-moi veiller près de votre Caroline, et soyez sans inquiétude; sa santé m'est aussi précieuse qu'à vous-même.

Le colonel presse la main du jeune homme, en lui disant :

— Oui, je sais que je puis me fier à vous... mais si ma fille est en danger, je ne veux pas la quitter.

— Non... le médecin connaît sa maladie... il a promis de la sauver.

— Eh bien! il doit revenir ce soir... attendons ce qu'il dira.

Le médecin revient en effet; il ne voit aucun changement inquiétant dans l'état de Caroline, et répète : — C'est une fièvre cérébrale, c'est fort mauvais... mais s'il ne survient pas d'accident, on en guérit.

— Ma fille se portait bien ce matin, dit le colonel, car elle a voulu sortir, faire une promenade dans la campagne... quand nous l'avons rencontrée, elle ne se plaignait pas... puis mon jeune ami l'a quittée un moment et l'a retrouvée sans connaissance étendue sur la terre... Docteur, ce n'est pas ainsi, ce me semble, que se déclare une maladie.

— Non, sans doute... il est probable que cet évanouissement est la suite d'une grande frayeur ou d'une crise nerveuse... mais la malade n'est point en état de nous le dire maintenant. Guérissons-la d'abord... et nous saurons ensuite ce qui a pu amener chez mademoiselle votre fille une émotion qu'elle n'était pas en état de supporter.

Le médecin s'éloigne, et M. de Melleval reste fort tard avec Charles dans la chambre de sa fille. Caroline était retombée dans un profond accablement, aucune parole ne sortait de sa bouche, et le colonel pensait que son délire était déjà calmé.

Vers une heure du matin, Charles fait consentir M. de Melleval à aller prendre du repos; le colonel va encore regarder sa fille, il pose légèrement ses lèvres sur le front couvert de sueur de la jeune malade, puis il s'éloigne en marchant avec précaution, afin de ne point faire de bruit. Au moment où il est contre la porte, Caroline fait entendre ces paroles :

— Mon fils!... mon fils!... où est-il?... rendez-le-moi... Perdu... perdu dans la forêt!... ah! malheureuse!

Le colonel s'arrête et se tourne vers Charles, qui est alors tout près du lit de la malade.

— Ma fille n'a-t-elle point parlé? demande M. de Melleval.

— Oui... quelques mots... sans suite, répond Charles tout troublé; mais c'est fini... elle est plus calme... elle ne dit plus rien... l'accès est passé!...

— En écoutant bien ce qu'elle dit dans son délire, nous pourrions peut-être deviner ce qui lui a causé une si grande frayeur, répond le colonel en revenant vers Charles; que vient-elle de dire maintenant?

— Je n'ai pas bien entendu, monsieur... elle se plaignait... elle parlait de la forêt...

— De la forêt!... C'est singulier!... ce matin elle s'écriait qu'on avait perdu un enfant!...

— Dans la fièvre, tant d'idées se croisent dans notre esprit malade!... Mais vous voyez qu'elle est devenue calme; de grâce, colonel, allez prendre un peu de repos.

— J'y consens; mais je vous en prie, Charles, quand ma fille parlera, écoutez bien, tâchez de retenir quelques phrases, quelques mots... cela pourra, je l'espère, nous faire découvrir la cause de l'état affreux dans lequel vous l'avez trouvée.

— Oui, colonel... j'écouterai... avec attention... je vous le promets... Mais la nuit s'avance... et vous devez être si fatigué!... tant d'émotions, de peines... il ne faut pas vous rendre malade aussi.

Vaincu par les instances du jeune homme, M. de Melleval cède enfin; il quitte l'appartement de Caroline, et Charles, qui semble plus tranquille depuis que le colonel n'est plus là, revient s'asseoir contre le lit de la malade. Pendant toute la nuit, il reste à cette même place, les yeux constamment fixés sur Caroline, et n'éprouve pas un seul moment le besoin du sommeil.

Le jour a retrouvé Charles veillant sur la jeune malade; M. de Melleval ne tarde pas à venir savoir comment est sa fille.

— Toujours à peu près dans le même état, répond Charles tristement; cependant elle est plus calme depuis que le jour est venu.

— Cette nuit, a-t-elle eu de fréquents accès de délire?

— Oui, monsieur.

— A-t-elle beaucoup parlé?... avez-vous compris ce qui la préoccupe le plus?...

— Elle a parlé... mais... toujours des mots sans suite... passant brusquement d'une idée à une autre... Il serait bien difficile d'asseoir aucune conjecture sur les paroles qui lui échappent alors.

— Pauvre enfant! quel événement a donc pu causer son évanouissement?

Marianne revient de Paris dans la matinée; en trouvant Caroline au lit, en s'apercevant que celle qu'elle a élevée ne la reconnait plus, la pauvre fille pleure, se désole, et demande ce qui est arrivé à sa chère enfant. Le colonel lui raconte les événements de la veille, la promenade de Caroline, l'endroit où il l'a rencontrée, sa seconde absence, puis l'état dans lequel Charles l'a retrouvée dans la forêt de Sénart.

En écoutant M. de Melleval, Marianne rougit et pâlit tour à tour, car la bonne fille ne doute point qu'il ne soit arrivé quelque événement au petit Paul, et que ce ne soit là ce qui a causé l'évanouissement de sa jeune maitresse. Après avoir tendrement embrassé la malade, Marianne la recommande de nouveau à son père, à Charles, et sort en disant qu'on lui a parlé d'un fameux médecin qui habite les environs, et qu'elle veut tâcher de le trouver.

Mais c'est à Champrozay que Marianne porte ses pas; elle court chez la nourrice, demande le petit Paul... La paysanne lui apprend en pleurant ce qui s'est passé la veille, et lui dit qu'elle n'a pas revu l'enfant, que la jeune demoiselle avait emmené d'abord, et qu'elle est ensuite venue demander. Marianne pleure, se désespère, engage la nourrice à faire des recherches dans les environs, lui promet une forte récompense si elle parvient à retrouver l'enfant que, peut-être, on a enlevé de force à Caroline; puis elle retourne à Draveil, versant des larmes tout le long de la route et se disant :

— Ma pauvre maitresse!... si on lui a pris son fils, je ne m'étonne plus qu'elle soit tombée dans cet affreux délire... Mais qui donc a pu lui prendre son enfant?

Marianne revient s'établir près du lit de Caroline, en disant qu'elle ne s'en éloignera plus avant que sa jeune maitresse soit rendue à la santé.

— Et le médecin dont on vous avait parlé? dit le colonel.

— On ne sait plus où il est, monsieur; mais fiez-vous à moi pour veiller sur votre fille... je ne la quitterai plus d'une minute... et j'aurai si soin d'elle, qu'il faudra bien qu'elle nous soit rendue.

— Oui, dit le colonel en pressant la main de Marianne, je sais combien ma fille vous est chère... Ah! si notre amour pouvait la sauver, elle serait bientôt guérie, car nous l'aimons tous ici!... et cette nuit Charles a voulu absolument lui servir de garde... Espérons que nos soins, que notre amour sauront la conserver... Quant à moi, je sens que je ne pourrais supporter la perte de ma fille... je ne puis même m'arrêter à l'idée que cet événement pourrait arriver.

Daverny s'efforce de rassurer, de calmer M. de Melleval; le médecin revient voir Caroline, qui est toujours plongée dans le profond anéantissement dont elle ne sort que pour avoir des accès de délire. Le docteur secoue tristement la tête en murmurant : Il faut qu'il y ait eu une crise bien forte pour avoir amené un pareil résultat.

Marianne ne quitte pas un instant le chevet de la jeune malade. Au milieu de la nuit, lorsqu'elle est seule près d'elle, tout à coup Caroline se lève à demi sur son lit, regarde autour d'elle, puis fixe longtemps Marianne; celle-ci espère que sa jeune maîtresse va la reconnaître; elle lui parle, l'embrasse, presse sa main dans les siennes; mais Caroline ne répond rien à ces marques de tendresse, et tout à coup elle s'écrie :

— Vous ne savez pas?... j'avais un fils, moi... un fils d'Arthur que j'élevais en secret... à Champrozay... car mon père m'aurait maudite peut-être s'il l'avait su... Eh bien! je l'ai perdu... perdu... dans la forêt, je l'ai appelé... j'ai couru... il ne m'a pas répondu... Ah!... que dira Marianne... quand elle saura que je n'ai plus mon fils!... Allons le chercher... retournons dans la forêt...

Et la jeune fille fait un effort pour se lever; mais Marianne la prend dans ses bras, la retient et parvient à la calmer. Bientôt Caroline se laisse retomber sur son lit, et un profond accablement succède à son délire.

— Pauvre petite! se dit Marianne, elle a perdu son fils... perdu... dans la forêt... Ah! pourquoi faut-il que je l'aie quittée un seul jour!... cet événement ne serait pas arrivé. Pauvre enfant! que sera-t-il devenu?... l'a-t-on rencontré, recueilli, sauvé?... Mon Dieu! qui nous dira cela?

Bientôt d'autres réflexions se présentent à l'esprit de Marianne, et elle frémit en pensant que, dans son délire, Caroline fait connaître le secret qu'elles cachaient avec tant de soin.

— L'autre nuit, se dit Marianne, c'est M. Daverny qui a veillé près d'elle... Ah! grand Dieu! si elle en avait dit autant!... Que doit penser ce jeune homme?... Et M. de Melleval... s'il entendait sa fille parler de son enfant, tout serait perdu... pauvre Caroline!... O mon Dieu! faites au moins que ses accès de délire ne lui prennent que la nuit... quand je serai seule avec elle... et lorsque ses paroles ne pourront pas faire rougir son père!

Et Marianne se jette à deux genoux près du lit, et passe toute la nuit à implorer le ciel pour qu'il sauve la jeune malade.

CHAPITRE XIV

UN MARIAGE.

Quinze jours se sont écoulés, et Caroline n'a point encore retrouvé sa raison; et aux accès de son délire succède un abattement, une atonie complète. Cependant ce n'est guère que la nuit, lorsque Marianne seule veille près d'elle, que la fille du colonel, laisse échapper des paroles qui pourraient trahir son secret; la fidèle servante remercie le ciel qui semble avoir entendu ses prières. Lorsque M. de Melleval et Charles sont présents, si l'agitation de la malade fait pressentir quelque accès de délire, alors, soit hasard, soit pour lui épargner la vue des souffrances de Caroline, le fils du major trouve toujours moyen d'emmener M. de Melleval.

Une nuit enfin, après une journée passée dans un accablement complet, Caroline ouvre les yeux; elle semble se réveiller, sortir d'un songe... elle reconnait Marianne, l'appelle, lui demande ce qui s'est passé.

La bonne fille court embrasser sa jeune maîtresse; elle verse des larmes de joie en s'écriant:

— Vous me reconnaissez donc enfin!... Ah! vous êtes sauvée maintenant!

Pendant que Marianne parle, la mémoire revient à Caroline, qui porte sa main à son front en murmurant :

— Mais ce n'est donc point un songe!... un événement affreux m'est arrivé... mon fils... j'ai perdu mon fils...

Marianne sent bien qu'en ce moment tout ménagement serait inutile, et d'ailleurs il vaut mieux frapper douloureusement le cœur de Caroline que de la laisser retomber dans les accès de son délire; et puis Marianne est là maintenant pour pleurer avec la jeune mère, pour entendre le récit de son malheur, pour lui donner quelque espérance; c'est pourquoi la fidèle domestique ne cherche pas à tromper sa maîtresse; elle presse ses mains dans les siennes en lui disant :

— Vous êtes maintenant en état de m'apprendre comment ce malheur est arrivé. Dites-moi tout, et je ne doute pas que le ciel ne nous fasse retrouver ce cher enfant.

Avant de pouvoir parler, Caroline verse d'abondantes larmes; mais ces larmes soulagent son cœur oppressé, et elles annoncent qu'avec le sentiment de ses peines la raison lui est entièrement revenue. Elle fait à Marianne un récit exact de ce qui lui est arrivé, et, lorsqu'elle l'a terminé, la bonne fille s'écrie :

— Votre enfant aura été pris, emmené par quelqu'un; il est impossible que cela ne soit pas ainsi; s'il était resté dans la forêt, on l'aurait retrouvé, car cette forêt est fréquentée!... tant de monde y passe!... Et puis, si vous saviez comme je l'ai fait parcourir, visiter par des paysans!... On a emmené le petit Paul... il était si gentil!... quelqu'un l'aura trouvé... ce pauvre enfant ne pouvait pas encore bien expliquer où il demeurait, et on aura cru peut-être faire une bonne œuvre en s'en chargeant. Ne craignez donc rien pour sa vie... on ne peut pas être assez barbare pour faire du mal à un si petit enfant... Il n'y a pas de loups dans cette forêt; ainsi il ne lui sera arrivé aucun accident. Quant à le retrouver, ah dame! ce sera peut-être bien difficile; mais ce n'est pas en vous désolant, en vous faisant mourir de chagrin, que vous y parviendrez. Ayez donc du courage... tâchez de supporter ce malheur... conservez-vous pour votre pauvre père... Ah! si vous saviez combien il a eu de chagrin! Mais vous verrez comme il est changé depuis votre maladie... et si vous mourriez, oh! je suis bien sûre qu'il ne vous survivrait pas.

Les paroles simples, mais vraies, de Marianne arrivent jusqu'au cœur de Caroline; elle tend la main à sa bonne en lui disant :

— J'aurai du courage, Marianne; je saurai supporter mes souffrances... D'ailleurs, quelque chose au fond de mon âme me dit qu'un jour je reverrai, je retrouverai mon fils!... Mais, va, cours dire à mon père que la raison m'est revenue, et que je désire l'embrasser.

Marianne entend à peine les dernières paroles de Caroline; elle se rend près du colonel, et elle lui crie de loin :

— Venez, monsieur, notre chère enfant est sauvée!... venez, oh! elle vous reconnaîtra, maintenant!... car elle m'a reconnue, moi!

Le colonel ose à peine croire à cette nouvelle; cependant il se lève, se hâte de suivre Marianne, et bientôt il est dans les bras de sa fille; il mêle ses larmes aux siennes, il entend sa voix chérie lui donner les noms les plus doux; enfin il a retrouvé son enfant.

Lorsque, après quelques moments donnés aux doux élans de sa tendresse, M. de Melleval peut jeter les yeux autour de lui, il aperçoit dans un coin de la chambre Charles, qui semble craindre de bouger, de peur de voir s'évanouir le tableau touchant qu'il a devant les yeux.

— Approchez, approchez, mon ami, s'écrie le colonel en tendant la main à Daverny. Ma fille nous est rendue!... vous devez partager notre joie comme vous avez partagé notre peine. Vous n'êtes plus un étranger pour nous! Ma Caroline, Charles a veillé près de toi, pendant l'absence de Marianne... il ne savait que faire, qu'imaginer pour calmer ton délire... Ah! c'est un ami véritable que nous avons là... et ils sont rares ceux dont le dévouement redouble dans les jours de notre affliction.

Charles s'approche d'un air embarrassé, il balbutie quelques mots sans oser lever les yeux sur Caroline; de son côté, celle-ci se contente de lui tendre la main; il la prend, la porte à ses lèvres; mais sa bouche l'effleure à peine, car il lui a semblé que déjà Caroline faisait un mouvement pour la retirer.

— Maintenant, dit M. de Melleval à sa fille, ne peux-tu pas nous apprendre ce qui t'est arrivé dans la forêt?... Charles t'a retrouvée évanouie... Quelle cause avait amené cet événement?

Caroline pâlit, et ses yeux s'emplissent de larmes. Charles se hâte de s'écrier :

— Colonel, en ce moment vos questions semblent fatiguer mademoiselle; il ne serait peut-être pas prudent de lui rappeler ce qui aurait pu l'affecter alors, attendons pour cela qu'elle soit entièrement rétablie.

— Vous avez raison, mon ami, répond M. de Melleval, vous êtes plus raisonnable que moi; ma fille est sauvée, voilà l'essentiel! Maintenant ne nous occupons plus qu'à hâter sa convalescence.

A dater de ce jour, la fièvre a quitté Caroline, et elle peut bientôt se lever et se promener dans le jardin en s'appuyant sur le bras de son père. Mais le retour de ses forces n'a pas ramené le sourire sur ses lèvres; son front est toujours pâle et soucieux, son regard tristement fixé vers la terre, et souvent elle détourne la tête pour cacher les larmes qui coulent de ses yeux. M. de Melleval a de nouveau demandé à sa fille ce qui, dans la forêt, a pu causer son évanouissement; mais Caroline se borne à répondre qu'elle ne se souvient de rien, et ne sait plus comment cet accident lui est arrivé.

Marianne fait de fréquents voyages à Champrozay; elle parcourt tous les environs du village, questionne les habitants, les gardes, les bûcherons pour tâcher de découvrir les traces de l'enfant que l'on a perdu. Mais elle revient toujours à Draveil sans avoir rien appris, et lorsqu'elle revoit Marianne, Caroline n'a pas besoin de la questionner, ses yeux lui disent assez que ses démarches ont encore été sans succès.

Le temps s'écoule. Caroline est retournée à Champrozay; elle a visité la forêt, elle a versé des larmes à la place où elle avait quitté son fils; mais elle n'a rien appris, rien pu découvrir sur le sort de son enfant; aussi est-elle toujours triste et rêveuse. Mais en présence de son père elle tâche de sourire; car M. de Melleval, déjà souffrant avant la maladie de sa fille, a éprouvé alors une commotion dont il ne peut se remettre; quelques mois l'ont vieilli de plusieurs années, et Caroline s'effraye du changement qu'elle remarque dans les traits de son père.

L'hiver était revenu, mais Charles ne quittait presque plus la campagne du colonel. Lorsqu'il parlait de retourner à Paris, M. de Melleval le grondait. Un jour, que Daverny semblait encore vouloir partir, le colonel lui prend la main, en lui disant d'une voix émue :

— Vous voulez me quitter !... et je n'ai que vous pour ami... pour consolation... et vous savez bien que c'est en vous que j'ai placé mes plus chères espérances.

— Elles ne se réaliseront jamais, répond Charles en poussant un profond soupir.

— Et pourquoi aussi vous obstinez-vous à ne point déclarer votre amour à ma fille?

— Parce que je vois que je n'ai pas le bonheur de lui plaire... et que je serais désolé de lui causer le moindre chagrin; c'est pourquoi je vous supplie aussi de ne jamais employer votre autorité pour décider mademoiselle votre fille à m'accorder sa main.

— Je ne comprends rien a cet entêtement, dit le colonel. Ainsi voilà une union qui aurait comblé tous mes vœux, et qui ne se fera point, parce que monsieur ne veut pas dire à ma fille qu'il l'aime et serait heureux d'être son époux... parce que monsieur se figure que ma fille ne peut pas le souffrir.... Et sur quoi fondez-vous cela? vous seriez, je crois, fort embarrassé de me le dire... Mais ce qu'il y a de certain, c'est que vous avez une singulière manière de faire votre cour... Il faudrait peut-être que ce fût ma fille qui vous dit qu'elle a envie d'être votre femme.

Charles se tait. Le colonel s'éloigne avec humeur; toute la journée il est triste, morose. Le soir, Caroline, se trouvant seule avec son père, s'approche de lui, et va lui prendre la main, en lui disant :

— Est-ce que vous êtes plus souffrant aujourd'hui, mon père?

— Oui, répond M. de Melleval; mais que vous importe ma santé?... que vous importe que votre père éprouve ce bien-être... ce contentement qui ranime nos forces?... Je sens bien que je n'irai pas loin... Les fatigues de la guerre m'ont usé de bonne heure... mais ce qui m'afflige, c'est que ma fille me laissera quitter ce monde triste et mécontent.

— Ah! mon père, pouvez-vous me parler ainsi! s'écrie Caroline en se jetant dans les bras du colonel. Moi, qui vous aime tant!... moi qui donnerais ma vie pour prolonger la vôtre!...

— Ma chère amie, les discours... les belles phrases prouvent fort peu de chose!... C'est par les actions que l'on fait voir son affection, sa tendresse... Mon bonheur serait de vous voir l'épouse de Charles Daverny... car ce jeune homme est digne de vous... j'en suis certain... D'ailleurs, vous avez bientôt vingt et un ans, et vous devriez être mariée depuis longtemps... la sotte envie de rester toujours fille?... Fi donc! les vieilles filles sont des conscrits réfractaires, qui à vingt ans ne répondent pas à l'appel, et conservent ensuite toute leur vie une fausse position dans la société. S'il me faut mourir sans vous laisser sous la garde d'un époux... j'emporterai dans la tombe un sentiment douloureux... et il me semble que je ne pourrai pas y reposer en paix!...

— Mon père! mon père!... s'écrie Caroline en tombant aux genoux du colonel, je ne veux pas que vous soyez malheureux... il vaut bien mieux que ce soit moi seule... qui souffre. Je ne veux pas que vous mouriez, que vous doutiez de ma tendresse pour vous. . Eh bien... j'épouserai M. Daverny...

Épuisée par l'effort qu'elle vient de faire, Caroline a laissé retomber sa tête sur sa poitrine. Mais le colonel est si heureux de ce qu'il vient d'entendre, qu'il prend sa fille dans ses bras, la presse, la remercie; puis, comme s'il eût craint qu'elle ne voulût se dédire, il la quitte vivement en lui disant : Je vais trouver Charles... lui apprendre son bonheur!... Enfin, nous allons être tous heureux!

Caroline reste longtemps étourdie elle-même par la résolution qu'elle vient de prendre; l'arrivée de Marianne peut seule la tirer de sa stupeur.

Elle court à sa bonne en lui disant : — Tu ne sais pas ce que je viens de faire?... ah! c'est bien mal, peut-être... j'ai promis d'épouser M. Daverny... moi... qui suis mère... moi qui en aime un autre?... Mais mon père m'accusait de ne plus l'aimer... il est souffrant... j'ai vu des larmes dans ses yeux... il disait que mon refus abrégerait sa vie... Ah! Marianne! pouvais-je encore résister à mon père?

— Non, mademoiselle, non, vous ne le deviez pas, répond Marianne. D'ailleurs, il me semble que le ciel veuille ce mariage : votre amant vous a indignement abandonnée, et vous avez perdu votre fils!... Épousez M. Daverny... vous ne le tromperez pas, car il voit bien que vous n'avez pas d'amour pour lui... Je n'ose vous dire que vous serez heureuse, mais vous aurez satisfait votre père... et peut-être prolongé ses jours. Cette pensée vous dédommagera de vos ennuis. Enfin... si, plus tard, le destin vous fait retrouver votre enfant, sans vous nommer sa mère, rien ne vous empêchera d'en avoir toujours la tendresse, et de veiller constamment sur lui.

Le lendemain de cette journée, Caroline était seule dans le salon, lorsque Charles, qu'elle n'avait point aperçu depuis la veille, y entre tout à coup et s'approche d'elle.

Caroline se sent frémir, un tremblement dont elle n'est pas maîtresse s'empare de toute sa personne en se trouvant près de celui qu'elle consenti à épouser; elle n'ose lever les yeux, et reste immobile sur sa chaise. Charles semble presque aussi embarrassé que Caroline, près de laquelle il est resté debout; cependant, faisant un effort sur lui-même, il se décide à lui parler.

— Mademoiselle... M. votre père m'appris... m'a fait espérer un bonheur dont je n'osais pas me flatter... c'est que vous consentez à m'accorder votre main.

— Oui, monsieur, répond Caroline, mais d'une voix si faible que l'on peut à peine l'entendre, Charles la regarde alors, comme il n'avait pas osé le faire encore, puis il s'écrie :

— Être votre mari... m'occuper sans cesse de satisfaire vos moindres désirs, sera pour moi un sort bien doux !... Mais, cependant, mademoiselle... si ce mariage était pour vous... un trop grand sacrifice... je ne voudrais pas... oh ! je n'accepterais pas mon bonheur aux dépens du vôtre !

— Monsieur... j'ai promis à mon père... mais je dois vous avouer... mon cœur n'est plus à moi... je vous tromperais en vous promettant de l'amour...

— Je me contenterai de votre amitié, mademoiselle, et peut-être que, plus tard, mes soins... ma tendresse, obtiendront un sentiment plus doux.

Caroline va répondre à Charles, et, emportée par sa franchise, elle va lui en dire plus qu'il ne désire en entendre; mais en ce moment le colonel entre dans le salon, sa vue arrête les paroles prêtes à s'échapper de la bouche de sa fille. Elle se résigne à être coupable pour ne point faire rougir le front de son père.

M. de Melleval veut hâter le moment où il doit donner un époux à sa fille; il semble qu'il ait recouvré ses forces, sa vivacité. Il envoie Charles à Paris, pour se procurer les papiers nécessaires à son mariage; il le charge de toutes les emplettes, de tous les cadeaux de noce, et il l'engage à se presser. Pendant l'absence de son gendre, le colonel ne quitte pas sa fille un instant, chaque jour il lui répète que son union avec Charles fera son bonheur; et Caroline, en voyant la joie de son père, ne se sent pas le courage de le détromper, et lui cache les larmes qu'elle répand depuis qu'elle s'est engagée à devenir la femme de Daverny.

Charles, qui partage l'impatience du colonel, ne tarde pas à être de retour à Draveil. Bientôt le jour est pris, le moment est venu, et Caroline croit avoir encore du temps devant elle, lorsqu'un jour son père l'embrasse en lui disant :

— Demain, tu seras madame Daverny.

— Demain! murmure Caroline; et elle pâlit, chancelle, et se sent sur le point de perdre connaissance; mais le colonel avait les yeux fixés sur sa fille, son regard semblait chercher à lire dans le fond de son âme, et il y avait dans ce regard quelque chose de sévère, d'imposant, qui fit trembler Caroline; elle baisse les yeux, et répond à son père :

— Demain... je vous obéirai.

Marianne était toujours là pour consoler et ranimer sa jeune maîtresse. — Devenir l'épouse d'un autre! murmurait Caroline, ah! ce n'est pas là ce que j'avais promis à Arthur.

— Et lui, mademoiselle, a-t-il tenu ses promesses, ses serments? s'écrie Marianne; il vous a oubliée, abandonnée.

— Mais, ma bonne, nous ignorons ce qui lui est arrivé... c'est peut-être malgré lui qu'il ne revient pas!... il a peut-être éprouvé bien des malheurs aussi!

— Oh! quant à cela, mademoiselle, que ça ne vous empêche pas de vous marier... M. Arthur ne vous aimait plus... j'en suis sûre, moi, et si je ne vous l'ai pas dit plus tôt, c'était afin de ne point vous chagriner.

— Oh! tu me trompes, Marianne, tu me trompes! Si tu me dis cela maintenant, c'est pour que j'aie moins de regrets en devenant l'épouse d'un autre.

C'est en vain que la fidèle servante veut prouver à Caroline que son séducteur ne mérite pas qu'elle pense encore à lui; la fille du colonel ne veut pas croire ce qu'on lui dit d'Arthur; mais elle est résignée à obéir à son père; et le lendemain, parée d'un bouquet blanc, que dans le fond de son cœur elle rougit de porter, elle marche en tremblant à l'autel, et y donne sa main à Charles Daverny.

Peu de monde était invité à cette cérémonie. M. Dugrandet et sa femme, puis quelques honorables voisins furent seuls priés d'assister à cet hymen; mais tous les habitants du village en furent témoins.

— La mariée est ben pâle et a les yeux ben rouges, disaient les paysannes.

— C'est que ça lui fait de l'effet de se marier, répondaient les garçons.

— Ah! dame, voyez-vous, les demoiselles de la ville, c'est pas comme vous autres, qui prenez un mari comme si on vous donnait une assiette de soupe.

— Oh! oh! oh! sont-ils bêtes! Tiens, il y a des hommes qui ne valent pas un bouillon, au fait!...

Et pendant que les paysans causent sur les mariés, ceux-ci regagnent leur demeure, Charles portant souvent sur Caroline des regards brûlants d'amour, celle-ci baissant les yeux pour ne point rencontrer ceux de l'homme auquel elle vient de lier son sort.

M. de Melleval était au comble de la joie; il revenait à chaque instant près de sa fille, et appuyait sa bouche sur le front soucieux de la jeune femme en s'écriant :

— Te voilà donc mariée enfin!.. te voilà madame Daverny!... Ah! je savais bien que tu épouserais le fils du major!

Caroline souriait tristement à son père, et tâchait d'étouffer un soupir qui sortait de son sein. Mais Daverny, qui ne pouvait se lasser de contempler sa femme, remarquait le soupir, devinait la douleur cachée dans ce sourire; alors un nuage venait obscurcir son front, et il devenait lui-même aussi triste que la nouvelle épouse.

Ce mariage ne ressembla donc pas à la plupart de ceux que l'on célèbre; ordinairement cela commence fort gaiement, sauf à ne pas finir de même : celui de Caroline devait-il être en tout le contraire des autres?

CHAPITRE XV

A PARIS.

Six mois se sont écoulés depuis que Caroline est devenue madame Daverny, et les deux époux sont encore l'un près de l'autre aussi froids, aussi silencieux que le premier jour de leur mariage.

Cependant Charles a fait quelques efforts pour vaincre l'indifférence de sa femme, pour triompher de sa froideur à son égard; mais, s'apercevant que tous ses soins sont inutiles et semblent obséder Caroline au lieu de lui être agréables, le gendre du colonel cesse de parler à sa femme de sa tendresse, et, se bornant à tous les égards que l'on se doit entre gens bien élevés, il paraît résigné à son sort, et ne plus vouloir essayer de le changer.

Le colonel croit sa fille heureuse : n'ayant jamais fait l'amour que militairement, il ne pensait pas qu'entre époux il fût nécessaire d'être amoureux. Il voyait Daverny attentif près de sa femme, celle-ci soumise aux moindres désirs de son mari, et il se disait : C'est un excellent ménage! ils se convenaient, j'ai bien fait de les unir. Ils sont tous les deux un peu posés, sérieux, et ils ne parlent guère, mais dans le fond je suis certain qu'ils s'aiment beaucoup.

Le colonel jugeait mal les deux époux; un observateur aurait deviné d'autres sentiments dans les regards que Daverny attachait souvent sur sa femme, et qu'il détournait ensuite avec douleur lorsqu'il voyait un soupir s'échapper du sein de Caroline, dans les mouvements brusques, rapides comme la pensée, qui portaient Daverny à courir vers Caroline, puis tout à coup le faisaient s'arrêter tristement et revenir sur ses pas, tandis que la jeune femme avait frémi du mouvement de son époux, comme redoutant qu'il ne lui prît envie de lui faire une caresse.

Heureux les gens qui ne jugent que sur ce qu'on fait semblant d'éprouver, qui croient tout ce qu'on leur dit, qui s'en rapportent aux apparences enfin! Pour ceux-là, point de souci, d'inquiétude, de chagrin. Vous me direz qu'ils sont presque toujours trompés; eh! qu'importe? soyez certains que dans ce monde les gens les plus heureux sont ceux qui se laissent le mieux tromper.

Le mariage de sa fille avait, pendant quelque temps, ranimé la santé chancelante de M. de Melleval, mais ce bien-être ne fut que le réveil d'une lampe qui brille encore un moment avant de s'éteindre tout à fait. Le colonel s'affaiblissait de jour en jour davantage; les tendres soins de sa fille, les attentions de son gendre, ne pouvaient plus prolonger l'existence de celui qui avait fait son temps sur la terre; mais du moins ils en embellissaient la fin; et souvent M. de Melleval, réunissant dans les siennes la main de Caroline avec celle de Charles, leur disait :

— Mes enfants, ne vous chagrinez pas; je sens que je dois bientôt vous quitter, mais je partirai heureux, tranquille, car je vois que vous faites un bon ménage... que vous êtes constamment d'accord... et je suis certain que vous vous aimerez toujours!...

Caroline pressait la main de son père en balbutiant :

— Oui... je serai bien heureuse... si vous recouvrez la santé...

Charles ajoutait quelques paroles affectueuses à celles de sa femme, et le colonel, trompé par les discours de ses enfants, se félicitait d'avoir formé leur union. De la part de Caroline et de son mari, c'eût été une grande faute de le détromper.

Malgré les prières que Caroline adressait chaque jour au ciel pour qu'il lui conservât son père, le colonel s'éteignit bientôt dans les bras de sa fille, dont il serait impossible de dépeindre la douleur. Quoique depuis longtemps il fût facile de prévoir ce triste événement, Caroline n'avait pas voulu se faire à cette idée; elle l'avait sans cesse repoussée en y substituant l'espérance que son père guérirait. Il nous semble toujours que ceux que nous aimons ne doivent point mourir.

Charles voulut en vain essayer, par ses soins, sa tendresse, d'alléger la douleur de sa femme. Depuis la mort du colonel, il semblait, au contraire, que Caroline éprouvât encore plus d'éloignement pour son mari; elle évitait le plus qu'il lui était possible toutes les occasions de rester seule avec lui. Ce n'était que près de Marianne que madame Daverny aimait à épancher son cœur, à parler de ses chagrins et à déplorer son sort.

— Je me suis mariée dans l'espoir de prolonger l'existence de mon père, disait Caroline à sa confidente; une année ne s'est pas écoulée depuis cet hymen, et mon père meurt!... et je suis liée pour la vie à un homme que je n'aimerai jamais... car l'image d'un autre est toujours gravée au fond de mon cœur!... Ah! ma bonne! je suis bien malheureuse!

— Oui, sans doute, répondait Marianne, c'est fort triste de se trouver unie à quelqu'un... qui nous déplaît... Au fait, M. Daverny n'est pas aimable, n'est-ce pas?

— Mon Dieu! je n'en sais rien, je ne cause jamais avec lui; quand il va pour me parler, je trouve toujours un prétexte pour m'éloigner...

— Il a l'air sévère... rien d'agréable dans ses traits!

— Je t'avoue que je serais fort embarrassée pour dépeindre sa figure... je n'ai jamais fixé mes regards sur lui... Dès qu'il me regarde, je baisse les yeux... Mais ce que je sais, c'est qu'il ne ressemble pas à Arthur!

— J'ai bien peur qu'il ne devienne despote, méchant... Mais, ma chère maîtresse, il ne faudrait pas souffrir cela!... il faut avoir votre volonté aussi...

— Ah! Marianne, que m'importe maintenant ce que l'on fera de moi?... J'ai perdu mon fils, je n'ai plus aucun espoir de bonheur.

Daverny, ne pouvant parvenir à dissiper la sombre tristesse de sa femme, pense que le séjour de Draveil, la vue des lieux où elle a perdu son père, entretient encore la douleur de Caroline, et pour y apporter quelque distraction, il ne voit pas de meilleur moyen que de conduire sa femme à Paris.

C'est dans ce dessein qu'un matin, saisissant un moment où Caroline ne s'est pas encore retirée dans son appartement, il lui dit :

— J'ai formé le projet d'aller vivre à Paris... Cette campagne doit vous rappeler sans cesse de tristes souvenirs... un autre séjour parviendra peut-être à vous distraire... Approuvez-vous cette idée?

— J'irai où vous voudrez, monsieur, répond froidement Caroline, puis elle s'empresse de quitter son mari.

Daverny regarde sa femme s'éloigner; un sentiment de tristesse, de dépit, se peint sur son visage, il froisse avec agitation dans ses mains un journal qu'il tenait. Mais bientôt redevenant plus calme, plus maître de lui-même, il se contente de murmurer : Essayons encore!... Peut-être mes soins, mes efforts ne seront-ils pas toujours sans succès.

Huit jours après cet entretien, Caroline et son mari étaient installés à Paris dans un fort beau logement de la rue de la Paix; Marianne, une cuisinière et un valet de chambre composaient toute leur maison. La fortune de Daverny, réunie à celle que lui avait apportée sa femme, était assez suffisante pour que les époux pussent goûter une existence fortunée. Beaucoup de gens, à leur place, auraient pris voiture, livrée, et affiché un grand luxe; mais le mari de Caroline avait des habitudes d'ordre, et aimait peu la représentation; de son côté, la fille du colonel n'avait jamais recherché ces plaisirs du monde qui nécessitent de riches toilettes, de grandes dépenses; et, depuis son mariage, elle n'était pas devenue plus coquette qu'auparavant.

Mais, dans l'appartement qu'il avait loué à Paris, Daverny n'avait point, comme à la campagne, une chambre pour lui seul; il ne s'était réservé qu'une pièce qui lui servait de cabinet et de bibliothèque; mais il couchait avec sa femme; et cet arrangement semblait avoir augmenté la tristesse de Caroline, qui cependant n'avait point osé s'y opposer.

Après avoir amené sa femme à Paris, Daverny fait ses efforts pour lui rendre ce séjour agréable; et, pour cela, il cherche à lui procurer chaque jour de nouvelles distractions. Il la mène aux spectacles, aux concerts; lui fait visiter tout ce que Paris renferme de curieux, et ses yeux attachés sur le visage de Caroline cherchent à y découvrir une impression de plaisir produite par les objets nouveaux qui frappent sa vue. Mais Caroline reste calme, triste, indifférente; rien ne l'émeut, rien ne la distrait.

Un soir, en revenant du spectacle, où Caroline a été encore plus triste que de coutume, Charles, qui semble en proie à une vive agitation, attend que les domestiques soient retirés, et, resté seul près de sa femme, qui ne peut plus éviter le tête-à-tête, il se place devant elle, et, après l'avoir regardée longtemps, lui dit enfin :

— Caroline... vous êtes donc bien malheureuse?

— Je ne me plains pas, monsieur, répond la jeune femme, en ayant soin d'éviter les regards de son mari.

— Non, madame... non... vous ne vous plaignez pas, cela est vrai... mais des plaintes seraient peut-être moins cruelles que ces soupirs, que cette tristesse de tous les instants... que cette indifférence pour tout ce que je fais pour vous plaire!... Ah! cette existence est pour moi un supplice continuel!...

Charles a prononcé ces derniers mots avec tant de force, et sa main a frappé si violemment sur un meuble placé près de lui, que Caroline fait un mouvement d'effroi, et recule vivement sa chaise.

Un sourire amer vient se placer sur les lèvres de Charles, qui fait quelques pas dans la chambre, puis s'arrête devant sa femme, en lui disant :

— Je vous effraye... je vous fais peur peut-être maintenant?... Il ne manquerait plus que de vous inspirer ce sentiment!

— Je ne dis pas cela... monsieur... répond Caroline d'une voix tremblante.

Quelques minutes s'écoulent avant qu'aucun des deux époux rompe le silence; enfin, c'est encore Charles qui s'adresse à sa femme :

— Si le séjour de Paris vous déplait, madame; si vous désirez retourner à Draveil... parlez, nous partirons demain.

— Non, monsieur... la maison où mon père est mort ne peut plus avoir aucun charme pour moi!... cependant...

— Cependant?... eh bien, madame? achevez. .

— Il me semble... qu'à la campagne... nous étions logés plus commodément qu'ici... nous avions chacun notre appartement... et...

— Je vous entends, madame : vous ne voulez plus que je couche avec vous... c'est là où vous désirez en venir... Ah! vous avez raison... ne tenir dans ses bras qu'une statue... qu'un corps dont l'âme est ailleurs... pour moi ce n'était pas du bonheur, et pour vous ce n'était qu'un supplice que j'aurais dû vous épargner... Dès ce soir vous serez seule, madame... vous n'aurez plus l'ennui... le chagrin de ma présence... et dans le jour vous serez libre aussi de ne point me voir, de rester tant qu'il vous plaira dans votre appartement. Mes efforts pour vous distraire, pour vous procurer quelques amusements, étant toujours mal venus, je dois y renoncer... vous serez la maitresse, madame, de faire tout ce que bon vous semblera!... Je vous connais assez d'ailleurs pour être certain que votre conduite ne sera jamais répréhensible... Le monde ne connaitra rien de votre éloignement pour moi... c'est tout ce qu'il faut... et si quelque jour... Oh! mais non... je me flattais en vain, et c'est un espoir auquel je dois renoncer.

Après avoir dit ces mots, Charles jette un regard sur sa femme; puis, prenant une lumière, il sort brusquement de la chambre à coucher.

Caroline est restée muette... immobile; un instant elle a eu la pensée d'adresser un mot affectueux à son mari... mais elle n'en a pas le courage, ce mot reste sur ses lèvres, et Daverny est éloigné depuis longtemps lorsqu'elle se demande encore si elle doit le retenir.

Au bout d'un moment, on frappe doucement à la porte de sa chambre. Caroline frémit, car elle craint que son mari n'ait changé d'avis, et qu'il ne revienne près d'elle; mais la voix de Marianne se fait bientôt entendre, et la domestique entre tout doucement chez sa maitresse, en disant à voix basse :

— Que se passe-t-il donc, ma chère enfant? J'ai entendu M. Daverny aller, venir, ouvrir brusquement les portes, puis s'enfermer dans son cabinet. Mon Dieu! est-ce qu'il vous ferait des scènes maintenant? oh! mais c'est que je ne souffrirai pas cela!... je n'entends pas que celle que j'ai élevée soit menée durement... Contez-moi tout, ma chère maitresse; je vois bien que vous avez quelque chose.

— Rassure-toi, ma bonne Marianne... ce n'est rien... M. Daverny me reproche ma tristesse... Est-ce ma faute à moi si j'ai dans le fond du cœur un chagrin que je ne puis surmonter?

— Eh! non, sans doute, ce n'est pas votre faute... D'ailleurs, quand vous avez épousé ce monsieur, vous lui avez bien dit que vous ne l'aimiez pas; ainsi de quoi se plaint-il maintenant? Il ne devait pas espérer que cette union vous rendrait bien gaie.

— Il m'a dit... que son existence... était un supplice continuel!...

— Voyez-vous cela!... Eh bien! s'il se trouve trop malheureux, qu'il vous laisse... qu'il s'éloigne...

— Il s'est emporté... il a frappé avec violence sur un meuble!... je me suis sentie trembler.

— Ah! mon Dieu! de la colère!... mais c'est donc un tyran que ce monsieur? Se mettre en colère contre une petite femme si gentille!... si douce!... qu'il ne s'en avise plus!

— Oh! non, Marianne... ce n'est pas contre moi qu'il était en colère... Il ne m'a rien dit de méchant... seulement... il m'a quittée en me disant que désormais... je vivrais... libre de faire... ce que je voudrais, qu'il ne s'en mêlerait plus... et que nous aurions chacun notre appartement.

— Eh bien! vous devez être contente alors, car c'est là ce que vous désiriez depuis que nous habitons Paris. Allons! ma chère enfant, ne vous inquiétez pas de ce que pense M. Daverny. Songez que je vous reste, moi... que je suis là pour vous consoler, vous aimer...

— Et pour me parler de mon fils, Marianne, de mon cher Paul, dont nous n'avons pu découvrir le sort... depuis trois ans bientôt que je l'ai perdu... Maintenant, s'il existe, il a près de cinq ans! Qu'il doit être gentil!... que je serais heureuse si je pouvais le voir... rien qu'un instant, l'embrasser, le serrer dans mes bras! Ah! pour ce moment de bonheur, je donnerais ma vie entière!... Mais, hélas!... jamais!... jamais peut-être je ne retrouverai mon fils!...

Un torrent de larmes s'échappe des yeux de Caroline; Marianne n'essaye point de les arrêter : dans ces moments de souffrance où le souvenir de cet enfant revenait avec tant de force s'emparer de tout son être, il fallait laisser pleurer la pauvre mère; vouloir s'opposer aux accès d'une douleur véritable, c'est essayer d'arrêter un torrent dans sa course. Tout dans la vie doit avoir son cours.

Après avoir longtemps pleuré, Caroline cède aux prières de Marianne et consent à prendre du repos; elle ferme ses yeux en prononçant le nom de son fils, et Marianne ne la quitte qu'après s'être assurée qu'elle est endormie.

Le lendemain, les deux époux se revoient aux heures des repas. M. Daverny a toujours les mêmes égards, les mêmes attentions pour sa femme ; on voit cependant que ce n'est plus qu'une politesse froide, et qu'il veut respecter les convenances, mais ne cherche plus à s'attacher le cœur de Caroline.

L'amour le plus violent se lasse à la fin de n'être payé que par de la froideur et des marques d'éloignement; alors le cœur éprouve une noble fierté, à tous les efforts qu'il a faits pour plaire succèdent les marques de la plus grande indifférence. Et quand on ne cherche plus à plaire, c'est souvent alors qu'on y réussit. Mais il n'en est plus ainsi dans le ménage de Caroline; elle se félicite de ne plus recevoir des marques de tendresse auxquelles elle ne pouvait pas répondre, et se trouve plus heureuse, parce qu'elle est plus souvent seule, et peut penser tout à son aise à son fils et à celui qui sut subjuguer son cœur, à cet Arthur qu'elle se représente toujours aussi beau, aussi aimable, aussi séduisant que le jour où elle le vit pour la première fois.

CHAPITRE XVI

ON SE RETROUVE.

Par une belle journée d'hiver, madame Daverny était assise devant son piano, où elle tâchait de se rappeler quelques romances qu'elle chantait quand elle était demoiselle, lorsque tout à coup la domestique ouvre la porte en annonçant deux dames qui demandent madame Daverny. Caroline, qui ne reçoit aucune société depuis près de trois ans qu'elle habite Paris, cherche à deviner quelle peut être cette visite; mais avant qu'elle ait répondu si elle voulait recevoir, deux voix qui lui sont bien connues se font entendre, et bientôt madame Troussard et sa fille entrent dans le salon.

— La voilà cette chère amie... c'est bien elle! s'écrie madame Troussard en courant embrasser Caroline, ce que sa fille fait ensuite avec beaucoup de démonstrations d'amitié.

— Ah! quel plaisir de vous revoir! ma chère Caroline!

— Mais nous ne savions pas que vous habitiez Paris, sans quoi il y a longtemps que nous serions venues vous voir... Je disais souvent à Thérèse : Cette pauvre petite Caroline!... quand donc irons-nous à Draveil lui faire une petite causette?... Mais, bah! on n'a jamais le temps... D'abord vous savez que nous n'avons plus notre maison à Draveil... Nous l'avons vendue, parce que M. Minot... le mari de Thérèse, n'aimait pas ce pays-là... Ah! Dieu! je suis bien fâchée de l'avoir écouté à présent, et si c'était à refaire!... Enfin, que voulez-vous?... on ne peut pas deviner...

sans quoi il y a bien des choses qu'on ne ferait pas... Nous savions que vous étiez mariée, nous avions reçu dans le temps une lettre de faire part... Mais je crois que nous ne connaissons pas du tout votre mari... C'est singulier, il ne venait donc pas chez vous de notre temps?..,

— Est-ce un bel homme?... est-il jeune? est-il aimable?... vous aime-t-il bien?... vous rend-il bien heureuse? Oh! c'est que les hommes... c'est bien trompeur!... Je sais cela par expérience, maintenant que j'ai six ans et demi de ménage... Ah! Dieu! six ans et demi! c'est déjà bien long!... Et vous, Caroline, combien y a-t-il de temps que vous êtes mariée?

Caroline n'a pas encore pu trouver moyen de placer une parole, parce que madame Troussard a conservé l'habitude de parler toujours, de questionner sans cesse, et de ne point laisser le temps de répondre. Enfin, elle dit à Thérèse :

— Il y a cinq ans bientôt que je suis la femme de M. Daverny.

— Cinq ans! c'est bien ce que je disais à Thérésinette... il doit y avoir à peu près cinq ans... Comme le temps passe!... Et le pauvre colonel, nous avons appris... Que voulez-vous, ma chère amie, c'est notre avenir à tous, et ce n'est pas le plus gai... Après tout, il vaut mieux être mort que de devenir comme M. Troussard!...

— Ah! vous ne savez pas cela, Caroline, mon père est devenu imbécile!

— Imbécile!...

— Oui, ma bonne amie, mon époux est imbécile ou à peu près... Ça lui est arrivé par suite d'un accident dans sa cave... Vous savez qu'il y passait les trois quarts de ses journées, afin de savoir toujours le compte de ses bouteilles. Un jour, en y entrant, qu'aperçoit-il?... toute une pile tombée, cassée... plus de cent bouteilles perdues! A cette vue, M. Troussard fut tellement saisi, tellement désolé, qu'il en eut une attaque de paralysie; il perdit connaissance dans la cave, et malheureusement, comme nous étions allées nous promener et dîner en ville ce jour-là, nous ne nous aperçûmes de rien. Quand nous revînmes, pressées de nous coucher, et présumant que Troussard ronflait déjà, nous n'allâmes pas voir dans sa chambre. Enfin, ce ne fut que le lendemain matin au déjeuner que, ne le voyant pas paraître, je commençai à m'inquiéter; j'envoyai à la cave... on y trouva mon mari qui avait passé près de vingt-quatre heures étendu sur ses bouteilles cassées. Je fis bien vite venir le médecin; mais on eut beau faire, depuis ce temps Troussard est resté timbré, et c'est bien cruel d'être la femme d'un homme qui ne jouit plus de toutes ses facultés.

— Mais vous, Caroline, est-ce que vous avez été malade depuis votre mariage?... Je vous trouve pâlie, changée...

— Moi... mais je suis...

— Et ma fille aussi est bien maigrie depuis qu'elle est mariée... O Dieu!... voyez donc comme son nez se pince... Cette pauvre Thérésinette qui était si ronde, si rouge, si fraîche... cela me fait de la peine quand je la regarde...

— Mais, maman, à vous entendre, ne croirait-on pas que je suis un squelette, un os, à présent?...

— Pas tout à fait... mais du train dont tu y vas... Prends garde... en général les maris n'aiment pas les os!... et M. Minot n'est déjà pas si aimable avec toi maintenant!

— Maman, si mon mari n'est plus si galant, ce n'est pas ma faute!... mais je suis bien sûre qu'il est toujours amoureux de moi, et la preuve, c'est qu'il est extrêmement jaloux!... En société, quand un monsieur me parle un peu longtemps, Minot devient bleu et jaune, et se pince les lèvres à se les faire saigner.

— Tu prends cela pour de l'amour, toi!... Tu ne sais donc pas, ma fille, que les trois quarts des hommes sont jaloux par amour-propre, et pas autre chose?... et, Dieu merci, ton mari en est bouffi, d'amour-propre!... Ce monsieur qui trouve que sa femme chante trop haut maintenant... qui veut lui remontrer la musique!... lui! l'élève de Thérèse!... ça fait pitié.

— Ah! vous ne savez pas, Caroline, j'ai un enfant... un garçon... qui a quatre ans... et qui va déjà en pension, où il a manqué d'obtenir un premier prix de quelque chose; mais les maîtres nous ont assuré qu'il en aurait deux l'année prochaine, si nous lui faisions prendre du chocolat à sa pension... au lieu de le lui donner chez nous. Et vous, Caroline, avez-vous un enfant?

Caroline ne répond rien, mais ses yeux se remplissent de larmes, et elle se hâte de cacher sa figure avec son mouchoir.

— Allons... voilà que tu la fais pleurer! s'écrie madame Troussard; vraiment, ma fille, tu es indiscrète, tu es trop bavarde!...

Tu vois bien que cette chère Caroline n'a pas d'enfant et que ça lui fait de la peine... Mais consolez-vous, ma bonne amie... cela peut encore venir... il n'y a pas de temps de perdu! J'ai connu une dame qui est devenue enceinte au bout de vingt-deux ans de mariage; il est vrai qu'elle n'est accouchée que d'un petit embryon qui n'avait pas de sexe; mais on l'a mis dans de l'esprit-de-vin, où il s'est parfaitement conservé. Ah! à propos, et mes fils, mes trois garçons, dont j'oubliais de vous parler! Ce sont des gaillards maintenant!... ils sont forts comme trois Turcs! Je les ai mis en pension, parce qu'ils cassaient tout à la maison; il n'y avait pas moyen d'y conserver une soucoupe entière. Ils ont de grandes dispositions; ils dessinent toute la journée des petits chevaux, des ânes... rien qu'avec une plume... J'en ferai des auteurs, des hommes de lettres. Je ne veux pas qu'ils deviennent imbéciles comme leur père. Et votre mari, ma chère Caroline, est-ce que nous ne le verrons pas?... est-ce que vous ne nous présenterez pas à lui?

— Ah! je serais bien aise de le connaître, dit Thérèse; il faudra nous l'amener. S'il aime la musique, nous le ferons chanter... ou jouer à des petits jeux... car nous donnons souvent des soirées où l'on s'amuse beaucoup.

— Mon mari ne chante pas, répond Caroline; il est fort sérieux... nous n'allons jamais dans le monde...

— Vous vivez donc comme des ours?... Mais vous avez tort... il faut qu'une jeune femme voie le monde, la société. M. Minot voulait aussi séquestrer sa femme, la priver de tout plaisir, la laisser à la maison, et pendant ce temps-là ce monsieur courait, s'amusait, s'en donnait! C'est même ce qui a commencé à faire maigrir Thérésina, ce qui est cause que son nez s'est pincé... J'ai bien vite mis ordre à cela; j'ai dit à mon gendre : Vous voulez vous amuser sans votre femme, elle s'amusera sans vous! et j'ai invité du monde... et alors M. Minot s'est un peu amendé!... Il a rechanté des duos avec sa femme; il a donné moins de voix, mais c'est égal... Ah! c'est qu'avec les maris, si on se laisse molester, ils vous pétrissent jusqu'à ce que vous tourniez en boulettes. Oh! il faut que vous veniez chez nous, ma chère Caroline, il le faut; si votre mari ne veut pas vous accompagner, eh bien! vous viendrez sans lui! et à moins que ce ne soit tout à fait un tyran...

— Non, madame; mon mari me laisse au contraire entièrement libre de suivre mes volontés... je n'abuse pas de cette liberté, il est vrai, puisque je ne vais nulle part... Cependant je sens que j'aurais du plaisir à vous voir... à me retrouver avec des personnes... qui ont connu mon père... qui ont habité avec nous à Draveil dans un temps... que j'aime toujours à me rappeler... Mais une femme ne peut aller seule dans le monde, et .. si M. Daverny refuse de m'accompagner chez vous...

— Et pourquoi donc refuserait-il?... quelle raison aurait-il pour cela?... dit madame Troussard. Nous sommes d'anciennes voisines... ma fille était votre amie... A propos d'amie, et la grande Ophélie, la nièce de M. de Vieussec, qu'en avez-vous ait?... qu'est-elle devenue?

— Je l'ignore, madame; elle voyage, je crois, avec son oncle; il y a bien longtemps que je n'ai eu de ses nouvelles.

— Elle sera sans doute retournée à Rome... Elle ne rêvait plus que Romains, qu'Italie... que mont Vésuve!... Si jamais celle-là se marie, il faudra qu'elle épouse un volcan!...

- Caroline, est-ce que vous ne nous ferez pas voir votre mari? reprend Thérèse, qui regardait souvent avec curiosité dans le salon, dont la porte était entr'ouverte. Est-ce qu'il n'est pas ici en ce moment?

— Mais je ne crois pas, répond Caroline avec un peu d'embarras; M. Daverny passe ses journées dans son cabinet... ou il sort... sans que je le sache... Il est bien rare que je le voie avant le diner...

— Vous ne me faites pas l'effet d'être positivement des tourtereaux, reprend madame Troussard. Ah! je comprends... un mariage de raison!... Après tout, ceux-là peuvent être aussi heureux que d'autres... Il ne faut pas se fier à ces hommes qui ont d'abord l'air si amoureux... témoin M. Minot... Il est vrai que ma fille a considérablement maigri!... elle danse dans son corset maintenant...

— Mon Dieu! maman, vous me dites toujours la même chose! c'est ennuyeux à la fin!... Est-ce ma faute si j'ai maigri, si mon tempérament a changé? Et d'ailleurs est-ce que mon mari m'a pris au poids?

— C'est égal, crois-moi : mange de la fécule... des pâtes; prends des coulis, des consommés. J'ai de l'expérience, vois-tu; je sais ce qui te pend au nez si tu perds tes forces

— Et moi, je vous prie de ne pas vous mêler de mon mari et

de mon ménage! Je suis assez grande pour savoir me conduire.

— Ah! oui! ça irait bien si je ne m'en mêlais pas!

Pendant que madame Troussard et sa fille continuent à s'échauffer en parlant, on a ouvert une porte du salon voisin, et quelqu'un y est entré. Madame Minot tourne la tête, aperçoit un monsieur, et s'écrie :

— Oh! voilà sans doute M. Daverny!...

C'était en effet le mari de Caroline qui rentrait dans son cabinet, et qui s'était arrêté dans le salon, étonné d'entendre plusieurs voix chez sa femme.

— Oui, c'est mon mari, répond Caroline après avoir jeté un coup d'œil dans le salon.

Aussitôt madame Troussard et sa fille se lèvent et se hâtent de passer dans le salon, où elles font déjà de grandes révérences à Daverny, avant que Caroline les ait présentées à son époux.

Charles regarde avec surprise les dames qu'il ne connait pas, et qui ne lui laissent pas le temps de répondre un mot à leurs politesses.

— Enchantées de faire votre connaissance, monsieur, dit madame Troussard; nous parlions de vous tout à l'heure à madame votre épouse, et nous lui disions : Présentez-nous donc à votre mari... Nous habitions Draveil, nous étions voisines de ce pauvre colonel!... Il est mort bien vite... enfin, nous sommes tous mortels. Voici ma fille, ancienne amie de votre femme, aujourd'hui épouse de M. Théophile Minot... Connaissez-vous mon gendre?... il va beaucoup dans le monde...

— Madame, je...

— Nous disions à madame votre épouse que nous serions charmées de vous avoir quelquefois à nos petites soirées musicales... Ma fille est très-forte sur le piano et sur le chant; sa grossesse ne lui a rien fait perdre de sa voix... au contraire, elle donne le *si bémol* beaucoup plus facilement depuis qu'elle a fait un enfant. Monsieur aime sans doute la musique?

— Madame... je ne...

— Eh! qui est-ce qui n'aime pas la musique, à présent qu'on en fait partout?... Nous demeurons dans le beau quartier... dans la Chaussée-d'Antin; voici notre adresse. C'est mon gendre qui l'a voulu; moi, je trouve que les logements y sont fort chers!... mais il faut toujours faire la volonté des hommes, sans quoi on se querelle, et j'adore la paix!... Avant que mon pauvre mari fût imbécile, nous ne nous querellions que pour sa cave, et j'avais bien raison de lui dire qu'il y passait trop de temps.

— Mais, maman, vous ne dites pas à monsieur que ce sont les samedis que nous recevons.

— Ah! tu as raison, Thérésinette; je n'y pensais plus... je suis si étourdie!... Oui, monsieur, ce sont les samedis; nous avons pris ce jour-là, parce que c'est la veille du dimanche, et que si l'on reste un peu tard à sauter, à danser, eh bien! le lendemain on peut se reposer, on ne va pas à son bureau; et nous recevons beaucoup d'employés... des sous-chefs... des chefs même; il y en a un entre autres qui chante admirablement les facéties, les chansonnettes gaies; on croirait entendre *Levassor* et *Achard!...* C'est un homme qu'on s'arrache dans les réunions; mais il nous a promis de venir peut-être samedi, et de nous chanter : *Une bonne à placer;* on dit que c'est très-drôle! Nous espérons que samedi prochain vous nous ferez le plaisir de nous amener madame; c'est tout à fait sans façon, sans cérémonie, à l'instar des soirées d'artiste... Allons, Thérésina, il faut partir, car nous avons encore plusieurs visites à faire, et le temps se passe sans qu'on sache comment.

Madame Troussard fait une profonde révérence à Daverny, elle embrasse Caroline, sa fille en fait autant; puis toutes deux s'éloignent, après avoir encore répété : Nous comptons sur vous pour samedi.

Charles et sa femme sont restés dans le salon, ils ne se disent rien; Charles a cependant sur les lèvres un sourire un peu moqueur, qui semble la suite de la visite qu'il vient de recevoir; Caroline paraît réfléchir; enfin elle se décide à dire à son mari :

— Les personnes que vous venez de voir, monsieur, étaient fort bien reçues par mon père... Sans doute elles ont beaucoup de ridicules, et leurs manières pourraient être plus distinguées; mais dans le monde je pense qu'il faut toujours excuser un défaut en faveur d'une qualité... Et ces dames m'ont constamment témoigné de l'amitié.

— Madame, répond Daverny en reprenant son air grave, vous devez être persuadée que j'accueillerai bien toutes vos connaissances... et s'il vous est agréable d'aller chez ces dames... je vous y conduirai, car le monde ne doit pas savoir que nous vivons... chacun de notre côté...

Caroline fait une légère inclination de tête et rentre dans sa chambre... Elle n'aimait point à aller dans le monde; mais la vue de Thérèse et de sa mère lui rappelait une époque plus heureuse, et elle savait qu'en se retrouvant avec Théophile, elle éprouverait au fond de son cœur comme du plaisir, parce qu'elle se rappellerait qu'il avait été l'ami d'Arthur; elle avait donc le désir de se rendre à l'invitation de madame Troussard; mais ce désir était combattu par la pensée qu'elle ne pouvait pas aller seule dans le monde, et qu'il faudrait alors accepter le bras de son mari.

Marianne, consultée par sa maîtresse, lui répondait :

— Eh! qu'avez-vous besoin de votre mari pour aller chez des gens que vous connaissiez avant lui?... N'êtes-vous point assez grande pour sortir seule?... assez sage pour savoir vous conduire?... M. Daverny vous laisse faire tout ce que vous voulez... profitez-en!

— Mais le monde, Marianne, ne doit pas être initié à notre intérieur, savoir notre manière de vivre... Dans la société on doit avoir l'air d'aimer son mari... alors même qu'on le trompe.

— Il me semble qu'il vaudrait bien mieux ne pas le tromper et agir tout franchement.

— Non, Marianne, dans le monde il n'est pas permis d'être franc; car la franchise s'appelle du mauvais ton, et la candeur y passe souvent pour de la bêtise. Je ne sais pourquoi, moi, qui fuis la société, j'éprouve le désir de me rendre chez Thérèse... Mais aller sans mon mari... non... ce serait mal... et sortir avec lui!...

— C'est bien ennuyeux, n'est-ce pas?...

— Non, Marianne... non, ce n'est pas de l'ennui que j'éprouve quand je suis avec lui... mais c'est un embarras... un malaise... car je sens bien que ma conduite avec M. Daverny n'est pas ce qu'elle devrait être... et on n'est jamais à son aise près de quelqu'un avec qui l'on a des torts.

— Enfin, vous le détestez, voilà le fin mot, et monsieur votre père aurait bien dû ne pas s'entêter à faire ce mariage-là.

Le samedi est arrivé, Caroline ne sait encore ce qu'elle veut faire; mais dans la journée son mari se présente chez elle et lui dit :

— Voulez-vous que je vous conduise ce soir chez les dames qui sont venues ici il y a quelques jours?...

— Oui, monsieur... je le veux bien, répond Caroline après un moment d'hésitation.

— Eh bien! madame, à huit heures je serai à vos ordres.

Le soir, à l'heure fixée, Charles entrait chez sa femme; Caroline avait soigné sa toilette plus que de coutume, et en regardant sa femme, dont les traits sont toujours pleins de charme, dont l'air de mélancolie sied bien à sa physionomie douce et distinguée, il se sent tressaillir, et peut à peine cacher l'émotion qu'il éprouve.

Une voiture attendait : on part, le trajet se fait sans que les deux époux aient échangé un seul mot. L'un était absorbé par des souvenirs, l'autre attristé par le présent; aucun d'eux ne voulait rompre le silence... On arrive enfin chez madame Troussard.

L'appartement de la maman de Thérèse était sur le même carré que celui de sa fille; mais c'était chez madame Troussard que se donnaient les réunions. De cette manière, lorsque M. Théophile était de mauvaise humeur ou rentrait gris, ce qui lui arrivait quelquefois, il pouvait aller se coucher sans entrer chez sa belle-mère et y mettre le trouble parmi le concert.

La société de madame Troussard était rassemblée dans un assez beau salon où était un immense piano. Au moment où Daverny et sa femme arrivent, la réunion était à peu près au complet. C'était un mélange de monde qui donnait à penser d'étranges choses. Parmi ces figures singulières, dont les unes grimaçaient avec prétention, tandis que d'autres affectaient un maintien modeste, démenti parfois par un sourire très-expressif, on devait supposer qu'il y avait là plus d'une personne qui se donnait pour ce qu'elle n'était pas, et avait intérêt à cacher ce qu'elle était.

La musique étant toujours la principale occupation de la soirée, tous les gens qui venaient là voulaient passer pour artistes ou mélomanes, ou grands connaisseurs; beaucoup ne savaient point une note de musique, qui affectaient de parler continuellement du Théâtre-Italien, du grand Opéra, de *Duprez* et de *Nourrit*; d'autres fredonnaient sans cesse entre leurs dents l'air que l'on chantait, et avec leurs pieds ou leurs mains battaient la mesure à contre-temps; quelques-uns enfin, et ce n'étaient pas les moins curieux, étaient exécutants. Si c'étaient des chanteurs, vous les entendiez tousser, se plaindre, et cracher tout le temps qu'ils ne chantaient pas; si c'étaient des instrumentistes, ils allaient deux heures d'avance s'accorder dans une pièce voisine, et il fallait à chaque instant les prier de vouloir bien faire silence.

Il y avait aussi de ces gens qui ne savent rien, mais qui, pour être quelque chose, se font ou plutôt se disent protecteurs des artistes. Ces gens-là sont faciles à reconnaître : ils ne sont jamais jeunes; les hommes portent perruque ou de faux toupets, ils ont une mise à prétention, des boutons en brillants, presque toujours faux, une tabatière en platine, qui vient soi-disant de Russie, et sur laquelle on voit Pierre le Grand à cheval; enfin ils ont le ton tranchant, l'air impertinent et un vieux chapeau.

Pendant qu'une jeune personne chante, ils s'écrient : — Elle ira... elle ira... elle a déjà beaucoup gagné, grâce à mes conseils... C'est moi qui lui ai dit de prendre des leçons de Bordogni... et de moins ouvrir la bouche dans ses points d'orgue... Je la pousserai... je la ferai beaucoup chanter dans des matinées musicales... ça forme, ça donne de l'aplomb... C'est moi qui ai formé presque toutes les dames de l'Opéra... Pas mal le trait!... Elle ira... je la pousserai.

Si c'est une dame qui a pris le rôle de protectrice, vous la reconnaissez à son chapeau passé, surchargé de fleurs fanées, de vieilles plumes, de rubans sales, et auquel pend un demi-voile rejeté coquettement sur le côté; le reste de la mise répond au chapeau : c'est une robe de soie qui doit avoir été achetée au Temple, et à laquelle on a attaché une foule de petites rosettes qui ont l'air de danser sur la robe; ce sont des boucles d'oreilles représentant du raisin, des groseilles ou quelque autre fruit; c'est un mantelet de velours bordé avec une vieille fourrure, dont ne voudrait pas un marchand de peaux de lapin; enfin c'est une chaîne de cuivre doré excessivement compliquée, qui fait plusieurs tours sur sa poitrine, et à laquelle pendent un flacon, un sachet et une infinité de croix.

Quand celui que l'on protége chante (car, en général, les protectrices préfèrent protéger les hommes), on ne parle pas tout haut comme le protecteur, mais ce sont des extases, des roulements d'yeux, des soupirs à demi étouffés et des mots entrecoupes : Ah!... oh! bien!... oh! ravissant!... parfait!... ah! oui! ah! charmant!

Si une personne placée près de la protectrice lui dit alors.

— Ce monsieur chante bien, n'est-ce pas, madame?

Au lieu de répondre, celle-ci lève ses regards au plafond, fait des yeux blancs, se tortille sur son siége, et murmure enfin :

— C'est à moi qu'il doit son talent!... il en avait tous les germes et ne s'en doutait pas... mais je l'ai pris par la main et je l'ai conduit!... Je lui ai dit : Vous n'avez qu'à ouvrir la bouche, vous avez une fortune dans votre gosier... Il m'a écoutée... et il ne s'en repent pas.

L'arrivée de Daverny et de sa femme produit une assez vive sensation dans le salon. Les artistes craignent des rivaux, les protecteurs ont peur qu'on n'empiète sur les droits qu'ils se sont arrogés, et tous regardent avec curiosité les deux nouveaux venus.

Madame Troussard et sa fille courent au-devant de Caroline et de son mari en s'écriant :

— Ah! que c'est aimable de venir! que c'est gentil!... Oh! nous vous en savons bon gré! Venez, venez, nous allons vous placer en face des chanteurs...

— Ah! ne dérangez personne pour moi, madame; je serai bien partout, répond Caroline en tâchant de résister aux instances de madame Troussard; mais celle-ci ne l'écoute pas; elle la prend par la main, l'entraîne, lui fait traverser tout le salon; puis tout à coup s'arrêtant devant un vieux monsieur coiffé d'un bonnet de soie noire, qui était assis dans un coin de la chambre et regardait tout le monde d'un air hébété en faisant des pigeons avec ses doigts, elle dit à Caroline :

— Le voilà, ce pauvre cher homme... c'est Troussard... Comme sa paralysie l'a vieilli!... Malgré cela, il va un peu mieux; aussi nous le faisons venir au salon : je crois que la musique lui fait plaisir... Dernièrement il a essayé de chanter en même temps que sa fille... Voyons s'il vous reconnaîtra.

Et madame Troussard, s'approchant avec Caroline, dit à son mari :

— Troussard, reconnais-tu cette dame-là?

M. Troussard continue de jouer avec ses doigts, puis s'écrie d'une petite voix claire :

— Trois bouteilles!... six bouteilles, dix bouteilles!... cassées!... cassées, cassées!...

— C'est fini! la tête n'y est plus, et la vue de ses piles cassées le poursuit toujours. Venez vous asseoir, ma chère amie.

On place Caroline auprès d'une jeune personne de treize ans, qui chante déjà des romances passionnées avec beaucoup d'expression, et d'une dame qui est coiffée à la Ninon, ayant de plus sur chaque côté de la tête deux bottes de plumes qui retombent sur les oreilles comme des saules pleureurs. C'est une femme de quarante-huit ans qui protége un petit jeune homme qui n'a pas encore de barbe, et qu'elle veut faire débuter dans les Colins.

M. Daverny n'a pas suivi sa femme; il est resté près de l'entrée du salon, d'où il peut tout à son aise jouir du coup d'œil et voir toute la société.

Au bout d'un moment, la jeune voisine de Caroline étant allée se mettre devant le piano, madame Minot vient s'asseoir près de son ancienne amie.

— Chantez-vous, Caroline, ou nous jouerez-vous un morceau? dit Thérèse en prenant la main de madame Daverny.

— Non, ma chère Thérèse, je ne sais plus rien... j'ai oublié la musique depuis que je suis mariée...

— Ah bah!... Mais vous avez tort... Est-ce que votre mari ne veut pas que vous chantiez?

— Mon mari me laisse faire tout ce que je veux, c'est moi qui n'ai plus envie de chanter.

— Il n'est pas mal, votre mari... l'air un peu sérieux; mais les hommes qui rient toujours ne sont pas les plus aimables dans leur intérieur; je le sais bien moi, Caroline; car, entre nous, M. Minot me rendait très-malheureuse dans les commencements de notre mariage; heureusement que j'ai pris un peu le dessus!... Il se moquait de moi, de mon père, de ma mère. Alors, quand j'ai vu cela, j'ai dit: — Attends! je vais te donner de l'occupation; et je me suis imaginé de faire la coquette. Minot est devenu jaloux, et il court moins dehors; mais ce qui me fait du chagrin, c'est qu'il a beaucoup de propension à se griser... et lorsqu'il est gris, il est très-méchant, il veut tuer tout le monde... lui! qui est fort pacifique à jeun!...

— Il n'est pas ici ce soir, votre mari?

— Non; il est allé dîner à la Poissonnerie anglaise avec de ses connaissances; mais il m'a promis de revenir de bonne heure... Pourvu qu'il ne soit pas gris!... Oh! mais alors il va tout de suite se coucher... Ah! voilà une jeune personne qui va chanter... Oh! vous allez entendre comme elle a une belle voix... pour treize ans... On lui en donnerait dix-huit, n'est-ce pas? Elle est très-avancée pour son âge!

La jeune demoiselle se met à chanter une romance; mais tout à coup, pendant qu'elle file un son très-haut, et que chacun l'écoute en faisant silence, M. Troussard se met à danser sur sa chaise en s'écriant :

— Trois bouteilles!... six bouteilles! dix bouteilles!... cassées! cassées! cassées!

Toute la compagnie est indignée; quelques-uns de ces messieurs, qui protégent les artistes et qui probablement ne connaissent pas le maître de la maison, s'écrient :

— A la porte!... silence!... Qui est-ce qui a donc amené ici ce vieux bonhomme?... Il faut le faire sortir... il trouble les chanteurs...

— Mais c'est le père de madame Minot, disent quelques personnes.

— Eh bien, il faut le prier d'aller se coucher... Quand on a un père comme cela, on prévient la société.

Madame Troussard est obligée d'excuser son époux, et elle se décide à le ramener dans sa chambre au moment où son gendre entre brusquement dans le salon.

Théophile Minot, que nous avons perdu de vue depuis la fête champêtre donnée à Draveil, chez M. Troussard, était devenu depuis son mariage encore plus gros, plus épais, plus lourd qu'à l'époque où il essayait des jeux gymnastiques. En prenant de l'âge, Théophile a toujours pris du ventre. Son goût pour la table et l'habitude de boire ont enluminé son teint et bourgeonné une grande partie de son visage. Quoique jeune encore, M. Minot a perdu tout ce qui caractérise la jeunesse. En voyant sa large figure carrée et ses gros yeux sans expression, on était persuadé d'avance qu'il ne devait parler que pour dire des sottises, et M. Minot ne faisait pas mentir sa figure.

Le mari de Thérèse entre dans le salon, l'air aviné, le chapeau sur la tête, les bottes crottées, les mains dans ses poches; il pousse tout le monde, marche sur les pieds des hommes, sur les robes des dames, et arrive ainsi au milieu du salon en s'écriant d'un air goguenard :

— Eh ben!... qu'est-ce qu'on fait ici? ça va-t-il, le concert?... chantons-nous un peu proprement?... c'est que ça ne nous arrive pas tous les jours!... Si ma belle-mère s'en mêle, ce doit être du joli!... Je vous chanterai quelque chose, moi, tout à l'heure... du gai, du croustillant!... des farces... Ah! sapredié! nous avons joliment dîné!... nous avons mangé entre autres une matelote normande... c'était à se mettre à genoux devant!... et nous avons bu des vins... tout ce qu'il y a de plus généreux... Nous étions six... nous avons bu comme quatre!... quatre chacun, entendons-nous!... Ma foi, il faut avouer que la vie est une chose bien agréable!

— Ah! mon Dieu! je crois que mon mari est gris, murmure Thérèse. Pourquoi donc est-il entré ici?... ordinairement il va se coucher; mais il n'est peut-être qu'un peu gai... Pourvu qu'il ne se dispute pas avec maman!... Ils sont maintenant comme chien et chat tous les deux!... Minot!... Minot!... viens donc par ici... voilà quelqu'un que tu n'as pas vu depuis longtemps...

M. Minot n'écoute pas sa femme, et continue à garder le milieu du salon en disant :

— Allons donc, la musique!... ça ne va pas!... est-ce que les chanteurs sont gelés?... Ah! quelle délicieuse matelote normande!... et du pomard couché dans un petit panier... pour ne pas remuer la bouteille en versant... Quand je bois du vin dans un petit panier, je dis : C'est bon signe!... Ma foi, il faut avouer que la vie est une bien bonne chose!... Ah çà, si on ne chante pas, je vais aller me coucher, d'abord... Ah! mais non, je ne peux pas aller me coucher, j'attends l'autre... un ami... qui va venir me retrouver... Je lui ai dit qu'il y avait concert chez ma belle-mère, et il m'a dit : Ça doit être curieux! Oh! oui, que c'est curieux! lui ai-je répondu... et il m'a dit : Je te suis!...

La société ne paraît pas enchantée des discours de M. Théophile; les chanteurs se pincent les lèvres d'un air mécontent; les instrumentistes rentrent déjà leurs flûtes dans leurs étuis, ou leurs violons dans leurs boites; les protecteurs chuchotent entre eux, et quelques dames demandent déjà leur châle, lorsque madame Troussard rentre dans le salon; elle s'avance près de son gendre, et lui dit à demi-voix

— Monsieur, quand on se met dans l'état où vous êtes, on ne vient pas dans une réunion d'artistes et d'amateurs... Ordinairement quand vous êtes gris, vous allez tout de suite vous coucher sans entrer chez moi ; je vous prie de nous laisser... vous savez où est votre appartement...

— Ma chère belle-mère! répond Minot en criant comme un sourd, vous parlez comme les trois Grâces!... Mais j'aime beaucoup la musique... je ne suis pas de trop dans votre concert... je viens faire ma partie... Qui est-ce qui veut chanter avec moi le duo de *la Vestale : Unis par l'amitié!... Cinna turlutulu rengaine!...* On me soufflera le reste!...

— C'est affreux! c'est abominable de se conduire ainsi en société, et chez moi! murmure madame Troussard en poussant Théophile du côté de Thérèse, et en faisant signe à celle-ci d'emmener son mari; mais Minot ne semble nullement disposé à obéir à sa belle-mère, et il lui rit au nez en s'écriant :

— Respectable belle-maman, allez donc soigner ce vieux bichon que vous avez rendu imbécile, ça fera beaucoup mieux que de nous ennuyer par vos radotages, dont je me moque complétement!

Madame Troussard suffoque ; jamais encore son gendre ne s'était permis une pareille scène devant le monde, et justement ce soir-là la société musicale est au grand complet. Ne sachant plus que faire et quel moyen employer pour que son gendre se taise, ou du moins ne soit pas entendu, la maman de Thérèse prend un parti désespéré : elle court à un monsieur d'une soixantaine d'années, mais dont la stature colossale semble annoncer de grands moyens de poitrine. C'était un ancien chantre de cathédrale, que l'on n'osait pas faire chanter dans les salons, parce que sa voix de basse, ronflant comme le roulement de vingt grosses caisses, cassait presque toujours les vitres d'un appartement; aussi l'ex-chantre était-il obligé de se contenter, dans les salons, d'écouter et d'applaudir les autres. Ce n'est donc pas sans une surprise mêlée de joie qu'il entend madame Troussard lui dire :

— Monsieur Groscanon, voulez-vous me faire un grand plaisir?

— Madame, tout ce qui dépendra de moi pour vous être agréable! répond le vieux chantre en faisant suivre ces mots d'un long roulement d'*rrr*. C'était son tic habituel, et cela imitait parfaitement le tambour.

— Monsieur Groscanon, vous n'êtes pas sans savoir quelques morceaux de musique?...

— Des morceaux de musique!... oh! oui, madame; j'ose dire que j'en possède... profane ou sacrée, j'en sais infiniment!... brrr ou!

— Seriez-vous assez aimable pour nous en chanter un?

— Comment donc, madame, mais très-volontiers! profane ou sacrée? brrr ou!

— Ce que vous voudrez... Je désirerais un grand air... à effet.

— Je vais vous chanter celui d'*Orphée : J'ai perdu mon Eurydice!* Il est parfaitement dans ma voix... brrr ou!

— Voulez-vous qu'on vous accompagne?

— C'est inutile, madame, je tue tous les accompagnements sous moi; on ne les entend plus quand je chante, brrr ou!

— Donnez tous vos moyens, monsieur Groscanon, cela me fera plaisir.

— Madame, je vais tâcher de vous satisfaire, brrr ou!

M. Groscanon se dirige vers le piano, devant lequel il se tient debout; puis, après s'être mouché en imitant la trompette, il salue la société en disant :

— Je vais chanter l'air d'*Orphée*.

— Tiens, c'est un père noble qui va chanter! s'écrie Minot; ah! ça doit être gentil; il me semble avoir vu ce monsieur-là au café des Aveugles...

Cependant M. Groscanon vient d'entonner l'air d'opéra, et un mouvement général s'opère dans la société : au ronflement extraordinaire de cette voix, on voit les uns s'agiter sur leur chaise, les autres porter les mains à leurs oreilles; beaucoup quittent leur place, et vont se réfugier dans la pièce d'entrée. Cependant l'ancien chantre va toujours; il semble fier de l'effet qu'il produit, et sa voix, rappelant l'axiome : *Vires acquirit eundo,* devient à chaque instant plus assourdissante. Minot lui-même en éprouve les effets; il se sent tout étourdi, se rapproche de sa femme, et quand M. Groscanon s'écrie : *Rien n'égale ma douleur!*

— Et la mienne donc! répond Minot. Eh! mon Dieu! qu'est-ce que c'est que ça?... il me semble que je vais tomber... est-ce qu'il est entré des voitures dans le salon?

Madame Troussard est enchantée; la voix de M. Groscanon a fait oublier son gendre; on ne sait plus où l'on en est, et tandis que le vieux chantre répète en mugissant : *J'ai perdu mon Eurydice, rien n'égale ma douleur!* la plus grande partie de la société se lève en s'écriant : — Il n'y a pas moyen d'y tenir... il nous ferait saigner les oreilles.

Il ne reste plus dans le salon qu'une douzaine d'intrépides qui probablement ont l'habitude d'assister au combat des chiens et aux exercices à feu; Caroline a plus d'une fois voulu se lever, mais toujours Thérèse l'a retenue en lui disant d'un air suppliant :

— Encore un moment... que je vous présente à mon mari je veux savoir s'il vous reconnaîtra.

Quant à Daverny, resté près de l'entrée du salon, il observait avec surprise tout ce qui se passait dans la réunion de madame Troussard, et semblait y prendre ce plaisir que l'on goûte à un spectacle où l'on assiste pour la première fois et où l'on reste par curiosité, mais avec la ferme intention de n'y jamais retourner.

Enfin M. Groscanon a cessé de chanter, et pendant qu'il s'essuie le visage et le front, d'où coulent des ruisseaux de sueur, Théophile, que la voix du chantre a un peu dégrisé, se rapproche de sa femme en disant :

— Il faut avouer que vous avez des chanteurs d'une grande force. Je doute que l'on entende jamais au-dessus de cela... Où diable ma belle-mère pêche-t-elle ses artistes?... c'est probablement aux abattoirs...

— Théophile, répond Thérèse en prenant son mari par la main, venez donc saluer une dame que vous n'avez pas vue depuis longtemps, et qui ce soir nous a fait le plaisir de venir à notre concert.

Minot regarde Caroline, puis il s'écrie :

— Eh! mais... je reconnais parfaitement mademoiselle... que j'eus le plaisir de voir à Draveil... chez monsieur son père.

Caroline salue Théophile, pendant que Thérèse reprend :

— Mon amie est mariée maintenant... voilà son mari là-bas...

— Ah! c'est singulier comme on se retrouve!... Aujourd'hui, savez-vous pourquoi je suis revenu tard? c'est que j'ai fait une rencontre... un ancien ami... qui est même venu dîner avec nous... que je n'avais pas vu depuis des siècles... Je le croyais mort!... Eh! parbleu... mademoiselle... madame... dis-je, le connaît bien aussi... c'est Arthur Gervillier...

En entendant prononcer le nom d'Arthur, Caroline est devenue pâle, tremblante, puis tout son sang a reflué vers son cœur; cependant elle écoute avec anxiété Théophile.

— Oui, reprend le mari de Thérèse, je l'ai trouvé diablement changé, ce pauvre Arthur... Il paraît que les voyages ne lui ont pas été favorables!... Du reste, c'est toujours un bon compagnon, un viveur!... Oh! c'est un viveur premier numéro!... Mais je suis étonné qu'il ne soit pas encore arrivé... il me suivait quand je suis venu...

— Comment! vous avez invité vos amis à venir à nos concerts? Vous savez bien que maman ne veut recevoir que des artistes.

— Ah! ah! chère amie, ils sont jolis, vos concerts... et vos artistes!... Ce vieux là-bas qui vient de nous beugler qu'il avait perdu son Eurydice!... on devrait l'enfermer avec des taureaux pour les dompter... D'ailleurs est-ce que vous n'avez pas entendu? ce n'est pas un étranger, c'est Arthur... Arthur Gervillier qui va venir; et vous l'avez vu cent fois chez le colonel de Melleval! car il fut un temps où il y allait beaucoup... Mademoiselle Caroline... madame, dis-je, doit bien se le rappeler?

Ces derniers mots sont accompagnés d'un sourire qui ferait rougir Caroline si elle était en état de le remarquer; mais depuis qu'elle a entendu dire qu'Arthur allait venir, sa tête n'est plus à elle, ses yeux se troublent, ses jambes fléchissent; elle veut partir, quitter le salon, et elle n'en a plus la force. Cependant elle a tourné la tête, ses regards cherchent son mari, qui vient de se rapprocher d'elle pendant que Minot parlait; elle rencontre les yeux de Daverny, qui dans ce moment sont fixés sur elle avec une expression qu'elle ne peut définir, mais qui lui semble celle d'un juge. Elle rassemble ses forces, et balbutie :

— Monsieur... je voudrais partir.

Avant que Daverny ait eu le temps de répondre à sa femme, quelqu'un entre brusquement dans le salon en riant aux éclats. C'est un homme jeune encore, mais dont les passions et les débauches ont vieilli les traits avant l'âge; c'est un cavalier qui a été cité pour sa tournure, son élégance, et qui maintenant a contracté dans sa mise, dans ses manières, un laisser aller de mauvais ton, de mauvais goût, qui n'a plus rien d'un homme comme il faut; enfin, c'est un homme qui, après avoir eu de grands succès près des femmes, en est venu à ne plus croire à la vertu d'aucune, et à les traiter toutes avec ce ton familier, d'usage chez les gens qui ne fréquentent que de mauvais lieux. Ce personnage est Arthur Gervillier, celui qu'autrefois on citait comme... un jeune homme charmant.

Il entre dans le salon en riant comme un fou, parce que dans la salle d'entrée il vient de heurter une vieille dame et sa fille que la voix de Groscanon avait mises en fuite, et qui dans leur précipitation à s'éloigner avaient mis sur leurs épaules, la maman un paletot d'homme, et la fille un vieux carrick à collet.

— Est-ce qu'il y a bal masqué ici? dit Arthur en jetant les yeux dans le salon. Il me semble que je viens de rencontrer des personnes travesties.

— Arrive donc, flâneur! s'écrie Minot en allant au-devant de son ami. Tu viens trop tard... tu as perdu... tu aurais entendu monsieur, qui vient de faire un terrible effet avec sa voix.

— Monsieur sera peut-être assez aimable pour recommencer pour moi, dit Arthur d'un air moqueur. Mais présente-moi donc à ta femme, mon cher Théophile; tu m'as dit que je renouvellerais connaissance avec mademoiselle Thérèse Troussard, devenue madame Minot.

— Oui .. oui... tiens, la voilà!...

Et Minot conduisait son ami du côté du salon où était Thérèse; mais avant d'arriver à elle, Arthur passe devant une dame qui essayait de sortir en s'appuyant sur le bras de son mari.

Arthur s'arrête, considère cette dame, qui semble vouloir se dérober à sa vue, et s'écrie :

— Mais... je ne me trompe pas!... non, vraiment... c'est bien elle!... c'est Caroline de Melleval!...

— Non, monsieur, répond Daverny d'un ton fort sec, et en regardant Arthur d'un air sévère... ce n'est plus Caroline de Melleval... c'est madame Daverny... c'est ma femme qui est devant vous...

— Votre femme!... répond Arthur d'un air railleur. Parbleu, monsieur, je vous en fais mon compliment!...

Daverny semblait prêt à répondre, lorsqu'un faible gémissement se fait entendre : c'est Caroline qui perd connaissance et tomberait sur le parquet si son mari ne la retenait dans ses bras. Enlevant alors sa femme et l'emportant du salon, Daverny se hâte de quitter l'appartement, et sans écouter Thérèse et sa mère qui veulent prodiguer leurs soins à Caroline, il descend l'escalier, fait avancer une voiture, s'y place avec sa femme, qui n'a pas repris ses sens, et se hâte de se faire conduire chez lui.

CHAPITRE XVII

UN PETIT RAMONEUR.

Daverny, aidé de Marianne, prodigue à Caroline des soins qui sont longtemps sans résultat.

— Mais que lui est-il donc arrivé, à cette chère enfant? s'écrie la pauvre Marianne désolée de revoir sa maîtresse privée de sentiment. Que s'est-il donc passé chez les Troussard?... Il y arrive toujours des événements, chez ces gens-là!

— Il n'y a eu aucun accident, répond Daverny. Votre maîtresse aura été incommodée... par le monde, la chaleur... il y avait longtemps qu'elle n'avait été dans une réunion... il n'y a rien là de surprenant... Je pense cependant... que cet évanouissement lui ôtera le désir de retourner dans la maison où nous avons été ce soir.

Caroline revient à elle; enfin, au moment où elle ouvre les yeux, Daverny s'éloigne en disant à Marianne :

— Ne la quittez pas...

— Que s'est-il donc passé, ma chère maîtresse? s'écrie Marianne lorsqu'elle se voit seule avec Caroline, qui porte autour d'elle des regards craintifs.

— Ah! Marianne! je ne sais pas comment l'émotion ne m'a pas tuée!... Je l'ai revu... j'ai entendu sa voix... il m'a parlé!...

— Mais qui donc?

— Eh! ne le devines-tu pas? Arthur! Arthur... le père de mon fils!... Je le retrouve... il est de retour à Paris... il est ici... et je suis mariée, moi! mariée! ô mon Dieu!... Maintenant que je sais qu'Arthur existe... qu'il respire le même air que moi... ah! Marianne! je sens que cet hymen qui me lie à un autre va me sembler encore bien plus insupportable!...

— Voyons, ma chère enfant, calmez-vous... remettez-vous un peu, et contez-moi comment cela s'est passé.

— Mais, Marianne, c'est à peine si je le sais moi-même!... Il me semble que tout cela est un rêve!... J'étais dans un salon, je ne sais ce qu'on disait autour de moi... Thérèse me parlait lorsque son mari arriva. M. Minot me semblait encore plus sot, plus impertinent qu'autrefois, lorsque tout à coup il prononça le nom d'Arthur!... Oh! alors, je l'écoutai avec attention!... Il venait de retrouver son ancien ami... Arthur allait venir... venir où j'étais!... voilà ce que j'entendis. Émue, tremblante, je veux partir... tout à coup j'entendis cette voix chérie qui depuis si longtemps n'avait pas retenti à mes oreilles... c'était Arthur qui entrait dans le salon!... Je ne le vis pas, car je ne voyais plus clair... un brouillard couvrait ma vue... Je me levai... M. Daverny me prit le bras... il m'entraînait, nous allions partir... mais Arthur m'aperçut... il me reconnut... j'entendis qu'il s'écriait : C'est Caroline de Melleval!... Et M. Daverny lui répondit : Non, c'est ma femme, maintenant... Alors, je perdis connaissance, et je n'entendis plus...

— Et votre mari vous a ramenée ici, où, grâce à nos soins, vous avez repris connaissance; et quand il a vu que vous reveniez à vous, M. Daverny s'est bien vite éloigné, comme s'il eût deviné que sa vue ne vous serait pas agréable!

— Et que t'a-t-il dit sur cet événement?... Crois-tu qu'il ait soupçonné la cause de mon évanouissement?

— Oh! non... il a dit que c'était la chaleur... le monde... que ça vous avait fait mal, parce que vous n'étiez plus habituée à aller en société.

— Il ne soupçonne rien... oh! tant mieux... je craignais qu'il n'eût deviné la vérité! mais, n'importe, je ne retournerai plus dans cette maison... je ne dois plus y retourner, car je pourrais encore y rencontrer Arthur, et je dois le fuir maintenant; je dois éviter sa présence... Lui! que j'ai si longtemps désiré... espéré... quand il revient en France, je ne puis plus le voir!... O mon père! mon père! quel sacrifice je vous ai fait!

— Et comment l'avez-vous trouvé, M. Arthur? est-il toujours aussi beau cavalier... aussi élégant qu'autrefois?

— Je n'en sais rien, ma bonne, je te répète que je ne l'ai pas vu... j'ai seulement entendu sa voix... qui a pénétré jusqu'à mon cœur... A ces paroles : C'est mademoiselle Caroline de

Melleval... Ah! quelle a dû être sa douleur quand il a appris que j'étais mariée!...

— Mais si cela devait tant l'affliger, répond Marianne en secouant la tête, il me semble qu'il ne serait pas resté plus de sept ans sans donner de ses nouvelles...

— Oh! c'est qu'il ne l'a pas pu apparemment. N'importe, je suis mariée... je n'oublierai pas les devoirs que ce titre m'impose... je ne reverrai pas Arthur... je n'irai plus chez Thérèse. Si elle ou sa mère venaient pour me voir, on leur dira toujours que je suis sortie... car elles pourraient aussi me parler de lui!... et il ne faut pas que l'on m'en parle!... Je fuirai tous les endroits où je pourrais le rencontrer... Je ne sortirai plus, d'ailleurs... je ne quitterai plus ma chambre... ce sera le meilleur moyen pour ne plus le voir... et du moins je ne l'entendrai pas me reprocher d'avoir oublié mes serments... je ne serai pas témoin de sa douleur... car je suis sûre qu'il a eu du chagrin en apprenant que je suis mariée.

Caroline porte son mouchoir sur ses yeux, tandis que Marianne se dit en elle-même :

— Moi, je ne suis pas du tout persuadée de ça.. Mais, cette chère enfant, ça lui fait plaisir de croire qu'il l'aime, il ne faut pas lui ôter ce bonheur-là...

A dater de cet instant, Caroline ne sort plus, ne reçoit plus aucune visite, et elle se prive même de parler à Marianne de celui auquel elle s'efforce de ne plus penser, mais dont le souvenir l'occupe sans cesse. Lorsque par hasard elle se met à la croisée, qui donne sur la rue, ses yeux ont toujours l'air de chercher quelqu'un parmi tout le monde qui passe; car elle se figure que celui qu'elle ne veut plus revoir doit souvent essayer de l'apercevoir, ne fût-ce qu'un moment, à travers ses carreaux, et elle s'étonne en secret qu'Arthur n'ait pas fait quelque tentative pour parvenir jusqu'à elle.

Les relations entre les deux époux n'éprouvent aucun changement depuis la soirée passée chez madame Troussard; Daverny n'a pas dit un mot, pas adressé une question à Caroline au sujet d'Arthur; seulement son front semble encore plus soucieux qu'auparavant, et sa femme abrége les moments où elle est forcée de se trouver avec lui.

Près de deux mois s'étaient passés depuis que Caroline avait rencontré Arthur; le froid était encore assez vif, quoique l'hiver approchât de sa fin. Un matin, pendant que Caroline était encore dans son lit, Marianne entre doucement dans sa chambre, suivie d'un petit ramoneur.

— Ne vous dérangez pas, madame, dit Marianne, c'est moi qui amène un ramoneur... car j'ai toujours peur du feu, moi, et hier il m'a semblé qu'il tombait de la suie de votre cheminée... Il vaut mieux donner quinze sous que de brûler... Je ne conçois pas ces gens qui regardent à faire ramoner leurs cheminées plusieurs fois dans l'année... belle économie!... Allons! avance, petit; mais laisse tes souliers en dehors.

Le ramoneur était un petit garçon qui paraissait avoir tout au plus sept ans; il avait de beaux grands yeux, une petite physionomie intéressante et douce. Sa figure n'était pas ronde et rebondie comme la plupart de celle des enfants de la Savoie; elle était mignonne et délicate, et, à travers la suie qui la couvrait, on n'apercevait pas ces grosses couleurs qui annoncent la force et la santé.

L'enfant se débarrasse de ses gros souliers ferrés, puis il s'avance pieds nus jusqu'auprès de la cheminée.

— Pauvre petit! dit Caroline en apercevant le ramoneur; si jeune encore et faire un travail si pénible!... Mais, Marianne, ce petit garçon n'aura jamais la force de ramoner cette cheminée, qui est très-haute!...

— Bah! bah! madame, les Savoyards sont faits à cela; ils grimpent là dedans comme des marmottes!... N'est-ce pas, petit, que tu pourras monter jusqu'au haut?

L'enfant répond en secouant la tête d'un air résolu :

— Oh! oui, madame! oh! j'ai déjà monté souvent dans des cheminées encore plus grandes... Il y a plus d'un an que je travaille comme les camarades; et le maître il dit que je ne suis pas gauche, il est content de moi.

— Pauvre garçon, dit Caroline, déjà un an qu'il travaille! Tu as l'air bien jeune pourtant; quel âge as-tu donc, mon ami?

— Ah! dame! je ne sais pas au juste... sept ou huit ans.

— De quel pays es-tu?... tu n'as pas l'accent savoyard.

— Oh! mon maître m'a dit que j'étais de bien loin.

— Y a-t-il longtemps que tu as quitté tes parents?...

— Je n'en ai pas... mon père et ma mère sont morts... quand j'étais tout petit

— Pauvre enfant!... orphelin... malheureux... travaillant déjà pour gagner sa vie!... Marianne, donne-lui donc quelque chose à manger... du pain, des confitures.

— Tout à l'heure... quand il aura ramoné... et chanté la petite chanson... car tu en sais une, n'est-ce pas?

— Oui, madame... nous chantons tous la même...

Le petit ramoneur ôte sa veste, et se dispose à monter dans la cheminée; pendant qu'il fait ses préparatifs, Caroline, qui a pu l'examiner plus attentivement, s'écrie tout à coup :

— Marianne!... Marianne!... regarde donc comme il a de beaux yeux!... de jolis traits!... ne te rappelle-t-il pas?... ne trouves-tu pas qu'il ressemble...?

Caroline ne peut achever; ses sanglots étouffent sa voix. Marianne, désolée de l'impression que la vue du petit garçon vient de produire sur sa maîtresse, répond avec humeur :

— Eh! non, madame, non... il ne lui ressemble pas du tout... Allons, petit, monte vite et fais bien la besogne...

— Oui, madame. Ah! il faudra ôter les chenets avant que je redescende.

— Va, va, on les ôtera.

Le ramoneur grimpe dans la cheminée; bientôt il disparaît, on n'entend plus que le bruit de son grattoir; alors Marianne va prendre la main à Caroline en lui disant :

— Vous n'êtes pas raisonnable... Si la vue d'un petit garçon de cet âge vous fait tant de mal, retournez-vous, dormez, je ne veux plus que vous regardiez celui-ci.

— Ah! Marianne... c'est que mon fils avait cet âge aussi!

— Votre fils!... il aurait huit ans sonnés! il serait bien plus fort, bien plus grand, bien plus beau que celui-là, qui est tout chétif... Je parie que ce petit-là n'a pas sept ans.

— Mais comme sa voix est douce!.. elle m'a été jusqu'au cœur! Tiens, l'entends-tu?... le voilà qui chante, ce pauvre enfant!...

— Je vais lui dire de se taire, puisque cela vous fait mal.

— Oh! non... laisse-le chanter... Où donc as-tu trouvé ce petit ramoneur?

— Eh! mon Dieu, au coin du boulevard, là-bas... avec deux autres de ses camarades... J'ai choisi le plus petit, parce qu'ordinairement ils grimpent mieux que les grands...

— Tu lui donneras deux francs, n'est-ce pas, Marianne?

— Y pensez-vous? c'est beaucoup trop...

— Non... non, je le veux... et puis tu lui donneras à déjeuner, tu le régaleras bien!

— Vous êtes bien bonne... enfin, je le veux bien, moi.

— Ce pauvre petit! il n'a déjà plus ni père ni mère... Ah! il est bien malheureux!

— Oh! mais il ne faut pas croire tout ce qu'ils disent aussi; ils font souvent des histoires pour intéresser en leur faveur.

— Celui-là n'a pas l'air d'un menteur.

— Ah! il a fini... il descend, je crois.

Le petit ramoneur avait en effet achevé sa besogne, et il descendait rapidement de la cheminée; mais arrivé à peu de distance du sol, le pied lui glisse, et il tombe sur les chenets que Marianne a oublié de retirer.

Un cri échappe à l'enfant.

— Ah! mon Dieu! qu'est-il arrivé? dit Caroline

Marianne s'empresse de courir au petit ramoneur; il essayait de se relever, mais de grosses larmes roulaient dans ses yeux.

— Pauvre garçon! dit Marianne, tu es tombé... tu es blessé peut-être... Ah! mon Dieu! et moi qui ai oublié d'ôter ces maudits chenets!

— Ce n'est rien, madame... ça se passera, répond l'enfant en se traînant hors de la cheminée; puis il veut essayer de marcher, mais une douleur trop vive l'en empêche. Cependant Caroline se lève, passe à la hâte une robe, puis s'approche de l'enfant en lui disant :

— Où souffres-tu, mon ami?

— Au genou, madame... mais ça se passera!...

— Au genou... voyons... O mon Dieu! il saigne, je crois.

Marianne parvient à découvrir le genou de l'enfant, et voit une entaille assez profonde qu'il s'est faite en tombant sur l'angle d'un chenet :

— Ah! pauvre petit!... il est blessé... et c'est moi qui en suis cause... N'avoir pas retiré ces chenets!.

L'enfant voulait encore essayer de marcher, et répétait toujours : Ça se passera! mais la douleur est plus forte que son courage; déjà son genou enfle, et il ne peut plus en faire usage.

— Cet enfant est sérieusement blessé, dit Caroline, il lui serait impossible de marcher... il faut le soigner ici... le garder jusqu'à ce qu'il soit guéri... Marianne, tu le coucheras dans ta chambre, veux-tu?

— Oh! oui, madame, ce pauvre petit! D'ailleurs, c'est ma faute s'il s'est blessé... Oh! je vous réponds que j'en aurai bien soin.

— Non, non! il faut que je m'en aille, dit le petit ramoneur, mon maître me grondera s'il ne me voit pas rentrer...

— Ton maître saura bien que tu es ici par les camarades qui t'y ont vu entrer... Il viendra s'informer, et nous lui dirons que c'est nous qui avons voulu te soigner, te guérir. Comment t'appelles-tu?

— Petithomme, ma bonne dame.

— Eh bien, Petithomme, ne t'inquiète de rien; si ton maître te gronde, je t'excuserai... D'ailleurs tu vois bien qu'il te serait impossible de marcher maintenant... ton genou est déjà bien enflé!... Si l'on te rendait à ton maître, il te ferait porter à l'hôpital... Pauvre enfant!... Est-ce que tu n'aimes pas mieux être ici?...

— Oh! madame... ça m'est égal... c'est qu'il faut que je guérisse vite pour travailler... il faut que je gagne de l'argent pour mon maître.

— Il faut donc te laisser soigner... Pauvre petit! comme il est pâle!... Il souffre beaucoup, j'en suis sûre. Marianne, porte-le tout de suite dans ton lit.

Marianne s'empresse de prendre l'enfant dans ses bras et de le porter à sa chambre, qui est à un étage au-dessus de l'appartement de madame Daverny. Là, elle le déshabille, le débarbouille pour le débarrasser de la suie qui le couvre; puis, le couche dans son lit, et, sur l'invitation de sa maîtresse, va chercher un médecin pour qu'il examine la blessure du petit ramoneur. Caroline se rend à la chambre de Marianne, lorsque le docteur arrive. Après avoir visité la plaie, il annonce qu'elle ne sera pas dangereuse si le petit blessé veut garder le lit pendant au moins quinze jours; mais que si l'enfant voulait marcher plus tôt, il ne répondrait pas des suites de cet accident.

Petithomme pleure lorsqu'il entend dire qu'il faudra qu'il soit quinze jours sans quitter le lit.

— Quinze jours sans travailler! murmure l'enfant en sanglotant; oh! mon maître sera peut-être en colère... car il comptait sur moi cette année pour gagner de l'argent.

— Quel est donc ce maître dont il parle? toujours dit Caroline; je croyais que les ramoneurs étaient libres ici, et qu'ils ne travaillaient que pour faire des économies, qu'ils portaient ensuite à leurs parents.

— Il y en a quelques-uns comme cela, dit Marianne; mais beaucoup d'autres sont ici sous la tutelle d'un homme qui se charge de les loger, de les nourrir, et qui se fait alors donner tout ce que gagnent ces enfants... On fait des spéculations sur tout maintenant, même sur les petits Savoyards.

— Rassure-toi, Petithomme, dit Caroline à l'enfant; ton maître ne perdra rien; je lui ferai donner tout ce que tu aurais pu gagner pendant quinze jours; ne pleure donc plus, et laisse-toi soigner.

L'enfant sourit, remercie celle qui prend tant de soins de lui, et se résigne à rester couché. Caroline a de la peine à quitter la chambre de sa bonne, tant elle prend intérêt au petit blessé, et elle ne se décide à retourner dans son appartement qu'après avoir reçu de Marianne la promesse de ne point quitter une minute le petit ramoneur.

L'aventure du ramoneur a fait du bruit dans la maison; Daverny apprend par son domestique tout ce qui s'est passé; mais, suivant son habitude, il n'adresse pas une seule observation à sa femme. Le soir, un homme d'une cinquantaine d'années, qu'à son accent on reconnait pour un Savoyard, vient s'informer, dans la maison, du petit ramoneur; on envoie cet homme chez M. Daverny : c'est Marianne qui le reçoit.

— Est-ce qu'il n'est pas venu ici ce matin un petit garçon pour ramoner votre cheminée? dit le Savoyard en saluant Marianne avec respect.

— Oui, il est venu un ramoneur... tout jeune... et qui s'appelle Petithomme.

— Petithomme! c'est bien ça!... Et sauriez-vous, ma brave dame, ce qu'il est devenu? On ne l'a pas revu depuis ce matin!... et un petit m'a dit qu'il l'avait vu entrer dans cette maison...

— Où il est encore; car ce pauvre enfant s'est blessé en tombant sur un chenet... blessé au genou, il lui était impossible de marcher. Ma maîtresse est bonne, et elle a voulu garder le petit jusqu'à ce qu'il soit guéri... C'est sans doute vous qu'il appelle son maître, ce pauvre enfant!

— Oui, madame, c'est moi que je le fais travailler... que je le nourris...

— Et il vous donne ce qu'il gagne?... Ah! le pauvre enfant était bien chagrin quand on lui a dit qu'il faudrait rester quinze jours au lit!

— Quinze jours!... c'est ben long, ça.

— Et pour qu'il soit bien guéri, certainement nous ne vous le rendrons pas avant trois semaines!... Mais, rassurez-vous, ma maîtresse vous dédommagera; elle vous donnera ce que ce petit aurait pu gagner...

— Oh! vous êtes ben honnête; au reste, madame, vous ne me donneriez rien du tout, que je serais encore ben reconnaissant de ce que vous faites pour Petithomme! C'est un petit garçon si gentil... si doux!... Je l'aime tout plein; et si je désire le voir rétabli, c'est pas tant pour l'argent qu'il gagnera que parce qu'il vaut mieux travailler que d'être à charge à personne!

— Voulez-vous le voir, ce pauvre enfant?

— Dame! si ça ne vous dérange pas.

— Venez, suivez-moi.

Marianne mène le Savoyard près de Petithomme; l'enfant sourit en revoyant son maître, qui lui dit:

— Oh! diable! mon garçon! te voilà dans un beau lit comme un petit roi!... Tu as trouvé de bonnes dames qui ont bien soin de toi. Allons! reste en repos, dorlote-toi!... prends du bon temps!... je viendrai te voir queuquefois, quand j'aurai le temps... et dans trois semaines je t'emmènerai. Au revoir, petiot! tiens-toi chaud, mon garçon.

Et le Savoyard s'éloigne après avoir donné une petite tape sur la joue de l'enfant. Marianne rend compte à sa maîtresse de ce qui s'est passé, et celle-ci fait recommander à sa cuisinière d'avoir soin de bien régaler le Savoyard toutes les fois qu'il viendra voir le petit ramoneur.

Grâce aux soins qu'il reçoit chez madame Daverny, Petithomme voit bientôt sa blessure se guérir; déjà il voudrait se lever et marcher; mais Marianne le lui défend; et Caroline, qui vient souvent voir le petit blessé, sait toujours, en lui parlant, lui faire prendre patience.

Marianne s'aperçoit bien que sa maîtresse ne peut voir le petit garçon sans se rappeler son fils, et que ce souvenir amène des pleurs dans ses yeux; aussi la bonne domestique ne veut pas que Caroline aille trop souvent voir Petithomme; elle l'accompagne toujours, et trouve sans cesse quelque prétexte pour que les visites soient courtes. Mais plus d'une fois Caroline trompe la surveillance de Marianne, et après l'avoir chargée d'aller faire quelques emplettes dehors, elle monte vivement à l'étage au-dessus, et va s'établir près du lit du petit blessé.

Depuis qu'il est soigné par Marianne, l'enfant, dont le visage est bien propre, et dont la suie ne cache plus les traits, n'a rien qui rappelle le ramoneur. Souvent il est endormi lorsque Caroline pénètre près de lui; alors elle s'assied contre le lit, et se plait à considérer les jolis traits de l'enfant, dans lesquels il lui semble toujours retrouver ceux de son fils.

Petithomme touche à sa guérison; Caroline le sait. Elle veut profiter du peu de temps qui lui reste encore à jouir de la vue de cet enfant auquel chaque jour elle sent qu'elle s'attache davantage. Après avoir trouvé un prétexte pour faire sortir Marianne, elle monte bien vite à la chambre de sa bonne.

L'enfant est endormi; il n'a plus ni fièvre ni souffrances, son souffle est doux et pur. Dans cette petite tête couchée sur l'oreiller, il n'y a pas encore les passions qui agitent, les désirs qui dévorent, les chagrins qui oppressent.

Caroline contemple longtemps l'enfant endormi; plus elle le regarde, plus il lui semble retrouver sur son visage quelques traits du petit Paul.

— Il aurait à peu près cet âge, se dit Caroline. Oh! comme je l'aimerais!... comme je l'embrasserais!...

Et, cédant au sentiment qui l'entraine, elle appuie ses lèvres sur le front de l'enfant, qui reçoit le baiser sans être éveillé.

— Si je n'avais pas perdu mon fils! se dit Caroline, mon sort serait bien différent... je n'aurais pas consenti à épouser M. Daverny... Je serais libre encore, et maintenant qu'Arthur est revenu... Oh! mais il ne faut pas penser à tout cela...

C'est en vain qu'elle veut éloigner ses souvenirs, Caroline cède à la douleur qui l'oppresse; seule, penchée sur le lit de l'enfant, elle peut donner un libre cours à ses pleurs... Marianne n'est pas là pour la gronder.

Mais tout à coup l'enfant s'éveille, et en voyant pleurer celle qui a pour lui tant de soins il s'écrie :

— Mon Dieu! madame... est-ce que j'ai cassé quelque chose en dormant?

— Non, non, mon ami, non, rassure-toi.

— Pourquoi donc que vous pleurez, madame?

— C'est que je te regardais... et que tu me rappelais quelqu'un... que j'aimais bien... et que j'ai perdu!

— Si je vous fais pleurer, madame, il ne faut pas me garder... il faut me renvoyer tout de suite.

— Non, non, encore quelques jours... Est-ce que tu t'ennuies ici?

— Ah! dame! ça n'est pas bien amusant d'être couché.

— Est-ce qu'on n'a pas bien soin de toi?

— Au contraire, on me traite trop bien ici... Quand je vas me recoucher sur ma paillasse, ça me semblera dur... Oh! mais je dormirai tout de même!

— Et tu viendras me voir quelquefois... n'est-ce pas, Petithomme?

— Oui, madame, si mon maître me le permet... Ah! mais je crois que nous devons bientôt quitter Paris et aller faire notre tour de France, comme il dit.

— Voyager! si jeune et à pied!

— Oh! ça fait du bien, ça fait grandir!

— Et si je te proposais de rester avec moi... toujours?

— Oh! ça ne se peut pas, madame, il faut que je travaille... que je rapporte de l'argent à père Jacques.

— Père Jacques... c'est le nom de ton maître, sans doute?

— Oui, madame.

— Et ton père, à toi, s'appelait donc Petithomme?

— Oui, madame, mais je ne l'ai jamais vu; il est mort, et ma mère aussi : c'est père Jacques qui m'a élevé.

Le petit garçon ne dit plus rien. Caroline est retombée dans ses réflexions, dans ses souvenirs; elle tient une main de l'enfant dans les siennes, et lève les yeux au ciel en balbutiant : — Et lui... où est-il maintenant?

Bientôt on ouvre la porte : c'est Marianne qui revient, et qui, en voyant les yeux rouges de Caroline, s'écrie :

— Oh! j'étais bien sûre de vous trouver ici... Mais il est temps que ce petit garçon s'en aille; car, depuis que vous le voyez tous les jours, vous êtes encore plus triste, vous changez à vue d'œil... Vous tomberiez malade si Petithomme restait encore longtemps. La belle avance!... Mais aussi, dans trois jours, bien le bonsoir on le rendra à son maître.

— Mais, Marianne, que t'a-t-il donc fait, ce pauvre enfant? A t'entendre, à te voir si pressée de le renvoyer, on dirait que tu le détestes!

— Non, vraiment! je l'aime beaucoup, au contraire; mais je vous aime encore plus, et votre santé, votre repos avant tout.

Marianne emmène sa maîtresse. Mais celle-ci exige qu'avant de renvoyer l'enfant on l'habille convenablement, et qu'on le lui amène dans son appartement. Le jour du départ est arrivé; père Jacques vient chercher Petithomme. Marianne, qui craint que Caroline ne s'attendrisse encore en disant adieu à l'enfant, fait entrer père Jacques à la cuisine, et attend que l'heure du dîner soit venue, et que Daverny soit près de sa femme, pour amener le petit ramoneur faire ses adieux et ses remerciments.

Le petit garçon paraît habillé d'un matelot propre, et tenant sous son bras un paquet dans lequel sont renfermés les vêtements de ramoneur. Il est tout à fait gentil dans son nouveau costume, et Daverny, qui ne l'avait aperçu qu'une seule fois le jour de son accident, semble frappé des traits intéressants de l'enfant. Celui-ci regarde d'un air intimidé le monsieur qui est près de la dame qui l'aime tant; puis il va, en saluant gauchement, remercier Caroline de toutes les bontés qu'elle a eues pour lui.

Caroline retient avec peine les larmes qui humectent ses yeux. Cependant, ainsi que l'a pensé Marianne, la présence de son mari l'empêche de céder aux mouvements de son cœur. Elle embrasse Petithomme, et lui remet une bourse en disant à Marianne :

— Son maître est donc arrivé pour le chercher?...

— Oui, madame, il attend dans la cuisine... Si vous voulez le voir, je vais le faire entrer.

— Non, c'est inutile. Petithomme, tu remettras cet argent à ton maître... et tu lui diras que... je le prie de ne pas te faire trop travailler.

— Oh! madame! père Jacques ne me mène pas durement; il m'aime bien.

— Tant mieux, mon ami. Quand tu auras fait ce que vous appelez ton tour de France, reviens me voir... Me le promets-tu?

— Oui, madame; mais, dame! ce ne sera peut-être pas de bien longtemps, car nous ne voyageons pas vite, nous autres!

Petithomme remercie encore Caroline, puis il va s'en aller en s'inclinant timidement devant le monsieur qui ne lui a rien dit; mais, au moment où il passe devant M. Daverny, celui-ci lui prend la main, l'attire à lui, l'embrasse, et lui glisse de l'argent dans son gousset. L'enfant regarde le monsieur d'un air tout étonné. Quant à Caroline, elle ne peut se rendre compte de ce qu'elle éprouve, mais il lui semble qu'elle ne hait plus son mari.

Il y avait huit jours que le petit ramoneur n'était plus chez Caroline; celle-ci aimait à parler souvent de cet enfant, pour lequel son cœur s'était senti un si tendre intérêt.

Puis elle disait en soupirant : — Pauvre petit! probablement je ne le reverrai jamais.

Un matin, Daverny lisait un journal, et Caroline causait encore de Petithomme avec Marianne, pendant que la cuisinière servait le déjeuner. En entendant sa maîtresse parler du petit ramoneur, cette fille s'arrête devant la table en s'écriant :

— Madame aurait encore ben pus aimé ce pauvre petit si elle avait entendu tout ce que l'autre vieux Savoyard m'a conté!...

— Comment, Catherine? que voulez-vous dire? demande Caroline en regardant sa domestique.

— Ah! madame! c'est que le jour que le vieux Savoyard est venu pour chercher le petit, il est resté longtemps dans ma cuisine, à attendre que l'enfant fût prêt... parce que mamzelle Marianne voulait que l'enfant vînt vous dire adieu... et moi, j'ai fait boire le Savoyard... on m'avait recommandé de le régaler...

— Vous avez bien fait! Ensuite?...

— Apparemment que ce pauvre cher homme n'a pas l'habitude de boire du vin; car, quand il en eut bu seulement deux verres, il devint si bavard!... Il ne déparlait pas! c'est alors qu'il me conta l'histoire de l'enfant... Oh! c'est joli!... c'est comme le roman de *Cœlina*, que j'ai lu... où il y a ce brigand de *Truguelin!*

— Mais expliquez-vous donc, Catherine; qu'est-il donc arrivé à cet enfant?

— Madame, voilà ce que c'est. Le Savoyard m'a conté comment il a trouvé Petithomme... car c'est un enfant qu'il a trouvé, et dont il ne connaît pas du tout les parents. Figurez-vous que, il y a six ans à peu près, ce brave homme traversa un jour la forêt de Sénart pour se rendre à Paris...

— La forêt de Sénart! s'écrie Caroline en se levant spontanément, et regardant Catherine avec anxiété, tandis que Marianne, presque aussi agitée que sa maîtresse, pose cependant un doigt sur sa bouche en faisant signe à Caroline de se contenir, et lui montrant son mari qui écoute et ne lit plus son journal.

— Eh bien! achevez..., achevez donc, Catherine!

— Eh bien! madame, c'est dans la forêt de Sénart que le père Jacques trouva un petit garçon, bien gentil, bien habillé, qui pleurait et appelait sa mère!... Jacques le questionna pour savoir où il demeurait, d'où il venait; mais l'enfant était trop petit, il ne savait encore dire que maman, et je t'aime bien! Si bien qu'après s'être informé dans les environs, sans pouvoir trouver les parents du petit garçon, Jacques se décida à l'emmener avec lui... et cet enfant, madame, c'est celui qui s'était blessé ici, auquel Jacques a donné le nom de Petithomme, et dont vous avez eu si grand soin...

— C'était lui!... murmure Caroline, et un cri sourd s'échappe de sa poitrine; son visage devient d'une pâleur effrayante; puis ses yeux se ferment, tandis que ses bras font un mouvement comme pour implorer son mari.

Daverny court à Caroline, la porte dans son appartement, la dépose sur son lit, et s'éloigne brusquement en la recommandant aux soins de Marianne, qui, tout étourdie encore par ce qu'elle vient d'entendre, semble n'avoir plus la tête à elle, et, tout en secourant sa maîtresse, fait à chaque instant des bonds dans la chambre, en s'écriant :

— Nous l'avons retrouvé, ce cher enfant

CHAPITRE XVIII

UN RENDEZ-VOUS.

Le premier mot de Caroline, en reprenant ses sens, est! :

— Mon fils! Marianne!... c'était mon fils!...

— Oui, madame, oui, répond la bonne fille en embrassant sa maîtresse... Oui... c'était lui!... vous aviez raison, vous; votre cœur ne vous trompait pas... il reconnaissait ce pauvre enfant!

— Mais je le veux, Marianne, il me faut mon fils... je ne veux plus qu'il me quitte, maintenant!... Oh! mais pourquoi donc, au lieu de me secourir, n'es-tu pas allée le chercher?

— Eh! mon Dieu, ma chère maîtresse, cette découverte m'a tellement bouleversée!... je suis comme une folle!... je ne sais plus ce que je fais... Ensuite, je tremble par moment... Si votre mari venait à découvrir la vérité!... tout à l'heure vous avez perdu connaissance devant lui... Heureusement que pendant le récit de Catherine il ne vous est échappé que quelques mots sans conséquence... mais j'avais bien peur que votre émotion ne vous trahît... Si M. Daverny apprenait que vous êtes la mère de ce petit ramoneur..., ô mon Dieu!... il pourrait vous rendre bien malheureuse!...

— Non, Marianne, non; je ne puis plus être malheureuse si j'ai mon fils avec moi!... D'ailleurs, M. Daverny ne saura rien, ne devinera rien; s'il le faut, nous cacherons mon fils à tous les regards... il vivra près de nous... ne sortira pas de mon appartement... nous ne le montrerons à personne.

— Ce pauvre enfant!... vivre ainsi, renfermé!... il tomberait bien vite malade!...

— Eh bien, je dirai à M. Daverny que cet enfant m'intéresse... que je l'adopte... que je veux en prendre soin... Puisque mon mari me laisse faire toutes mes volontés, il ne s'opposera pas à ce que je garde cet enfant... Oh! mais, avant tout, je veux le revoir, l'embrasser... Marianne, va, cours... ramène-le avec toi...

— Oui, madame... oui...

Marianne fait un mouvement pour sortir; puis, pour la première fois, elle songe qu'elle ignore la demeure de Jacques... qu'on n'a pas demandé à Petithomme où il logeait à Paris, et Caroline se rappelle en même temps que le projet du Savoyard était de partir avec l'enfant pour faire son tour de France.

— Mais, dit Marianne, où donc vais-je trouver ce Jacques qui a notre cher petit?

— Mon Dieu! s'écrie Caroline, s'il était déjà parti avec mon fils... Je me rappelle maintenant... ils devaient se mettre en voyage... Ah! Marianne, après l'avoir retrouvé... s'il me fallait le perdre encore!

— Allons, madame, du courage; d'abord, c'est déjà un grand bonheur de savoir qu'il existe... qu'il se porte bien... Car enfin, quoiqu'il soit délicat, il se porte bien, ce cher enfant... Mais soyez tranquille, nous le retrouverons... Je vais courir tout Paris s'il le faut, m'informer à tous les ramoneurs que je rencontrerai, et il faudra bien que je sache ce qu'est devenu ce Jacques, et où il a emmené votre fils.

Marianne est partie; Caroline monte à la chambre de sa bonne; elle contemple avec amour le lit dans lequel son fils a couché; elle couvre de baisers l'oreiller sur lequel il reposait sa tête, puis elle verse des larmes en abondance en murmurant : — Il était là... avec moi... C'était mon fils, mon cher Paul! Ah! mon cœur l'avait deviné; pourquoi donc l'ai-je laissé partir?...

La journée se passe sans que Marianne revienne ; Caroline meurt d'impatience; souvent elle est tentée de sortir, de courir au hasard dans Paris, et de demander son fils à tous les enfants de la Savoie qu'elle rencontrera; elle craint aussi que son mari ne vienne s'informer de sa santé, elle redoute de se retrouver en sa présence, car elle sent qu'elle pourra difficilement cacher son trouble, son émotion, lorsqu'il lui demandera quel intérêt si grand elle porte au petit ramoneur pour avoir perdu connaissance en écoutant le récit de la domestique; mais Daverny ne reparaît pas chez sa femme, et Caroline apprend avec joie qu'il est absent, et a dit en sortant qu'il ne rentrerait pas de la journée.

Le soir seulement Marianne revient, épuisée par les courses qu'elle a faites, et désolée de ne point apporter de bonnes nouvelles.

— Tu ne me ramenes pas mon fils! s'écrie Caroline en revoyant sa bonne.

— Eh, mon Dieu! non... J'ai couru tout Paris... je crois que j'ai parlé à tous les ramoneurs qui sont dans cette ville!... D'abord, les uns ne connaissent pas Jacques, les autres l'avaient connu, mais ne savaient pas où il logeait... Enfin, après bien des peines, j'ai découvert la maison... ou plutôt le galetas dans lequel couchait le Savoyard avec notre cher enfant et deux autres petits ramoneurs...

— Eh bien?... eh bien?...

— Eh bien!... vos craintes n'étaient que trop fondées, ma chère maitresse... Jacques est parti il y a trois jours avec les enfants... pour faire son tour de France.

— Parti!... et il a emmené mon fils!

— Pardi!... croyez-vous qu'il l'aurait laissé?... D'abord il parait qu'il aime beaucoup ce cher enfant... car, avec l'argent qu'on lui a donné ici, il lui a acheté une marmotte, que l'enfant fera voir en route, parce que ça le fatiguera moins que de ramoner... Voilà du moins ce que Jacques a dit.

— Parti!... Mais pour quel endroit?... quelle route ont-ils prise?...

— Ah! vous pensez-bien que c'est la première chose que j'ai demandée!... mais impossible de rien savoir... personne de ces gens où ils logeaient ne leur portait assez d'intérêt pour leur demander où ils allaient... Que leur importait la route que prendraient les Savoyards? Quand j'ai dit : Où sont-ils allés?... par quelle barrière sont-ils sortis de Paris? on m'a regardée d'un air surpris, et on m'a répondu : Est-ce que nous en savons quelque chose?... Est-ce que nous nous amusons à suivre les Savoyards quand ils nous quittent?

— Ainsi donc mon fils est encore perdu pour moi!... Ah! Marianne, je sens que je ne supporterai pas ce nouveau coup du sort!... Lorsque je vis au sein de l'aisance, savoir que mon cher Paul gagne péniblement sa vie, voyage à pied, couche quelquefois sur la paille et mange du pain noir!... Oh! cette idée me tue! Mon Dieu, vous me punissez trop de la faute de ma jeunesse.

Caroline sanglotait; Marianne mêlait ses larmes aux siennes, tout en s'écriant de temps en temps

— De quel côté courir pour le retrouver?... C'est égal, si madame veut, dès demain je me mettrai en voyage.

Tout à coup une idée semble s'offrir à Caroline; elle serre la main de sa bonne en lui disant :

— Marianne... une femme ne peut pas voyager à cheval... parcourir beaucoup de pays en peu de temps... mais un homme... un homme qui s'intéresserait presque autant que nous au sort de mon fils, parviendrait sans doute à le rejoindre...

— Oui, madame... oui... un homme bien dévoué... et à qui on ne craindrait pas de se confier.,. Mais où le trouver, cet homme?...

— Comment, Marianne. tu ne m'as pas devinée?... Arthur est ici... à Paris, Arthur est le père de Paul... Ne doit-il pas lui porter autant d'intérêt que moi?...

— Ah! M. Arthur!... Oui, madame... il est possible... s'il veut consentir à abandonner pendant quelque temps ses réunions... ses parties de jeu... ses plaisirs...

— Marianne, tu juges mal Arthur, tu l'as toujours mal jugé... tu lui crois tous les défauts...

— S'est-il bien conduit avec vous?

— Non... mais savons-nous ce qui lui est arrivé... ce qui a pu le retenir loin de moi? L'ai-je laissé se justifier? Au reste, ce n'est plus de moi qu'il s'agit, c'est de mon fils; et pour retrouver mon cher Paul, je suis décidée à faire une démarche qui était bien loin de ma pensée. Je reverrai Arthur, car il faut que je lui parle... que je lui dise que je ne peux plus exister sans mon fils... Oh! je suis bien sûre qu'il partagera ma tendresse pour lui... et qu'il quittera sur-le-champ Paris afin de voler à la recherche de notre enfant.

— Eh bien, madame, si vous êtes décidée à voir M. Arthur, il faudrait vous hâter, car en se dépêchant on rejoindra ce Jacques plus facilement... Savez-vous où demeure M. Arthur?

— Non... mais tu vas aller chez Thérèse, tu la prieras de demander à son mari l'adresse de son ami... Tu trouveras quelque prétexte... dis que son oncle Gervillier t'a laissé des papiers... une boîte pour son neveu... et que tu veux lui remettre ce dépôt.

— Oh! soyez tranquille, madame, j'arrangerai cela... Mais quand je saurai l'adresse de M. Arthur... vous ne pouvez pas aller chez lui, madame; car si votre mari venait à le découvrir...

— Oh! non, Marianne! je n'irai pas chez Arthur... mais je puis lui écrire... et lui donner un rendez-vous.

— Choisissez alors un endroit bien éloigné... où l'on ne rencontre personne...

— Aux Champs-Élysées... tout contre la barrière de l'Étoile... Dans cette saison on ne va pas encore se promener... nous pourrons causer sans être remarqués.

— Soit... écrivez-lui tout de suite... donnez-lui rendez-vous pour demain matin ; ce soir je saurai bien découvrir son adresse, et il aura la lettre.

Caroline prend une plume et trace à la hâte le billet suivant :

« Monsieur, j'ignore si vous vous souvenez encore de moi... mais je vous prie de m'accorder demain un moment d'entretien; ce que j'ai à vous dire est du plus puissant intérêt. Je serai demain à dix heures du matin dans les Champs-Élysées, près de la barrière de l'Étoile; de grâce, ne manquez pas.

« CAROLINE. »

Cette lettre écrite, Caroline la ferme, puis la donne à Marianne, qui la prend et sort en jurant de ne point rentrer sans l'avoir remise chez Arthur.

Restée seule, Caroline éprouve comme un sentiment de frayeur; elle songe à tout ce qui pourrait arriver de funeste si son mari venait à découvrir qu'elle a écrit à Arthur pour lui donner un rendez-vous; mais bientôt le souvenir de son fils chasse ses terreurs, et elle se sent la force de tout braver pour être enfin réunie à son enfant.

Il est prêt de minuit lorsque Marianne revient près de sa maîtresse.

— J'ai réussi, madame, dit la fidèle servante en se laissant tomber sur un siége, mais ce n'a pas été sans peine!... Madame Minot ne savait rien... son mari était sorti, j'ai attendu son retour; il m'a dit qu'il ne voyait plus M. Arthur, mais il m'a donné son adresse. Je m'y rends... ce n'était plus là qu'il logeait... Je vais à la nouvelle demeure qu'on m'indique... il était encore déménagé!... il déménage bien souvent, ce monsieur! depuis six semaines voilà son troisième logement! Enfin j'ai trouvé le bon.., celui où il est pour le moment! Ah! ma foi! si on ne me l'avait pas enseigné, j'avoue que je n'aurais jamais été chercher là M. Arthur!...

— Pourquoi donc cela, Marianne?

— Ah! madame!... c'est que M. Arthur, qui était jadis si élégant... qui avait un si bel appartement dans la Chaussée-d'Antin!... à présent loge au cinquième dans une vilaine maison de la rue des Filles-Dieu!... Ah! quelle différence!

— Ce pauvre Arthur!... il est donc malheureux!... il a donc éprouvé bien des infortunes!

— Je ne sais pas ce qu'il a éprouvé, mais il ne faut pas qu'il soit dans de bien beaux meubles pour demeurer là. Enfin j'ai cherché un portier... j'ai trouvé dans le fond d'une allée une espèce de savetier à qui j'ai demandé s'il connaissait M. Arthur Gervillier, s'il pouvait me promettre de lui remettre une lettre importante et pressée que j'avais pour lui. Le savetier m'a répondu : Soyez tranquille, madame, c'est moi qui fais les commissions de ce monsieur et qui cire ses bottes; il aura la lettre demain avant neuf heures. Alors je la lui ai donnée. J'avais bien envie d'attendre M. Arthur pour lui remettre la lettre moi-même; mais le savetier m'a dit : Ce monsieur n'a pas d'heures pour rentrer, et vous risqueriez de passer ici une partie de la nuit. Alors je me suis décidée à revenir.

— Merci, ma bonne Marianne; Arthur aura ma lettre, et il viendra au rendez-vous que je lui donne... Oh! je suis sûre qu'il viendra. Mais ce que tu me dis de sa position m'étonne et m'afflige... il a donc essuyé bien des revers de fortune?

— Ou fait des folies!... Dame! tant va la cruche à...

— Va te reposer, Marianne, va, tu en as besoin. Je vais tâcher de dormir. Ah! je voudrais déjà être à demain!...

Marianne laisse sa maîtresse se mettre au lit. Mais Caroline ne peut goûter un moment de repos; l'image de son fils, et l'idée qu'elle va revoir Arthur, cet homme qu'elle aimait tant et qu'elle se représente encore aussi séduisant, aussi aimable que lors de son séjour à Draveil, tous ces souvenirs l'empêchent de se livrer au sommeil, et c'est avec joie qu'elle voit enfin revenir le jour.

Il n'est pas encore neuf heures, et déjà Caroline est habillée pour sortir.

— Vous accompagnerai-je? lui dit Marianne.

— Non... devant toi... il n'oserait pas me parler de... mon fils. Je sortirai à pied... puis, un peu plus loin de la maison, je prendrai une voiture... elle m'attendra pendant que je parlerai à Arthur, et elle me ramènera tout près d'ici.

— Prenez-bien garde, ma chère maîtresse; si votre mari découvrait!...

— Ah! Marianne, tu me connais, toi; tu sais bien que ce n'est pas pour faire mal que j'ai donné ce rendez-vous à Arthur; s'il ne s'agissait pas de mon fils, jamais je ne l'aurais revu!

— Oui, madame, je sais cela; mais le monde ne jugerait pas ainsi!...

— Si par hasard M. Daverny me demandait au déjeuner, tu diras que je suis indisposée... ou que je suis sortie pour prendre l'air... Mais il ne s'informera pas de moi, il ne s'en informe jamais!

— D'ailleurs je crois que monsieur est sorti aussi, je ne l'ai pas aperçu ce matin.

— Voici l'heure qui s'avance... je pars...

— Allez, madame, et que le ciel vous protége!

Caroline s'enveloppe dans un grand châle, couvre sa tête d'un grand chapeau qui cache bien sa figure, puis elle sort lentement de sa demeure et gagne le boulevard à pas précipités; elle fait signe au premier fiacre qu'elle aperçoit, monte dedans, fait prendre l'heure au cocher, et lui dit de la conduire près de la barrière de l'Étoile.

Le temps était froid et gris. Caroline tremblait dans le fond de sa voiture, non-seulement de froid, mais encore d'émotion, de souvenir. Peut-on revoir sans trouble un homme que l'on adorait, lorsque, pendant huit années de séparation, on a toujours eu son image présente à la pensée? Caroline trouvait que la voiture n'avançait pas; puis, dans d'autres moments, elle s'effrayait en songeant qu'elle allait arriver au rendez-vous.

Enfin la voiture s'arrête, on est près de la barrière. Caroline descend en tremblant, dit à son cocher de l'attendre, et se dirige vers une des allées latérales. Elle ose à peine regarder autour d'elle; elle croit qu'Arthur est là et va voler à sa rencontre; mais personne ne vient à elle. Caroline se décide à lever les yeux. Il y a fort peu de monde dans les environs de la barrière, et elle n'aperçoit aucun individu qui ressemble à la personne qu'elle attend.

— Pas encore arrivé! se dit Caroline; il n'est peut-être pas encore l'heure que je lui ai indiquée... mais il aurait dû partager mon impatience.

Caroline se promène lentement en revenant vers les Champs-Élysées... Dix minutes s'écoulent, et déjà elle se désespère, lorsque enfin ses yeux distinguent dans l'éloignement un homme qui semble venir vers elle.

Cet homme a bien la taille d'Arthur; mais plus il s'approche et moins elle pense que ce puisse être lui; il est enveloppé dans une longue redingote dont le collet est gras et les basques crottées; il a un pantalon qui semble identifié avec ses bottes. Un foulard rouge lui sert de cravate; son chapeau, un peu trop luisant, est mis sur le côté, en tapageur; dans sa bouche est un cigare, et dans sa main droite une grosse canne, sur laquelle il se dandine en marchant.

Cependant ce monsieur s'approchait toujours de Caroline, et celle-ci se disait encore : Oh! ce n'est pas lui! au moment où il lui prend vivement le bras en s'écriant :

— Me voilà, charmante femme... Je me suis fait un peu attendre; mais, ma foi, il fait si gras à marcher... et puis vous avez choisi le rendez-vous un peu loin... et je ne pouvais pas trouver de feu pour allumer mon cigare...

Caroline regarde Arthur, car c'était bien lui, mais elle ne peut encore le reconnaître en examinant ses traits flétris, son front plissé, ses yeux ternes. En considérant sa toilette, sa tournure, et même en écoutant le son de sa voix, devenue sourde et éraillé, elle se demande encore si c'est bien là l'homme auquel elle a donné son cœur.

— Vous me regardez, chère amie, reprend Arthur; vous me trouvez peut-être un peu changé... Ah! que voulez-vous... huit ans de plus, c'est quelque chose! surtout quand on mène la vie aussi bon train que moi!... J'ai toujours aimé à m'amuser!... Malheureusement depuis quelque temps, cela va mal!... des pertes énormes... des revers de fortune... Je suis très-malheureux à la bouillotte... Je vous conterai tout cela... Du reste, c'est un compliment à vous faire, vous êtes toujours jolie... très-jolie... un peu pâle... l'air mélancolique... mais ça sied bien... c'est bon genre...

— Monsieur Arthur, dit Caroline d'une voix tremblante, c'est pour... c'est au sujet de...

— Oui, oui, très-bien, vous avez mille choses à me dire! Parbleu! et moi aussi; quand on a été huit ans et plus sans se voir, c'est assez naturel... Mais nous n'allons pas rester comme cela en plein air... d'abord il fait froid ce matin; je n'aime pas à avaler le brouillard... voilà un traiteur à deux pas... entrons-y...

— Non, non, c'est inutile! répond Caroline en cherchant à dégager son bras que déjà Arthur a passé sous le sien; nous pouvons très-bien parler ici.

— Je vois, ma chère amie, que vous êtes toujours la même... timide, craintive, défiante... Le mariage ne vous a pas dérouillée! c'est étonnant!... Eh! mon Dieu! Laissez-vous donc conduire; je vous déclare que je ne cause pas aux quatre vents; je n'ai pas envie de m'enrhumer... D'ailleurs je ne serai pas non plus fâché de déjeuner.

— Mais, monsieur, de grâce... j'ai un fiacre qui m'attend...

— Eh bien, il attendra, c'est son métier, on le paye pour ça! Venez donc, femme délicieuse... Parole d'honneur, je vous trouve encore plus jolie... qu'il y a huit ans, lorsque nous allions causer tous les deux dans le petit bois... Vous savez... Oh!... vous avez beau faire... vous viendrez chez le traiteur... On cause très-bien en déjeunant.

Arthur entraîne Caroline; celle-ci, voyant qu'il lui est impossible de se faire écouter en restant sur la route, se décide à suivre son conducteur; car dans le fond de son âme, sachant bien qu'elle ne sera pas plus coupable chez un traiteur qu'au milieu des Champs-Élysées, elle ne voit pas grand mal à ce que son entretien avec Arthur ait lieu dans un endroit où l'on ne puisse les apercevoir.

— Un cabinet et deux couverts! crie Arthur en entrant chez le traiteur... et du feu... un bon feu... Madame est gelée, et moi aussi!

Caroline tremblait en effet, mais ce n'était plus de froid. A peine entrée chez le traiteur, elle voulait déjà en être sortie. De nouvelles réflexions lui passent par l'esprit; et puis le ton, les manières d'Arthur sont si différents d'autrefois, qu'il y a des moments où elle croit rêver, et perdrait toute sa force si le souvenir de son fils ne venait la ranimer. Mais Arthur ne lui lâche pas la main, il la fait monter devant lui, et le garçon les fait entrer dans un cabinet où il y a, outre des chaises, une espèce de sofa.

Caroline jette autour d'elle des regards craintifs, tandis que son cavalier dit au garçon :

— Du feu vivement, puis vous préparerez notre déjeuner. Les huîtres sont-elles fraîches?

— Oui, monsieur.

— Ah! farceur, vous ne diriez jamais le contraire... Faites-en ouvrir six douzaines... Donnez-moi une carte... je vais écrire le menu.

— Mais, monsieur, nous n'allons pas rester longtemps ici? dit Caroline d'une voix tremblante.

— Pourquoi donc, chère amie? Je ne suis pas pressé, moi! j'ai toute ma journée, toute ma nuit, tout mon temps à moi!... Je suis quelquefois resté huit jours de suite chez un traiteur... il est vrai que j'avais de bonnes raisons pour n'en pas sortir.

— Mais, monsieur... moi, il faut que je sois de retour à ma demeure... avant qu'on ait pu s'apercevoir...

— Très-bien, très-bien, nous causerons de cela tout à l'heure. Ce feu est bien long à prendre... donnez-moi donc le soufflet, garçon... Ah! quel fichu soufflet! il est éreinté, il n'a plus de vent!... Si la maîtresse de la maison ressemble au soufflet, ce doit être du propre!... Ah! voilà que ça prend enfin... Allez vous occuper du déjeuner... Ah! garçon... vous ne servirez que quand je sonnerai.

— Ça suffit, monsieur, répond le garçon en laissant échapper un sourire malin; puis il sort en refermant avec soin la porte sur lui.

Caroline est restée debout; chaque instant augmente son trouble; les discours d'Arthur sont si nouveaux pour elle, qu'à chaque instant elle se dit : Mon Dieu!... est-ce bien là l'homme que j'aimais tant?...

— Ah! nous voilà seuls enfin! et nous pouvons jaser à notre aise, dit Arthur en se rapprochant de Caroline. Ah! chère amie, nous avons bien des choses à nous dire depuis huit ans que nous ne nous sommes vus!... asseyons-nous là...

Arthur attirait Caroline du côté du sofa, mais celle-ci dégage avec force sa main qu'il tenait, en s'écriant :

— Non, monsieur, non, je ne veux pas m'asseoir.

— Vous ne voulez pas vous asseoir? eh bien, je m'assieds, moi... Ah çà, voilà un nouveau genre! Est-ce que vous déjeunerez debout?

— Je n'ai pas faim, monsieur, et je ne déjeunerai pas...

— Laissez-donc! toutes les femmes disent cela en tête-à-tête chez un traiteur : Je n'ai pas faim! je ne veux rien prendre! ne demandez rien pour moi!... et puis ensuite elles s'empiffrent et mangent de tout! Au reste, vous n'êtes pas obligée de déjeuner... mais, moi, comme j'ai bon appétit, je mangerai pour deux... Tout cela n'est pas une raison paur prendre un air si sévère!... pour faire une mine sérieuse!... Ce n'est pas pour me traiter avec tant de rigueur, je pense, que vous m'avez donné un rendez-vous... Voyons, Caroline, venez vous asseoir là sur mes genoux... et quittez cet air boudeur...

Arthur veut reprendre la main de Caroline, et attirer sur ses genoux celle qui jadis rougissait de bonheur lorsqu'il la serrait dans ses bras; mais la jeune femme le repousse, et se réfugie à l'autre bout de la chambre, en lui disant d'un ton suppliant :

— Ah! monsieur!... par pitié, ne me traitez pas ainsi... Ah! mon Dieu! vous me méprisez donc bien!...

— Ah çà, qu'est-ce que tout ceci veut dire? s'écrie Arthur en s'étendant sur le sofa; est-ce que nous jouons la comédie... le drame?... Je n'y comprends plus rien, moi. Ordinairement, quand on écrit à un homme pour lui donner un rendez-vous, ce n'est pas ensuite pour faire avec lui la Lucrèce... à plus forte raison quand cet homme a déjà été notre amant.

— Si vous aviez voulu m'écouter... monsieur, si vous m'aviez laissée vous dire pourquoi je désirais tant vous voir... vous n'auriez pas fait ensuite des suppositions outrageantes pour moi...

— Outrageantes!... les grands mots en avant! Tenez, Caroline, je vois pourquoi vous me traitez ainsi... vous m'en voulez encore pour la manière dont je me suis conduit envers vous... Vous n'avez peut-être pas tort... je conviens que j'aurais pu y mettre plus de procédés... mais que voulez-vous! les passions nous entraînent... la vie offre tant de séductions quand on est jeune, riche, joli garçon!... et vous savez que je n'étais pas mal... je suis un peu raffalé maintenant... Tenez, je vais vous conter en peu de mots toute ma vie depuis... ma liaison avec vous... Asseyez-vous donc... Oh! soyez tranquille, je ne veux pas vous prendre de force!... j'en ai eu assez de bonne volonté!... D'ailleurs ça ne vous va plus... c'est fini!... Vous pensez bien que je n'ai pas envie de recommencer à vous faire la cour.

Caroline, toute saisie de ce qu'elle entend, prend une chaise et s'assoit loin d'Arthur; celui-ci, après avoir encore attisé le feu et juré contre le soufflet, se jette sur une chaise et reprend son discours :

— Lorsque je vous ai connue, j'avais vingt-six ans, je possédais huit mille livres de rente, toutes les femmes m'adoraient... ou du moins en avaient l'air, ce qui revient au même quand on en change souvent. Le fait est que dans le monde on me trouvait charmant... Vouliez-vous que je ne fusse pas de l'avis de tout le monde?... Las de conquêtes trop faciles, je recherchais les cœurs neufs, innocents, qui croient à l'amour vrai... à la fidélité... C'est alors que je vous vis... Je n'ai pas besoin de vous raconter ce qui se passa entre nous... vous ne l'avez pas oublié... Pour vous séduire je vous avais promis de vous épouser... mais les jeunes gens promettent cela à toutes les demoiselles qu'ils veulent séduire... ça ne signifie rien du tout! Le fait est que je n'avais aucune envie de me marier; toute chaîne m'inspirait de l'aversion!... Je cessai donc alors de vous voir... d'ailleurs je fis à cette époque une autre connaissance... une femme coquette... rouée... qui me fit diablement promener... Il y a comme cela des femmes qui se chargent de venger les autres... Bref, je la suivis en Angleterre... Il fait très-cher vivre en Angleterre!... j'y dépensai un argent fou... Au bout de quinze mois ma conquête me quitta pour un prince russe... moi, je partis pour l'Italie. Mais déjà il ne me restait plus que le quart de ma fortune... j'avais mangé les trois autres. Je réalisai ce qui me restait. En Italie j'eus comme ailleurs des aventures galantes; puis j'achevai de me ruiner... Quand je n'eus plus d'argent, je fis beaucoup moins de conquêtes; mais en revanche je fis des réflexions qui n'étaient pas toujours gaies... Ah! lorsqu'on a connu l'opulence... et goûté les délices de la vie, ce n'est pas toujours amusant de ne plus savoir comment on se procurera à dîner...

— Quoi ! vous avez été si malheureux ! s'écrie Caroline ; et elle rapproche involontairement sa chaise de celle d'Arthur.

— Malheureux n'est pas le mot... mais souvent en colère contre le sort. Du reste, comme je suis d'un caractère à ne pas m'affliger longtemps, je me fis à ma nouvelle position. Je connus des femmes d'une classe moins élevée... car il y en a de jolies partout... Je devins moins petit-maître... je fréquentai des cercles... de bons enfants... Ce n'était plus des dandys ! mais il faut se plier à tout... Je jouais beaucoup... j'ai toujours aimé le jeu !... Quand j'étais en bonne veine, je recommençais ma vie de seigneur ; quand j'avais tout perdu... je dinais à crédit dans un cabaret... Enfin, un beau jour il me prit envie de revoir la France, et ce Paris où j'avais mené une existence si voluptueuse !... D'ailleurs, à Paris j'avais laissé des amis, dont plus d'un me devait de l'argent ; car je prêtais facilement, dans mes jours de prospérité... Je me suis mis en route, et je suis arrivé... Quelques-uns de mes débiteurs m'ont payé ; les autres m'ont soutenu qu'ils ne me devaient rien... j'ai distribué quelques soufflets par-ci par-là, et mes comptes sont réglés. Par exemple, il y en a un sur lequel je comptais... non qu'il me dût de l'argent, mais il est riche, il pourrait m'en prêter... c'est ce Minot !... mais c'est un ladre... il m'a refusé. En me retrouvant à Paris, croyant sans doute que j'étais encore riche, heureux, il s'était empressé de me conduire chez lui, de me présenter à sa femme ; vous le savez, car c'est là que nous nous sommes revus... Mais depuis que je me suis adressé à Minot pour avoir de l'argent, il me tourne le dos quand il me rencontre... Qu'il prenne garde !... si je trouve l'occasion de me venger, je ne la laisserai pas échapper.

En achevant ces mots, Arthur laisse tomber sa tête sur sa poitrine, et paraît plongé dans ses réflexions. Caroline considère cet homme qu'elle revoit si différent de ce qu'il était autrefois ; son cœur est serré, elle ne peut se rendre compte de ce qu'elle éprouve ; elle s'intéresserait encore à Arthur s'il n'était que malheureux, et cependant elle est désolée, en le retrouvant, d'être obligée de perdre toutes les illusions dont elle s'est bercée pendant si longtemps.

Tout d'un coup Arthur relève la tête et se frappe sur la cuisse en s'écriant gaiement :

— Allons ! au diable la tristesse et les réflexions qui ne servent à rien! J'ai faim... nous allons déjeuner... je vais sonner le garçon...

— Monsieur, veuillez auparavant écouter ce que j'ai à vous dire...

— Oh! non, ma chère amie, je vous écouterai mieux en mangeant; car ventre affamé n'a pas d'oreilles... On cause très-bien en déjeunant, surtout lorsqu'on ne veut pas faire autre chose... Holà! hé! garçon!... le déjeuner...

Le garçon arrive et sert; Arthur se met à table, et, tout en mangeant des huitres et se versant de grands verres de vin blanc, dit à Caroline :

— Parlez, je vous écoute!...

Caroline attend que le garçon soit éloigné; puis, sans oser regarder Arthur, lui dit :

— Monsieur... notre liaison...: ma faute... car je fus coupable!... Oh! je le vois maintenant...

— Ce que vous me dites là n'est pas bien flatteur pour moi, répond Arthur tout en pressant un citron sur ses huitres. Mais n'importe, parlez, ne vous gênez pas!...

— Ma faute eut des suites bien graves... je devins enceinte... Ah! si vous l'aviez su! n'est-il pas vrai, monsieur, que vous ne m'auriez pas abandonnée, que vous auriez voulu me rendre l'honneur, et légitimer mon enfant? Oh! dites-moi cela, monsieur, dites-le-moi pour me payer un peu de toutes les larmes que j'ai versées...

En disant ces mots, Caroline lève sur Arthur un regard où il y avait peut-être encore de son amour d'autrefois; mais sans cesser de manger ses huitres, il lui répond :

— Je ne peux pas vous dire cela, car je mentirais... D'abord, je savais que vous étiez grosse...

— Vous le saviez!

— Eh! oui, est-ce que Marianne, qui est venue une fois me trouver à Paris, ne me l'avait pas dit?...

— Elle vous avait vu!... Pauvre Marianne... elle m'a caché cette circonstance pour ne pas me briser le cœur... Elle m'a dit que vous n'étiez plus à Paris. Quoi! monsieur, vous saviez que j'allais devenir mère, et vous m'avez abandonnée?...

— Eh bien, après?... qu'est-ce que j'aurais donc fait à ça, moi?... Voilà une huitre qui n'est pas fraiche... Pensez-vous que j'aurais pris soin de l'enfant?... Est-ce qu'un jeune homme peut se charger de tous les enfants qu'il a faits? Quelle folie!... J'en ai comme ça une ribambelle dans Paris qui ne se doutent pas que je suis leur père... Il y en a un entre autres qui joue d'un gros instrument dans un orchestre de théâtre... joli garçon, ma foi!... Il me ressemble... Ah! Dieu! en ai-je fait de ces bamboches!... Garçon!... garçon!... du gros poivre donc!... qu'est-ce que c'est donc que ce butor-là qui me fiche du poivre de cuisine?... Parce qu'on n'a plus cabriolet, on n'en conserve pas moins un palais délicat.

Le garçon est rentré servir ce qu'on lui demande. Caroline est atterrée, anéantie; elle ne dit plus rien, mais de grosses larmes roulent dans ses yeux.

— Garçon, je ne crois pas que vous ayez été au Havre ce matin chercher ces huîtres-là! dit Arthur en se versant à boire.

— Pourquoi donc cela, monsieur?

— Parce qu'elles ont diablement besoin de citron... Allons, les rognons vivement... je n'aime pas à attendre.

Le garçon s'empresse de servir ce monsieur qui a des manières si délibérées; Arthur, après avoir attaqué les rognons, regarde Caroline et lui dit :

— Comment!... vous pleurez?... Pourquoi donc pleurez-vous?...

— C'est que j'avais espéré, monsieur, trouver en vous un appui... un protecteur pour un être qui m'est bien cher.

— De qui voulez-vous parler?

— De... mon fils, monsieur...

— Ah! c'est un fils que nous avons eu. Eh! mais, s'il nous ressemble, il ne doit pas être vilain, ce gaillard-là... Et où est-il ce petit monsieur?

— Je parvins, grâce aux secours de Marianne, à cacher ma faute à mon père... Il était en voyage lorsque je donnai le jour à un fils. Ce cher enfant fut confié aux soins d'une paysanne qui habitait le village de Champrozay; ce n'était qu'à une lieue de notre demeure. Vous devez penser que j'allais bien souvent voir, embrasser mon petit Paul.

— Ah! vous l'avez appelé Paul!... c'est un nom un peu commun. Enfin, le nom n'y fait rien... Ces imbéciles-là font toujours trop cuire les rognons!... Continuez donc, je vous écoute,

— Mon fils avait atteint l'âge de deux ans... il faisait tout mon bonheur, et j'espérais, avec l'aide de Marianne, trouver bientôt un prétexte pour l'introduire chez mon père, lorsqu'un jour... jour fatal... je me promenais avec mon fils dans la forêt de Sénart; tout à coup j'entends la voix de mon père... Éperdue, tremblante, je quitte un moment ce pauvre enfant pour aller vers mon père... puis je trouve moyen de revenir bien vite pour chercher mon fils... Mais jugez de mon désespoir, monsieur... je ne le trouvai plus... j'appelai en vain, il avait disparu.

— Ah! fichtre! ça se complique! et le piquant de l'histoire, c'est que vous n'osiez pas le faire tambouriner. Leur beurre n'est pas plus frais que leurs huîtres... Voilà donc l'enfant perdu... après?

— Toutes les recherches de Marianne furent infructueuses, je ne pus apprendre ce qu'était devenu ce pauvre petit. Le temps s'écoula, mon père malade me suppliait d'épouser M. Daverny... J'avais perdu mon fils, vous m'aviez abandonnée, je me décidai à obéir à mon père...

— Et vous fîtes très-bien!... Oh! je ne vous en veux pas du tout de vous être mariée!... Les demoiselles doivent toujours finir par là... excepté les demoiselles de théâtre... Garçon!... garçon!... des cigares... pur Havane! Eh bien, dans tout cela je vois que nous avons eu un enfant, que nous n'en avons plus, que c'est par conséquent comme si nous n'en avions pas eu... et puisque vous ne voulez pas que je vous en fasse un autre...

— Ah! monsieur, écoutez-moi, de grâce... Le souvenir de mon fils était toujours présent à ma pensée; mais j'avais presque perdu l'espoir de le retrouver, lorsqu'il y a quelques jours, on fait venir chez moi un petit ramoneur; il se blesse en descendant de ma cheminée; cet enfant m'intéresse, je le fais soigner chez moi; l'homme qu'il appelle son maître vient le voir... enfin, l'enfant guéri, il l'emmène en me remerciant des soins que j'ai eus pour lui. Mais jugez de ma joie... et en même temps de mes regrets, lorsque, par un récit de ma servante, j'apprends que cet enfant a été trouvé, il y a six ans, dans la forêt de Sénart par ce Jacques, qui en a fait un ramoneur. C'est mon fils, monsieur, oh! c'est bien lui, je n'en saurais douter... déjà ses traits m'avaient frappé, mon cœur l'avait reconnu!...

— Votre fils, ramoneur!... diable! il me semble que nous dérogeons un peu... Garçon!... la salade de volaille!...

— Marianne courut partout pour retrouver ce Jacques et l'enfant qu'il a nommé Petithomme. Jugez de mon désespoir... le Savoyard est parti depuis quatre jours... il emmène mon fils... je ne sais où... J'ignore de quel côté ils ont dirigé leurs pas!... Ah! monsieur... c'est alors que j'ai pensé à vous... que j'ai désiré vous revoir... pour vous supplier de me rendre mon fils... Je sens que je ne puis plus exister avec l'idée que mon Paul mène une vie misérable... je veux le revoir... je veux par mes caresses lui faire oublier toutes les privations qu'il a endurées... Monsieur, par pitié, rendez-moi mon fils... Je ne vous le demande pas au nom de l'amour que vous aviez pour moi... puisque cet amour n'a jamais existé dans votre cœur; mais je vous en conjure à genoux, ayez pitié de mes larmes, d'une femme dont vous avez fait le malheur... faites-moi retrouver mon fils.

Caroline était tombée aux genoux d'Arthur; celui-ci s'empresse de la relever en lui disant :

— Eh bien! qu'est-ce que vous faites donc?... A mes genoux!... ce n'est pas nécessaire. Je ne demande pas mieux que de retrouver ce petit, moi, et de vous l'envoyer; mais comment?...

— Comment? eh! monsieur, ne pouvez-vous courir partout, sur toutes les routes aux environs de Paris?... Ce Jacques ne peut pas encore être loin; il a acheté une marmotte à Petithomme... il a deux autres ramoneurs avec lui... ils vont à petites journées... s'arrêtant dans les granges, dans les hameaux. Avec des chevaux, des voitures, vous pouvez parcourir bien du pays, vous informer, le retrouver enfin...

— Avec des chevaux... des voitures... cela vous est facile à dire, ma chère amie!... mais pour se procurer tout cela il faut de l'argent... et je n'en ai plus!... Ah! si j'en avais, parbleu! je me serais déjà donné une autre redingote, car celle-ci demande sa retraite.

— Que ce motif ne vous arrête pas, monsieur; j'avais pensé aussi que pour retrouver mon fils il faudrait répandre l'argent sur sa route... et ne regarder à aucune dépense... C'est pourquoi... j'avais mis dans ce portefeuille six mille francs... et... si vous vouliez me permettre de vous les offrir...

En disant ces mots, Caroline avait tiré de son sein un petit portefeuille; elle le présente d'une main tremblante à Arthur, comme quelqu'un qui craint d'être refusé; mais Arthur, dont la figure est devenue rayonnante, s'empare vivement du portefeuille en s'écriant :

— Voilà qui est penser comme une excellente mère !... Oh! maintenant que nous avons de l'argent, soyez tranquille, nous allons agir, et nous retrouverons ce cher ami! j'en fais mon affaire.

— Vous me rendrez mon fils!... Ah!... j'oublierai alors toutes les larmes que vous m'avez fait verser.

— Oui, oui, vous me pardonnerez... vous m'aimerez peut-être encore... on ne sait pas!... Eh, mon Dieu!... est-ce que nous ne faisons pas tous des sottises dans ce monde?... Les gens sages passent leur temps à pardonner.

— Surtout hâtez-vous de commencer vos recherches... Ne ménagez pas l'argent; s'il vous en faut encore, faites-le-moi savoir...

— Oh! vous n'avez pas besoin de me recommander cela.

— Tenez, prenez aussi ce papier... il contient des renseignements qui peuvent vous guider : la date du jour où mon fils fut perdu, le détail du costume qu'il portait... d'un mouchoir marqué à mon nom, que je lui avais laissé dans les mains... le nom de ce Savoyard qui a trouvé mon fils, celui qu'il lui a donné...

— Bien, bien, donnez-moi cela, je l'apprendrai par cœur...

— Enfin, dès que vous aurez quelques nouvelles à me donner, quelque chose à me demander, voici mon adresse; vous m'écrirez sous le couvert de Marianne; comme cela il n'y aura aucun danger, et j'aurai votre lettre sur-le-champ.

— C'est entendu, c'est convenu!... ça ira comme sur des roulettes.

— Maintenant je pars... je retourne chez moi, car mon absence a déjà été bien longue, et je ne voudrais pas qu'elle eût été remarquée...

— C'est juste... il faut de la prudence! Oh! les femmes mariées en sont farcies! Alors, je ne vous propose pas de vous reconduire...

— Oh! non, monsieur, laissez-moi aller seule rejoindre ma voiture...

— Oui, cela vaut mieux... d'ailleurs, je vais boire une bouteille de champagne, moi... ça me fera du bien !

— Mais dès aujourd'hui vous partirez... vous tiendrez votre promesse...

— Comptez sur moi... Au revoir donc... Vous ne voulez pas m'embrasser?...

Arthur fait un mouvement pour enlacer Caroline ; mais celle-ci se recule vivement et se hâte de sortir du cabinet, tandis qu'Arthur se remet à table en disant :

— Ce sera pour une autre fois.

Caroline est sortie de chez le traiteur ; elle marche à pas pressés sans oser regarder autour d'elle, en se dirigeant vers l'endroit où elle a laissé sa voiture ; elle se hâte de faire signe au cocher, qui est couché sur son siége et descend pour ouvrir la portière.

Caroline monte dans la voiture ; mais au moment où l'on va refermer la portière, un homme s'élance brusquement sur le marche-pied et se place à côté de Caroline. Celle-ci est demeurée comme frappée de la foudre en reconnaissant son mari.

— Et... où allons-nous maintenant? dit le cocher en regardant d'un air surpris le monsieur qui vient de monter si lestement dans la voiture.

— Sur le boulevard, lui répondit Daverny, à l'endroit où vous avez pris madame.

CHAPITRE XIX

SÉPARATION.

Caroline ne sait point comment elle a fait le trajet depuis la barrière de l'Étoile jusqu'à sa demeure. Il y a des crises morales qui vous laissent la faculté de sentir, de voir encore ce qui se passe autour de vous ; mais il en est d'autres qui vous absorbent, qui vous anéantissent. Alors c'est un nuage qui couvre les yeux et que l'on tremble de voir se dissiper.

Daverny est pâle, agité ; cependant il n'a pas adressé un seul mot à sa femme. Au moment où le cocher va les descendre sur le boulevard, remarquant l'état de Caroline, il fait avancer la voiture jusque devant sa demeure. Pour aider sa femme à remonter dans son appartement, il est obligé de la soutenir, de l'entourer de ses bras. Marianne, glacée de terreur en voyant Daverny ramener sa femme, court à sa maîtresse et veut lui prodiguer ses soins; mais un geste de Daverny l'arrête, en même temps que d'un ton qui ne souffre pas de résistance il lui dit :

— Éloignez-vous!

Marianne quitte l'appartement en se disant : — Oh! ma pauvre maîtresse! la voilà seule avec son tyran!... Quel malheur quand ce sont les pères qui marient leurs enfants!...

Resté seul avec sa femme, Daverny marche à grands pas dans la chambre; quelquefois il s'arrête devant Caroline comme prêt à lui parler mais il semble qu'il ne puisse s'y résoudre. Petit à petit la frayeur de Caroline s'est calmée; elle songe à ce qu'elle a fait, à tout ce que son mari peut penser d'elle, et frappée de l'idée qu'il peut la croire plus coupable qu'elle ne l'est en effet, elle tend tout à coup ses bras vers lui en s'écriant :

— Monsieur, ne me jugez pas sur les apparences... Je ne suis pas aussi coupable que vous le pensez.

— Madame, répond Charles en s'arrêtant devant sa femme, que cependant il évite de regarder, vous vous trompez si vous croyez que des reproches, des plaintes vont sortir de ma bouche... Non... je n'ai pas le droit de me plaindre; vous ne m'avez épousé que pour obéir à votre père, et dans l'espoir que cette union qu'il désirait prolongerait ses jours, mais vous ne m'aimiez pas... Vous ne me l'avez pas caché; vous m'avez même avoué que votre cœur était à un autre. En devenant votre époux, je jouais mon bonheur contre une espérance... Je me disais : à force de soins... d'amour... je parviendrai peut-être à lui plaire... à lui faire oublier un premier sentiment... Je me flattais à tort. Au bout de quelque temps de mariage, je m'aperçus que mes soins vous étaient à charge... que ma présence vous importunait... C'est alors, madame, que je résolus de vous épargner le plus possible l'ennui d'être près de moi. Je vous laissai libre dans votre appartement, et je restai dans le mien; nous étions encore mariés pour le monde, nous ne l'étions plus pour nous. Je croyais ne pouvoir faire mieux pour votre bonheur... Je me trompais... je puis faire plus encore...

Avant de continuer, Daverny semble obligé de faire un effort sur lui-même, tandis que Caroline l'écoute les yeux baissés, et comme si elle attendait son arrêt. Enfin, Daverny reprend, mais avec plus de précipitation cette fois :

— Le hasard... vous a fait retrouver dans le monde celui qui avait su vous plaire... cet homme... dont j'espérais que vous n'entendriez plus parler... que je croyais mort... ou absent pour toujours... vous l'avez revu enfin... A l'impression que produisit sur vous sa présence... j'aurais dû deviner ce qui vient d'arriver... mais je me flattais encore que, fidèle à vos devoirs... vous n'oublieriez pas ce que vous vous deviez à vous-même...

— Ah! monsieur!... je vous le jure!... je ne suis pas aussi criminelle que vous le pensez! s'écrie Caroline en jetant sur son mari un regard suppliant. Un sourire amer vint effleurer les lèvres de Daverny.

— Je ne suppose pas, madame, que vous ayez l'intention de vous railler de moi; ce qui vient de se passer n'admet point de justification... Vous avez donné un rendez-vous à... M. Arthur Gervillier; il vous a rejointe aux Champs-Élysées... vous êtes entrée avec lui chez un traiteur...

— Oui, monsieur... je voulais que notre entrevue eût lieu sur la route; mais il m'a forcée.

— Veuillez me laisser parler, madame. Lorsque vous étiez en tête à tête avec cet homme... j'aurais eu le droit d'aller vous arracher de ses bras... de venger mon offense... mais il y a un sentiment plus fort qui m'a retenu... un sentiment qui fut le mobile de toutes mes actions depuis que je vous vis pour la première fois!... c'est votre bonheur que j'ai juré de faire... que j'ai promis à votre père. Aujourd'hui que vous avez retrouvé l'homme que vous aimez... pour que vous soyez heureuse, il faut nous séparer... Vous serez libre alors de voir tous les jours... à toute heure, celui que depuis notre union vous n'avez pu bannir de votre pensée. Vous avez votre fortune... vous en disposerez... si... elle ne vous suffisait pas... faites-le-moi savoir, et la mienne sera également à votre disposition; mais, hormis cela, vous n'entendrez jamais parler de moi... Et dès aujourd'hui je quitte cette maison pour n'y plus revenir.

Pendant que son mari parlait, Caroline sentait sa poitrine se gonfler; un sentiment qu'elle ne pouvait définir faisait battre son cœur avec violence; elle avait envie de se jeter aux genoux de Charles, mais elle était arrêtée par la crainte qu'il ne la repoussât.

Daverny a cessé de parler depuis longtemps, et il est encore là, immobile devant sa femme; on dirait qu'il ne peut s'arracher de cette place; enfin, faisant un effort sur lui-même, il balbutie :

— Adieu, madame; et va sortir de l'appartement; mais ses yeux rencontrent alors ceux de Caroline, qui, pour la première fois depuis leur union semble chercher ses regards, et il s'arrête, car il voit qu'elle veut lui parler.

— Monsieur, dit Caroline d'une voix tremblante, je sens que je mérite que vous me traitiez comme vous le faites... vous êtes encore trop bon... trop généreux pour moi... Si vous connaissiez tous mes torts... si j'osais vous les dire...

— Je ne vous demande aucun aveu, madame, dit Charles en interrompant Caroline; je vous le répète, en vous épousant je m'étais fait un devoir de ne jamais vous parler du passé; je vous aimais assez pour envier encore le titre de votre époux... Vous posséder était tout pour moi!... Mais qu'est-ce que la possession d'une femme dont on n'a pas le cœur? En ménage, l'amour d'un seul ne suffit pas pour être heureux... Il faut s'aimer tous deux, ou éprouver tous deux la même indifférence. Maintenant que vous avez retrouvé... que vous avez revu l'homme à qui vous avez donné votre amour... quel espoir me resterait-il... et quel rôle jouerais-je près de vous?... Non, je fus assez longtemps un obstacle à votre bonheur; désormais vous êtes libre... Adieu, madame; je puis accuser le sort, mais je ne vous accuserai jamais.

En achevant ces mots, Daverny s'éloigne précipitamment et comme s'il craignait qu'un regard de sa femme ne changeât sa résolution.

Caroline regarde longtemps la porte qui vient de se refermer sur son mari, puis elle se jette dans un fauteuil d'un air consterné en se disant :

— Il me quitte pour toujours!

Quelques minutes se sont à peine écoulées depuis que Daverny a quitté l'appartement de sa femme, lorsque Marianne revient près de sa maîtresse.

— Eh bien! madame, dit la fidèle suivante, que s'est-il donc passé entre vous et votre mari?... Lorsque je vous ai vue revenir avec lui, j'ai frémi pour vous... La figure de monsieur était si sévère!... je me suis dit : Aurait-il su que madame venait de voir M. Arthur?...

— Oui, Marianne, oui... il a tout découvert. M. Arthur m'avait forcée d'entrer avec lui chez un traiteur; pour lui parler de mon fils, pour le supplier de voler à sa recherche, j'ai oublié toutes les convenances... car je ne voyais, je ne pensais qu'à mon Paul!... En quittant Arthur... en remontant en voiture, j'ai trouvé M. Daverny... il m'attendait là... il savait tout.

— Oh! mon Dieu! sa colère a dû être terrible!

— Non, Marianne, point de colère!... point de reproches même!... Il s'est borné à me dire que, ne voulant plus m'empêcher de revoir... celui que j'aimais... il allait me quitter... se séparer de moi pour toujours!...

— Vous quitter! c'est donc pour cela que je viens de voir le domestique faire une malle... et comme des préparatifs de son voyage... j'ai même entendu qu'on demandait une voiture.

— Ah! j'aurais supporté sans me plaindre ses reproches, ses emportements... mais sa douceur, sa générosité me tuent!...

— Enfin, madame, il me semble cependant que vous devez être satisfaite : vous ne pouviez pas souffrir M. Daverny; en vivant séparée de lui, vous serez bien plus heureuse; un mari que l'on déteste, qui a toujours une mine longue... c'est un tyran!...

— Ah! taisez-vous, Marianne!... jamais M. Daverny ne mérita ce nom... Ne fut-il pas toujours empressé de satisfaire mes moindres désirs?... N'employait-il pas tous les moyens pour me plaire?... Et lorsque je payais son amour par la plus injuste aversion, pouvait-il sourire... être gai, celui que je rendais si malheureux?...

Marianne, tout étonnée d'entendre sa maîtresse tenir un te langage, ne sait plus que croire, que penser; au bout d'un moment cependant elle reprend :

— Vous avez vu M. Arthur, madame?... Sans doute il partage votre impatience; il va sur-le-champ se mettre à la recherche de votre cher enfant?

— Oui... j'ai revu... M. Arthur. répond Caroline avec un peu d'hésitation. Ah! Marianne... si tu savais combien il est changé!... c'est au point que je croyais être le jouet d'un rêve... Ce n'est plus ce jeune homme charmant... qui plaisait, dès le premier abord, par sa tournure... ses manières... Oh! non... ce n'est plus cela!

— Écoutez donc, madame, huit ans, ça fait quelque chose sur le physique... Il y a des personnes que cela vieillit beaucoup.

— Non, Marianne, huit ans ne peuvent changer ni le ton, ni les manières, ni le langage d'une personne... qui a continué de fréquenter la société pour laquelle elle était née... Qu'importe que les traits du visage s'altèrent, que quelques rides annoncent le passage du temps... si le cœur et l'esprit sont restés les mêmes? Nous ne remarquons pas de changement dans les traits quand nous n'en trouvons ni dans le cœur ni dans le langage... Ce n'est pas la figure d'Arthur qui a le plus changé!... Il a éprouvé bien des malheurs, m'a-t-il dit; mais une âme noble doit supporter les coups du sort sans rien perdre de sa fierté... Il n'en a pas été ainsi de... de M. Gervillier! Ah! Marianne, toutes les illusions de ma jeunesse se sont évanouies... Celui que j'aimais... s'était joué de ma tendresse, de mon innocence!... Il n'a pas craint de me le dire aujourd'hui!... il a ri lorsque je lui ai parlé de mes longues souffrances... il s'est moqué de ma crédulité! Et toi, Marianne, tu savais bien qu'il ne m'aimait plus, puisque tu l'avais vu à Paris, et qu'il avait repoussé tes prières!... Pourquoi m'as-tu caché cette circonstance?... tu m'aurais peut-être épargné bien des soupirs!...

— Madame, il y a peu de temps encore, lorsque j'essayais de vous faire comprendre que M. Arthur pouvait vous avoir oubliée, lorsque j'accusais son abandon, vous preniez sa défense, vous ne vouliez pas permettre que l'on doutât de son honneur. S'il n'était pas revenu, disiez-vous, c'est que sans doute des événements plus forts que sa volonté l'en avaient empêché. Puisque vous le défendiez ainsi étant mariée... qu'auriez-vous fait étant fille? D'ailleurs j'aurais craint de vous faire trop de peine en vous disant la vérité.

Caroline tend sa main à Marianne comme pour lui dire qu'elle apprécie sa conduite; mais elle pousse un profond soupir, et Marianne reprend :

— Malgré son inconstance, malgré les folies de sa jeunesse, j'espère que M. Arthur fera son possible pour vous faire oublier ses torts... et pour cela, il va se hâter de courir après votre petit Paul... Il vous l'a promis, n'est-ce pas, madame?

— Oui, Marianne... il me l'a promis. Mais si tu l'avais entendu !... son langage est si différent de celui qu'il me tenait autrefois !... Près de lui... je ne saurais te dire ce que j'éprouvais... ce n'était plus du trouble... de l'émotion comme autrefois... c'était... c'était de la peur !...

— De la peur ? mon Dieu !... Est-ce qu'il est devenu bien vilain ?...

— Non... mais ce sont ses propos... ses manières qui me déplaisent... Enfin... je suis injuste peut-être... Arthur a été très-malheureux... j'aurais dû m'en souvenir et l'excuser d'avoir pris ce ton d'insouciance nécessaire peut-être dans sa situation. Mais qu'il me rende mon fils, et j'oublierai tout le mal qu'il m'a fait !

Le bruit d'une voiture qui s'arrête devant la maison attire les regards de Caroline : c'est une chaise de poste. Le domestique de Daverny attache derrière une malle et divers sacs de voyage. Bientôt un monsieur monte dans la voiture, et le postillon fouette les chevaux.

— C'est votre mari qui part ! dit Marianne.

Et Caroline tombe sur un siége, où elle semble anéantie, en murmurant.

— Il me quitte pour toujours !

CHAPITRE XX

COMMENT ARTHUR CHERCHE SON FILS.

— Nous quitterons ce logement, dit Caroline à Marianne le lendemain du départ de son époux ; j'en veux un plus simple... plus modeste, et dans un quartier plus retiré. D'ailleurs, ici l'on m'a connue l'épouse de M. Daverny, et je ne la suis plus. Puisqu'il m'a quittée... c'est qu'il ne me juge plus digne d'être sa femme... Il a raison... jamais je n'aurais dû l'être ; mais je quitterai son nom... je reprendrai celui de mon père... et du moins M. Daverny ne craindra plus que je déshonore le sien.

Marianne approuve tous les projets de sa maîtresse, et l'on se met en course pour chercher un autre appartement. Le choix de Caroline est bientôt fait; c'est dans une rue retirée du Marais qu'elle va se loger, sous le nom de madame de Melleval. Mais en quittant la rue de la Paix, Marianne a bien soin de laisser son adresse pour qu'on lui envoie les lettres qui arriveraient.

Douze jours se sont écoulés depuis l'entrevue d'Arthur et de Caroline, et celle-ci compte les heures, les instants; elle attend des nouvelles de celui qui doit être à la recherche de son fils. Le moindre mot qui semble donner quelques indices sur la route que les Savoyards ont suivie sera pour elle de l'espoir, du bonheur. Aussi, c'est avec un cri de joie qu'elle voit un matin sa bonne accourir près d'elle en tenant une lettre à sa main.

— Des nouvelles, madame, des nouvelles! s'écrie Marianne en abordant sa maîtresse. Une lettre pour moi... ça veut dire pour vous... car, moi, je ne reçois jamais de lettres... et vous devinez bien de qui celle-ci vient.

— Oh! ce doit être d'Arthur!...

Caroline brise le cachet, regarde la signature, et s'écrie :

— Oui... oui... c'est d'Arthur!

— Oh! lisez vite, madame...

Caroline lit d'une voix tremblante :

« Ma chère et toujours adorée Caroline,

« L'homme propose et Dieu dispose; ce proverbe est vieux, mais il est essentiellement vrai. Figurez-vous qu'après avoir fait toutes mes dispositions, je m'étais mis en route pour courir à la recherche de ce cher enfant... de ce nouveau *Cyrus*, ou *Joas*, ou *Œdipe* ou *Dunois* : car il y a un peu de tout cela dans la destinée de ce petit garçon, et je suis sûr qu'un jour il fera des choses extraordinaires, il en est bien capable. Bref, j'avais acheté un cheval superbe, qui m'avait coûté fort cher, et une paire de pistolets damasquinés dont un sultan eût été jaloux... J'étais parti seul et sans domestique pour aller plus vite, lorsqu'en traversant la forêt de Bondy, j'ai été assailli par quatre gaillards qui m'ont rudement fait descendre de cheval; mes pistolets, quoique damasquinés, ont parfaitement raté. Enfin, après m'avoir assez maltraité, on m'a pris tout ce que je possédais... mon portefeuille, mon cheval, mes pistolets; je suis revenu à Paris sans le sou et en boitant un peu. Si vous voulez que je coure après notre fils, hâtez-vous donc de m'envoyer d'autres fonds... cette fois, je prendrai des précautions pour que pareil événement ne m'arrive plus. C'est une chose infâme que les voleurs! on ne s'en occupe pas assez sérieusement à la chambre des députés.

« J'attends de vos nouvelles avec impatience; car je brûle de commencer mes recherches. Envoyez-moi Marianne, ou indiquez-moi un rendez-vous.

« Votre fidèle jusqu'à la mort,

« ARTHUR GERVILLIER. »

La lettre tombe des mains de Caroline, qui se sent accablée, et se laisse aller sur une chaise en murmurant :

— O mon Dieu !... que je suis malheureuse!... douze jours de perdus!... quel fatal contre-temps!... moi qui le croyais déjà sur les traces de mon fils!... Volé!... maltraité!... heureusement encore qu'il n'a pas été blessé!

Marianne fait une singulière mine; elle ramasse la lettre et secoue la tête en murmurant :

— Volé... hum!... c'est comme un fait exprès... Volé... dépouillé... dans la forêt de Bondy!... Je croyais que maintenant la forêt de Bondy n'était plus dangereuse pour les voyageurs.

— Tu vois bien, Marianne, que tu te trompais... Soupçonnerais-tu Arthur capable de m'abuser par un mensonge?... oh! c'est impossible. Le malheur a pu changer ses manières... son langage... mais qu'il emploie de tels moyens pour... Oh! non! non! il n'a pu descendre aussi bas... Être volé, arrêté en voyageant... Un homme qui est seul, à cheval, cela n'a rien d'extraordinaire, et cet événement ne nous frappe autant que parce qu'il vient se placer entre toutes nos espérances!...

— Sans doute, madame, je sais bien... qu'il y a des voleurs sur les routes... il y en a partout... M. Arthur n'était pas plus à l'abri qu'un autre... seulement... je réfléchis... Depuis douze jours que vous l'aviez vu... que vous lui aviez dit de se hâter... comment se fait-il qu'il ne fût encore que dans la forêt de Bondy, qui est à deux lieues d'ici?...

— En effet... mais peut-être avait-il déjà parcouru un autre côté; peut-être quelques indices... quelques découvertes l'avaient engagé à revenir sur ses pas. C'est ce que tu lui demanderas,

Marianne, quand tu le verras, car c'est toi qui iras lui porter ce qu'il demande.

— Vous ne voulez donc plus le voir vous-même, madame? Il me semble cependant qu'à présent rien ne vous gêne, puisque vous n'avez plus de mari.

— N'importe, Marianne, je sens que je ne dois pas me trouver avec M. Arthur. J'ai eu tort une fois, je ne commettrai plus cette faute. Je sais bien que M. Daverny m'a quittée, et que sans doute il ne s'occupe plus de moi... et ne songe pas à s'informer de ma conduite... mais je n'en dois pas moins me souvenir... de mes devoirs... Je vais me rendre chez mon banquier, lui demander de l'argent, et tu iras sur-le-champ le porter à M. Gervillier.

Caroline est partie, et Marianne réfléchit au changement qui s'est fait dans les sentiments de sa maîtresse. Elle se demande comment il est possible que celle qui pendant huit ans a soupiré après le retour d'un homme, ne veuille plus se trouver avec lui lorsque rien ne s'opposerait à ce qu'elle le reçût chez elle. La bonne fille ne peut s'expliquer ce changement qu'en se disant : — M. Arthur est donc bien différent de ce qu'il était autrefois!...

Caroline ne tarde pas à revenir : elle donne un portefeuille à Marianne en lui disant :

— Cours chez Arthur, tu sais maintenant son adresse, remets-lui ceci ; mais supplie-le de partir bien vite, de réparer le temps perdu... dis-lui de m'écrire dès qu'il aura quelques renseignements... Il est inutile maintenant qu'il adresse la lettre sous ton nom... Apprends-lui ma nouvelle demeure... qu'il écrive à madame de Melleval... mais qu'il retrouve mon fils et le ramène dans mes bras... Mon fils! ah! ce n'est plus que par lui maintenant que je puis encore connaître le bonheur!

Marianne a serré le portefeuille dans son sein, et elle se met sur-le-champ en marche pour se rendre chez Arthur. Elle arrive rue des Filles-Dieu, à la maison où elle était parvenue à découvrir celui qui déménageait si souvent.

Le savetier qui avait servi de domestique à Arthur reconnaît Marianne, et lui dit :

— Où allez-vous comme ça, ma petite mère?

— Où je vais? chez ce monsieur que je vous demandais l'autre jour, et auquel vous avez eu la complaisance de remettre une lettre que je vous avais laissée.

— Ah! oui... M. Arthur Gervillier.

— C'est cela même.

— Eh bien! ma petite mère, vous auriez monté cinq étages pour rien. Ce monsieur n'est plus là-haut.

— Il est sorti?

— Mieux que ça, je vous dis qu'il est déménagé...

— Encore?

— Oh! mais je sais son adresse; il a eu soin de me la laisser... en me disant de lui envoyer tout ce qui viendrait pour lui. Oh! dame, maintenant il paraît que ça va bien... il y a gras!

— Qu'est-ce que vous voulez dire avec votre gras?

— Je veux dire que M. Arthur est en fonds... et la preuve, c'est qu'en partant il m'a lâché les deux roues de derrière!... Oh! d'abord, faut lui rendre justice, c'est un homme qui est généreux quand il peut!... l'argent ne lui tient pas! Enfin, il est allé se loger dans un joli hôtel de la rue Montmartre... C'est autre chose que ce garni-ci!... Et le costume donc!... M. Arthur n'est plus reconnaissable. Tenez, cette redingote que j'ai... c'était la sienne; il m'en a fait cadeau en partant. Il était tout à neuf, lui.

— Enfin, son adresse?...

— La v'là sur cette carte imprimée.

— Merci, monsieur.

Tout en se rendant à la nouvelle demeure d'Arthur, Marianne fait encore des réflexions, elle se dit : — Pourquoi ce déménagement... ce changement de fortune?... c'était probablement avant de partir et d'être volé!... Enfin nous allons voir ce qu'il va me dire!...

Marianne est arrivée à l'hôtel qu'on lui a indiqué; elle demande M. Gervillier; on lui indique son numéro au second étage. La clef est sur la porte; elle entre dans une première pièce qui sert d'antichambre, et où elle ne trouve personne; mais elle entend parler et rire dans la pièce voisine, et reconnaît la voix d'Arthur. Elle ouvre une porte, et trouve celui qu'elle cherche vêtu d'une robe de chambre, les pieds dans des pantoufles, et assis devant une table sur laquelle est servi un déjeuner auquel on semble faire honneur, à en juger par une pile d'assiettes et une rangée de bouteilles de diverses formes placées devant les convives.

Arthur ne déjeune pas seul : vis-à-vis de lui est assise une femme jeune encore, grasse, blanche, et aux formes fortement accusées. La figure de cette femme est plutôt bien que mal; mais ce qui la distingue particulièrement, c'est une expression d'effronterie et d'insouciance qui ne se dément jamais. Ses yeux noirs à fleur de tête ont le langage d'une Andalouse dansant la *catchucha;* sa bouche très-grande rit toujours et laisse voir des dents assez blanches; son nez est très-fort, son menton trop rentré, son teint manque de fraîcheur; mais l'ensemble fait oublier les détails, et les hommes qui ne recherchent pas les airs modestes trouveront celle-ci de leur goût.

Cette femme, habillée d'une robe d'indienne et passablement chiffonnée, est cependant coiffée avec prétention : ses cheveux arrangés à la Ninon ont été bouclés et retombent sur ses épaules, les uns par mèches, les autres frisés. Enfin, sur son front est une féronière en turquoise fausse, attachée autour de sa tête par une très-mince chaîne de cuivre doré, laquelle chaîne, n'étant pas assez longue pour faire le tour de la tête, est allongée derrière par une faveur rose, dont les bouts flottent sur la collerette.

En voyant entrer Marianne, Arthur semble un peu saisi, et il remet sur la table une bouteille dont il se disposait à se verser. Mais la dame avec laquelle il déjeune ne suspend pas un seul instant ses occupations, et continue de faire travailler sa fourchette et sa mâchoire, sans avoir l'air de faire attention à la personne qui vient d'entrer.

— Comment, c'est vous, ma chère Marianne!... ma bonne Marianne! s'écrie Arthur en se levant et allant au-devant de la domestique : je ne vous attendais pas aussi promptement; mais que je suis aise de vous revoir!... il y a quelque temps que nous ne nous étions rencontrés... huit ans passés... Vous n'êtes pas changée, Marianne, non, parole d'honneur; c'est-à-dire que vous êtes plutôt rajeunie... oui, vous rajeunissez!... Comme c'est singulier!... le temps ne produit pas le même effet sur tout le monde... il y a des hommes qui vieillissent et des femmes qui rajeunissent.

— Oui, le plus souvent! murmure la dame qui est à table, tout en avalant une croûte de pâté.

— Asseyez-vous donc, respectable Marianne, reprend Arthur.

Ah! si vous vouliez prendre quelque chose... sans façon... une tranche de ce pâté...

— Ça se mange sans faim, murmure encore le vis-à-vis d'Arthur.

— Je vous remercie, monsieur, je n'ai besoin de rien, dit Marianne en s'asseyant et regardant avec curiosité la dame qui déjeune, et qui s'écrie alors :

— Eh ben! moi, je ne suis pas comme vous! j'ai toujours besoin de quelque chose.

Arthur, qui s'est remis à table, pousse du pied celui de son vis-à-vis, et dit à Marianne :

— Permettez-moi, fidèle gouvernante, de vous présenter une de mes voisines... madame Dédelle Passelacet, veuve à seize ans d'un vieux général... qui ne lui avait apporté en mariage que deux jambes de bois... c'est bien peu dans le siècle où nous sommes... Heureusement madame a des talents qu'elle utilise ; elle danse dans la perfection... et elle a plusieurs pensions de demoiselles... où elle est attachée; elle veut bien venir quelquefois me voir et donner un coup d'œil à mon linge... car un homme s'entend peu à ces sortes de détails... Enfin aujourd'hui, par extraordinaire, elle a consenti à accepter mon déjeuner... et c'est une faveur dont je suis très-reconnaissant

— En dit-il des bêtises! en dit-il! murmure Dédelle Passelacet lorsque Arthur a fini de parler. Celui-ci donne encore un coup de pied par-dessous la table pour tâcher de la faire taire, et reprend :

— Vous avez à me parler, respectable Marianne?

— Oui, monsieur, oui, répond la domestique; madame a reçu votre lettre... et je viens de sa part... mais j'aurais voulu...

Arthur comprend que la confidente de Caroline est gênée par la présence d'une étrangère, et lui fait un signe d'intelligence ; puis, s'adressant à son vis-à-vis, qui mange toujours, lui dit en tâchant de prendre un air imposant :

— Madame Passelacet, je suis assez sans façon avec vous pour me permettre de vous dire que cette brave femme a quelque chose de fort important à me communiquer en particulier... Ainsi donc, si vous voulez avoir l'extrême bonté... d'aller un moment prendre l'air... ou regarder les tentures de mon anti chambre...

— Qu'est-ce que c'est? répond Dédelle en se coupant une nouvelle tranche de pâté. Par exemple ! non certainement je ne m'en irai pas ; d'ailleurs je n'ai pas fini... je ne m'en vais jamais avant le café et les petits verres... Oh ! vous avez beau me marcher sur les pieds, je ne m'en irai pas !... Vous savez bien que j'ai une tête aussi !... Du reste, parlez avec cette bonne femme... est-ce que je vous en empêche ?... Ah ! mon Dieu, je ne vous écoute pas seulement.

Arthur, s'apercevant qu'il ne parviendra pas à faire quitter la table à Dédelle, se lève, prend Marianne par la main, et la conduit dans la première pièce en lui disant :

— Je me rappelle maintenant que madame Passelacet vient d'avoir une gastrite, et qu'on lui a défendu d'interrompre ses repas... Laissons-la déjeuner, ici nous pourrons très-bien causer. Votre maîtresse a donc déjà reçu ma lettre ?

— Oui, monsieur, dit Marianne, et nous avons appris avec bien du chagrin que vous avez été attaqué et volé !... car ma maîtresse vous croyait déjà sur les traces de son enfant...

— Ah ! Marianne, mon chagrin n'a pas été moindre que le vôtre. Ce n'est pas tant l'argent que je regrette... que le temps perdu... Car, qu'est-ce après tout que l'argent, quand on en a ?... une monnaie est faite pour circuler... Mais cet enfant ! ce cher enfant !... je ne suis pas moins impatient que sa mère de le revoir... de le presser sur mon cœur... Je sais, Marianne, que j'ai eu bien des torts envers Caroline... Ma jeunesse fut folle, étourdie... indomptable... mais mon cœur ne fut jamais insensible... le souvenir de ma conduite avec votre maîtresse me cause des remords bien cuisants... et en ce moment encore...

Arthur cligne des yeux, tire son mouchoir, s'en cache quelques instants la figure, et pousse de si gros soupirs, que Marianne, dupe de ce manége et attendrie par cette douleur feinte, lui prend doucement le bras en lui disant :

— Allons, monsieur, il ne s'agit plus de se faire du chagrin... ce qui est passé est passé... retrouvez seulement l'enfant que nous pleurons, et madame pourra encore être heureuse.

— Si je le retrouverai !... oui, Marianne, oui ! fallût-il, comme Orphée, descendre aux enfers... Mais il n'est pas probable que ce Savoyard l'aura mené si loin... Enfin, j'irai jusqu'au bout du monde si cela est nécessaire... je braverai la fatigue... l'intempérie des saisons... les mauvais chemins ! tout enfin ! Mais pour voyager vite... il faut de l'argent... et j'ai écrit à votre maitresse ma position... En ce moment, Marianne, je ne crains pas de vous l'avouer, sans madame Passelacet, qui a eu la bonté de m'offrir son crédit et sa bourse... je me serais trouvé fort embarrassé.

— Je croyais que vous m'aviez dit que cette dame était restée veuve et sans fortune...

— Oui, en effet, son mari ne lui a rien laissé... mais elle a tant de talents!... c'est une femme si bonne, si obligeante pour ses amis... Je n'exagère point en disant qu'elle n'a rien à elle.

— Au reste, monsieur, voici de quoi réparer le malheur qui vous est arrivé...

En disant ces mots, Marianne tire de son sein le portefeuille et le présente à Arthur. Celui-ci, dont les yeux sont devenus très-brillants à l'aspect du portefeuille, s'en saisit vivement, l'ouvre et compte ce qu'il renferme. Caroline avait mis dedans dix mille francs en billets de banque, car elle voulait qu'Arthur pût réparer le temps perdu, et aucun sacrifice ne lui aurait coûté pour presser son fils dans ses bras.

Arthur fait presque un bond de joie après avoir compté les billets de banque; cependant il tâche de se contenir, de cacher sa joie, et dit à Marianne :

— Dès demain... dès ce soir je me remettrai en route... je prendrai avec moi quelques serviteurs dévoués, intelligents... nous explorerons toute la France s'il le faut... mais nous retrouverons Petithomme... Paul... l'enfant de l'amour; c'est comme si nous le tenions.

— Mais, monsieur, comment se fait-il que vous ne fussiez encore qu'à Bondy lorsque vous avez été attaqué? Vous deviez pourtant être parti depuis longtemps.

Arthur semble un moment embarrassé, mais il s'écrie bientôt :

— Oh! pardieu! j'avais déjà été fort loin... j'avais été jusqu'en Lorraine... jusqu'à Metz! Mais, n'ayant rien découvert de ce côté-là, je revenais; et c'est en revenant par Bondy que j'ai été attaqué.

— C'est ce que ma maîtresse a pensé. Dès que vous croirez avoir découvert quelque chose, écrivez-nous, monsieur, écrivez sur-le-champ.

— Je vous le promets... Toujours sous votre couvert?

— Oh! c'est inutile, monsieur... Ah! c'est que vous ne savez pas! il s'est passé bien des choses depuis que vous avez vu madame. Lors de votre entrevue avec elle aux Champs-Élysées, M. Daverny vous guettait... il vous a vu.

— Ah! bah!... voilà qui est curieux!

— Alors monsieur, sans faire de bruit, de scène, a quitté madame, en lui disant qu'il ne voulait plus être un obstacle à son bonheur.

— Eh! mais, voilà un mari fort complaisant!... j'approuve cette conduite... Ainsi donc, Caroline...

— N'est plus avec son mari... elle s'est logée dans le Marais, vit très-retirée, ne voit personne...

— Et sa fortune?

— Autant que j'ai pu comprendre, M. Daverny a laissé à madame la libre disposition de tout ce qu'elle lui avait apporté en l'épousant.

— Ah! fort bien!... fort bien!...

Arthur semble très-préoccupé de tout ce qu'il apprend; il marche avec agitation dans la chambre, puis revient à Marianne et lui dit :

— Mais, puisque votre maîtresse est seule et libre maintenant, pourquoi donc, au lieu de vous envoyer ici, ne m'a-t-elle pas fait dire d'aller la voir?

— Madame pense qu'elle aurait tort de vous recevoir, monsieur; et quoiqu'en la quittant son mari lui ait laissé la liberté de faire ce que bon lui semble, elle prétend qu'elle doit toujours se conduire comme si elle était encore avec lui.

— Oh! je reconnais là Caroline... toujours de grands principes, une tête exaltée!... N'importe... je suis fort aise de savoir qu'elle n'est plus avec son mari... Votre adresse?...

— La voici, monsieur... Madame se fait appeler madame de Melleval.

— C'est très-bien. Dites à Caroline qu'avant peu elle aura de mes nouvelles.

— Oh! monsieur, cela nous fera bien plaisir.

— Mais il me semble que madame Passelacet vient de casser une assiette... C'est qu'e[illegible]nuie peut-être d'être seule... Allez, Marianne, retournez près de votre maîtresse... ne la quittez plus... veillez bien sur elle... je vous la confie, vous m'en répondez sur votre tête!...

Arthur fait sortir vivement Marianne et lui referme assez brusquement la porte sur le nez ; celle-ci s'en retourne chez sa maîtresse, ne sachant trop ce qu'elle doit penser de M. Gervillier. La situation dans laquelle elle l'a trouvé, son changement de domicile, de toilette, répondaient peu à ce que disait sa lettre ; et puis la vue de madame Passelacet n'a pas inspiré grande confiance à la bonne fille. Mais les discours d'Arthur, les remords qu'ils semble éprouver de sa conduite passée ne sauraient être feints. Du moins Marianne aime à le croire, et, pour ne point inquiéter sa maîtresse, elle ne lui dira pas les soupçons qu'elle a d'abord conçus sur Arthur.

Caroline apprend seulement de Marianne qu'elle a vu Arthur, et qu'il lui a promis de tout faire pour réparer le temps perdu. La mère de Paul n'en demande pas davantage ; un cœur pur, une âme incapable de concevoir une mauvaise action, se laissera toujours plus facilement abuser qu'une autre. On est rarement défiant quand soi-même on n'est pas trompeur. Les fripons s'adressent peu à leurs pareils, ils feraient trop mal leurs affaires.

Caroline et Marianne attendent donc avec impatience, mais non pas avec défiance, le résultat des démarches d'Arthur. Caroline surtout est persuadée que celui qui l'a séduite autrefois doit avoir à cœur de sécher ses larmes en ramenant son fils dans ses bras.

Marianne n'est pas tout à fait aussi confiante ; il est vrai que le souvenir de madame Passelacet vient souvent se mêler à ses réflexions.

Quinze jours se sont écoulés, et on ne reçoit aucune nouvelle d'Arthur.

— Il a peut-être été forcé d'aller bien loin, dit Caroline.

— Il avait promis d'écrire, répond Marianne.

— Mais pour écrire il veut attendre sans doute qu'il ait quelque espérance à me donner !...

— Si j'allais m'informer à son logement ?...

— A quoi bon, Marianne ? tu dois bien penser qu'il ne serait pas revenu sans nous le faire savoir.

Marianne secoue la tête et se tait ; Caroline soupire et attend. Depuis qu'elle n'habite plus avec son mari, la conduite de la jeune femme est aussi sage, aussi régulière que son existence est simple et retirée. Ne sortant jamais, ne recevant personne, ne parlant à aucun de ses voisins, Caroline, toujours triste et pensive, reste quelquefois des heures entières plongée dans une rêverie dont Marianne elle-même ne parvient pas toujours à la tirer. Souvent alors de grosses larmes coulent des yeux de Caroline en même temps que son sein se soulève péniblement ; puis, passant sa main sur son front, on dirait qu'elle murmure contre elle-même, et qu'un nom qu'elle n'ose pas prononcer est prêt à sortir de ses lèvres. Sa seule distraction est de se placer quelquefois contre sa fenêtre. Alors ses regards, qui plongent dans la rue, semblent y chercher quelqu'un. Ensuite, comme fatiguée d'une attente vaine, elle revient s'asseoir sur sa chaise encore plus triste qu'auparavant.

Quinze autres jours s'écoulent, et on ne reçoit aucune nouvelle. Caroline se désole, et dit en levant les yeux au ciel :

— Il ne l'a pas retrouvé!

Marianne se tait; elle n'ose pas dire tout ce qu'elle pense. A chaque instant, elle descend chez le portier demander s'il est venu une lettre, et reçoit toujours la même réponse :

— Il n'y a rien pour madame de Melleval.

Un jour on sonne avec violence chez Caroline; celle-ci tressaille de joie en regardant Marianne, et s'écrie :

— C'est le portier qui monte une lettre... Ce sont des nouvelles d'Arthur... car personne ne vient me voir...

Marianne court ouvrir, et reste toute saisie en voyant Arthur lui-même; Arthur, qui est habillé avec assez d'élégance, mais dont les vêtements sont sales, en désordre, les bottes couvertes de poussière, la cravate à demi nouée, ayant bien enfin l'aspect d'un homme qui viendrait de passer plusieurs nuits en voyageant...

— Monsieur Arthur! s'écrie Marianne.

— Oui, moi-même... Votre maîtresse est-elle là?...

— Oui, monsieur. Ah! nous attendions de vos nouvelles avec grande impatience... Mais, puisque vous voilà vous-même... sans doute c'est pour nous apprendre...

Arthur n'écoute pas Marianne; il est déjà dans la chambre de Caroline. En le voyant, celle-ci pousse un cri de surprise, puis ses regards cherchent de tous côtés, et elle reprend tristement :

— Seul! vous revenez seul!...

— Oui, seul... pour le moment, répond Arthur en se jetant

dans un fauteuil... mais rassurez-vous... nous avons de bonnes nouvelles...

— Vous l'avez retrouvé? s'écrient en même temps Caroline et Marianne.

— Je l'ai retrouvé... à peu près... C'est comme s'il l'était... Oh! j'en ai long à vous conter... j'ai eu diablement de mal... Aussi je suis éreinté... Je prendrais bien quelque chose... Faites-moi donc donner un verre de madère...

— Ah! monsieur! dit Caroline, par pitié, apprenez-moi si je reverrai bientôt mon fils!

— Ah! madame, une minute... j'aime à conter les choses avec ordre... Mais nous avons le temps... rien ne nous presse, laissez-moi me remettre un peu... Eh bien! Marianne, est-ce que vous n'avez pas entendu ce que j'ai demandé?...

— Monsieur, répond Marianne, nous n'avons pas de madère ici.

— Eh bien, un verre de kirsch alors.

— Nous n'en avons pas non plus... On ne boit jamais de liqueur ici...

— Ni kirsch ni madère! voilà une maison bien montée!... On voit bien que je ne la dirige pas... Enfin, vous avez quelque chose, j'espère?

Caroline fait un signe à Marianne, qui se hâte d'aller chercher une bouteille de vin de Malaga et un verre, qu'elle place devant Arthur. Celui-ci se verse, boit, étend les jambes en se renversant sur le fauteuil; enfin, se met à son aise comme s'il était chez lui. Caroline, qui a bien de la peine à modérer son impatience, lui dit de nouveau d'un air suppliant :

— Monsieur... veuillez donc me dire si j'embrasserai bientôt mon fils!

— Dans un instant, madame... Cette Marianne ne connaît pas le service... ordinairement avec du vin sucré on vous sert une flûte, un biscuit... une babiole enfin...

— Si vous en voulez, monsieur, on va courir...

— Non... je n'ai pas faim... ceci me suffira... Renvoyez votre bonne, madame; je n'aime pas à causer devant les domestiques.

Caroline fait signe à Marianne de s'éloigner; la fidèle servante est tout étonnée qu'on la renvoie lorsqu'il s'agit de parler du fils de sa maîtresse; mais celle-ci jette encore sur elle un regard qui est presque une prière, et Marianne quitte l'appartement en disant :

— Mon Dieu! mon Dieu!... cet homme-là ne m'inspire plus la moindre confiance.

Lorsqu'ils sont seuls, Arthur rapproche son siége de celui de Caroline et lui dit :

— Ma chère amie... c'est toujours avec un nouveau plaisir que je me retrouve près de vous...

— Ah! monsieur, parlez-moi de mon fils! s'écrie Caroline en joignant les mains.

— C'est juste... m'y voici. Je me suis mis en route... il y a à peu près un mois... le jour même où vous m'avez envoyé Marianne avec des fonds... J'ai acheté un autre cheval... un superbe alezan... pure race... J'ai pris deux domestiques intelligents pour m'aider dans mes recherches... Vous m'aviez engagé à ne point épargner l'argent, et, ma foi, je ne l'ai point épargné.

— Vous avez bien fait, monsieur, eh bien?

— J'ai été d'abord du côté de Saint-Germain... j'ai visité Poissy... Meulan... j'ai poussé fort loin de ce côté-là... faisant les recherches les plus minutieuses... m'informant dans les auberges, dans les chaumières, dans le plus petit hameau... Dès que j'entendais parler d'un petit ramoneur, je partais au galop pour le rejoindre.

— Enfin, monsieur?

— Enfin, je n'ai rien appris du tout de ce côté-là... si ce n'est qu'il y fait fort cher à vivre, et qu'il y a de fort beaux points de vue... Oh! la campagne y est magnifique!...

— Après, monsieur?

— Je suis revenu sur mes pas et je me suis dirigé du côté du Midi... J'ai suivi la route de Toulouse... C'est tout un autre pays... le vin y est assez bon... c'est le pays des truffes... Si j'avais été jusqu'à Nérac, certainement je vous aurais envoyé une terrine de foies gras; mais je n'ai pas poussé jusque-là!... De ce côté, comme ailleurs, j'ai semé l'or à pleines mains pour obtenir des renseignements sur les voyageurs... les enfants surtout...

— Et enfin?

— Et enfin, je n'ai rien découvert par là.

— O mon Dieu! murmure Caroline en portant son mouchoir sur ses yeux.

— Attendez donc, ma chère amie, nous y arrivons... Je me dis : N'allons pas plus loin du côté du Midi... il y fait trop chaud, et les Savoyards qui voyagent à pied ne doivent pas choisir ce pays pour s'y promener; tournons vers l'Auvergne. Ah! pardieu! c'est bien fâcheux que je ne me sois pas dit cela plus tôt.

— Oh! achevez, achevez donc!...

— J'arrive en Auvergne... Dans les environs de Clermont, j'apprends qu'un homme qui conduit des ramoneurs est arrivé récemment de Paris avec trois petits garçons.

— Oh! c'est cela!...

— Eh! pardieu! oui... c'était notre homme... c'était le Jacques après lequel je courais... ce qui est très-heureux... car il y a tant de Jacques en Auvergne, c'est un nom fort commun... mais c'était le nôtre... Je parviens à l'atteindre... toujours en semant l'or sur mon passage...

— Vous avez vu mon fils !

— Oui, oui; mais laissez-moi donc parler... quand on m'interrompt, je m'embrouille. Je rejoins donc ce Jacques dans un petit village... dont je ne sais plus le nom... mais le nom n'y fait rien... je saurai bien le retrouver. J'aborde notre homme, et je lui dis : Vous avez avec vous un petit garcon nommé Petithomme, que vous avez trouvé à telle époque dans la forêt de Sénart?... Je lui cite le jour... je lui dis comment était mis l'enfant... J'avais tout cela sur la note que vous m'aviez donnée. Jacques paraît un peu surpris; cependant il convient de la vérité, tout se rapporte... c'est bien votre fils. Je dis alors à cet homme : Mon cher ami, je suis envoyé par la mère de cet enfant, et je viens vous redemander son fils... Alors vous ne vous imaginez pas ce que ce drôle m'a répondu!...

— Achevez, de grâce!...

— Il m'a dit : Monsieur, vous prétendez être envoyé par la mère de Petithomme... mais d'abord rien ne me le prouve... Vous ne me présentez ni acte de naissance... ni journaux dans lesquels on ait fait réclamer l'enfant perdu... et ordinairement, quand on perd un enfant et qu'on a envie de le retrouver, on met cela dans les journaux... on fait faire des affiches... enfin, on fait sa déclaration aux autorités... Je vous avoue, ma chère amie, qu'en entendant Jacques me répondre cela... je fus un peu collé!... Le fait est qu'il n'y a aucune preuve que cet enfant vous appartienne... et ce Savoyard raisonnait comme un avocat général!...

— Mais enfin, monsieur?...

— Je me dis : Il y a quelque chose là-dessous... voilà un gaillard qui veut me tirer une carotte de longueur... et je ne me trompais pas. Ce Jacques reprend au bout d'un moment : Si la dame qui vous envoie est réellement la mère de Petit-homme, elle ne doit regarder à aucun sacrifice pour posséder son fils. Quant à moi, je ne peux pas avoir élevé cet enfant, en avoir pris soin depuis six ans et demi... lui avoir donné un état... sans être récompensé de ce que j'ai fait.

— Oh! cet homme a raison, monsieur, s'écrie Caroline; il fallait lui promettre tout ce qu'il demandait.

— Vraiment? Ma foi... je vous avoue que je n'ai pas osé sans vous avoir consultée... C'est qu'il demande un peu cher, ce drôle-là... vingt-cinq mille francs comptant... sans quoi il ne veut pas se dessaisir de l'enfant.

— Vingt-cinq mille francs!...

— Tout autant!... Oh! il profite de sa position... il voit que nous n'avons pas de preuves à produire... et le fait est que nous n'en avons aucune... et il se dit : Je les tiens.

— Eh bien! monsieur... puisque cet homme veut cette somme, il faut la lui donner... aucun sacrifice ne doit me coûter pour avoir mon fils.

— Vous êtes une mère modèle! s'écrie Arthur en pressant la main à Caroline; si j'avais eu cette somme, soyez bien persuadée que je me serais empressé de la donner... mais j'ai perdu toute ma fortune! et il me reste même fort peu de chose sur ce que vous m'avez remis dernièrement... Quand on interroge tout le monde sur son chemin, il faut donner des pièces d'or à tous ces gens-là.

— Et qu'avez-vous dit à Jacques, monsieur?

— Je lui ai dit que j'allais retourner près de vous savoir votre réponse...

— Ah! vous deviez être sûr que je ne refuserais pas...

— J'en avais assez l'idée...

— Et Jacques vous attend avec mon fils?

— Oui, c'est convenu; il m'attendra près de Clermont, dans

le petit village de... mon Dieu! le nom m'échappe toujours... mais j'irais les yeux bandés maintenant...

— Et mon fils... vous l'avez vu, monsieur?

— Oui... je l'ai vu... mais très-peu... il jouait avec une marmotte... je n'ai pas voulu le déranger...

— Se portait-il bien, ce pauvre petit?

— Oh! parfaitement bien... Il est frais! il est fort comme un Turc!...

— Fort!... mais il était si délicat quand je l'ai vu...

— Ah! c'est-à-dire... il est bien délicat si vous voulez... mais on peut être délicat et fort.. Ça tient aux nerfs; d'ailleurs, rien n'engraisse comme de voyager. Je vais reprendre un peu de malaga... car je suis diablement fatigué!

— Monsieur, je vais me rendre sur-le-champ chez mon banquier, lui demander la somme qu'il me faut... Où faudra-t-il que Marianne vous la porte?... Toujours à la même adresse?

Arthur réfléchit, puis répond :

— Il me semble qu'il serait plus simple que j'allasse avec vous chez le banquier... Vous me remettriez tout de suite l'argent.

Après un instant d'hésitation, Caroline dit en baissant les yeux :

— Je ne dois pas sortir avec vous, monsieur; si l'on nous voyait ensemble... que penserait-on de moi?

— On penserait que vous avez un cavalier, voilà tout.

— Si par hasard... M. Daverny nous rencontrait?...

— Eh bien! après?... Puisqu'il vous a laissé le champ libre, c'est pour que vous en profitiez, apparemment!

— Mais moi, monsieur, je ne veux pas en profiter. J'ai eu bien assez de torts envers M. Daverny, je saurai du moins respecter les liens qui m'attachent à lui.

— Si nous retombons dans les grandes phrases... si nous faisons du roman, alors je n'en suis plus. Au reste, laissons ce sujet... sur lequel nous reviendrons plus tard. Tenez, pendant que vous irez chez votre banquier, je vais vous attendre ici; ça vous convient-il?

— Oui, monsieur... et je vais me hâter.

— Oh! donnez-vous le temps! seulement je déjeunerai pendant ce temps-là... si vous le permettez.

— Oui, monsieur... oui; Marianne sera à vos ordres...

Caroline se hâte de prendre ce qu'il lui faut pour sortir, et elle laisse Arthur dans sa chambre, étendu dans un fauteuil, et regardant autour de lui comme quelqu'un qui inspecte un appartement.

D'après l'ordre qu'elle a reçu de sa maîtresse, Marianne apporte une table et sert à déjeuner devant Arthur, qui se place et examine ce qu'on lui a servi.

— Qu'est-ce que vous me donnez là, Marianne?

— Ce que nous avons, monsieur... de la volaille... du jambon... du fromage...

— C'est un peu mesquin!... Enfin, aujourd'hui ça passera comme cela... Mais cette maison a besoin d'être mise sur un autre pied... et plus tard... nous verrons.

— Mon Dieu! se dit Marianne, qu'est-ce qu'il entend donc avec son : nous verrons!... Il se met bien à son aise ici, M. Arthur!...

Tout en mangeant, Arthur dit à Marianne

— Recevez-vous du monde ici?

— Non, monsieur, personne.

— Qu'est-ce que madame fait toute la journée?

— Elle travaille, lit, ou reste à réfléchir.

— Sort-elle beaucoup?

— Presque jamais, monsieur.

— C'est bien, j'approuve cette conduite... Et... ce mari, on n'en entend plus parler?

— Pas du tout, monsieur.

— Oh!... il est allé folâtrer d'un autre côté... Il a bien fait, quand on ne se plait pas ensemble, on se quitte; je ne connais que ça.

Au bout d'un moment, Marianne dit à son tour à Arthur :

— Monsieur demeure-t-il toujours où je l'ai trouvé... la dernière fois que je l'ai vu?

Arthur est quelques instants sans répondre; il dit enfin :

— Vous êtes curieuse, vieille Marianne; mais je n'aime pas cela, moi; une domestique est faite pour répondre et non pour questionner. Au reste, je veux bien vous dire que je ne demeure plus où vous êtes venue...

— Et l'adresse de monsieur?...

— Cela ne vous regarde pas.

— Cependant, si madame avait besoin de m'envoyer pour savoir...

— On n'aura pas besoin de vous envoyer, soyez tranquille, on me reverra ici... J'y reviendrai quand il le faudra.

Marianne n'ose plus rien dire. Arthur achève de déjeuner, et Caroline ne tarde pas à rentrer; elle fait un signe à sa bonne, qui se hâte de sortir.

— Eh bien! madame? dit Arthur en se levant de table.

— Il y a vingt-cinq mille francs dans ce portefeuille... prenez-les, monsieur, et donnez-les à ce Jacques pour qu'il me rende mon Paul.

Arthur examine les billets de banque en disant :

— C'est agréable d'avoir comme ça de l'argent... dès qu'on en veut.

— Si je continuais d'en demander comme je le fais depuis quelque temps, ma fortune serait bientôt épuisée, répond Caroline; mais je ne tiens pas à la richesse : que j'aie de quoi élever mon fils, c'est tout ce que je veux.

— De tels sentiments vous font honneur, ma chère Caroline... Allons, je vais partir...

— Combien faut-il de jours pour être auprès de Jacques?... dans combien de temps pensez-vous être ici avec mon fils?

— Mais... je ne sais pas au juste!...

— Pas plus de huit jours, n'est-ce pas, monsieur?

— Je tâcherai, soyez sûre que je me dépêcherai.

— Ah! rappelez-vous que je compterai les minutes jusqu'à votre retour.

— Au revoir donc... Aujourd'hui, vous me permettrez de vous embrasser, j'espère.

— Non, monsieur! répond Caroline en s'éloignant précipitamment d'Arthur; ni aujourd'hui, ni jamais... rappelez-vous que je suis mariée!...

— Allons, c'est très-bien, madame! répond Arthur en souriant d'un air moqueur, puisque cela ne vous plaît plus... on sera sage... Adieu... vous me reverrez.

— Bientôt...

— Oui... oh! je ne vous oublierai pas!

Arthur est parti. Caroline se livre à l'espérance, car cette fois elle ne doute pas qu'il ne lui ramène son fils; et lorsque Marianne vient la rejoindre, elle lui dit :

— Nous reverrons ce cher enfant... Il est allé le chercher, il sait où il est maintenant.

— S'il sait où il est, pourquoi donc ne l'a-t-il pas ramené tout de suite? répond Marianne.

— C'est que ce Jacques n'a pas voulu rendre l'enfant dont il a pris soin, sans qu'on lui donnât auparavant une forte somme...

— De l'argent?... ce Jacques a demandé de l'argent? c'est étonnant!... Il avait l'air d'un si brave homme... et d'ordinaire les Savoyards ne sont pas intéressés.

— Enfin, c'est comme cela, Marianne; mais que m'importe un peu d'argent de moins, puisque bientôt je vais embrasser mon fils!

Marianne n'ose rien répondre, et elle détourne ses yeux, car elle craint que sa maîtresse n'y lise les soupçons qu'elle a formés.

CHAPITRE XXI

IL TIRE PARTI DE TOUT.

Caroline semble renaître à l'existence; ses yeux ont repris leur éclat, un sourire vient quelquefois effleurer ses lèvres depuis qu'elle sait que son fils est retrouvé, et qu'elle pense le presser bientôt dans ses bras : tous les autres souvenirs, toutes les autres peines se sont effacés devant la perspective d'un bonheur aussi pur.

Marianne ne partage pas la joie de sa maîtresse; elle est soucieuse, elle a l'air inquiet, quoique devant Caroline elle fasse tout son possible pour être gaie.

— Je vais donc enfin être heureuse! dit Caroline à sa fidèle servante; je vais connaître la douceur d'être mère... mon fils ne me quittera plus... et... puisque M. Daverny m'a fuie pour toujours, c'est à mon fils que je consacrerai mon existence. Nous quitterons Paris, ma bonne Marianne, nous irons dans un pays éloigné... où personne ne nous connaîtra... Là, je pourrai donner à Paul le nom de mon fils... il pourra m'appeler sa mère!... Ah! je sens qu'alors j'oublierai tous mes chagrins... Ce pauvre enfant, élevé avec des ramoneurs, il faudra changer ses habitudes, refaire son éducation... Mais il était si doux... si docile... je suis certaine qu'en peu de temps il prendra de jolies manières... qu'il étudiera bien, qu'il nous aimera surtout... n'est-ce pas, Marianne?

— Oui... oui, madame, nous verrons tout cela... quand M. Arthur nous l'aura ramené.

Huit jours se passent. Caroline ne dort plus, ne mange plus; tant qu'il fait jour, elle passe son temps à la fenêtre, espérant voir arriver ceux qu'elle attend. Chaque voiture qui vient de son côté fait tressaillir son cœur, elle croit que son fils est dedans... Mais lorsque la voiture passe sans s'arrêter devant sa maison, la pauvre mère sent son cœur se serrer, et elle murmure: Pas encore lui!

Chaque matin en se levant, Caroline se dit:

— Aujourd'hui je le reverrai... il ne peut tarder plus longtemps.

Mais la journée s'écoule comme celle de la veille, sans réaliser l'espoir de Caroline.

La gaieté, le sourire disparaissent de nouveau pour faire place à l'inquiétude et aux larmes.

— Qui peut encore retenir Arthur, dit Caroline à Marianne, puisqu'il avait retrouvé mon fils, que tout était convenu avec ce Jacques, qu'il lui portait la somme qu'il lui avait demandée?... Il ne fallait que huit jours, m'avait-il dit, pour être de retour.

— Eh! madame, est-ce qu'il faut compter sur ce que dit M. Arthur?... Est-ce qu'il faut avoir confiance dans un homme... qui n'est plus reconnaissable... et dont maintenant les manières... les propos!... Ah! mon Dieu! dire qu'un homme peut se gâter ainsi!... que la mauvaise conduite peut le faire descendre si bas!..

— Marianne, tes soupçons vont trop loin! Arthur, il est vrai, n'est plus ce jeune homme que nous avons vu il y a huit ans... si séduisant, si aimable...

— Oh! non, il n'y a plus rien de tout cela... Mais il y a huit ans, comme à présent, M. Arthur cachait déjà de bien vilains défauts sous ses brillants dehors!

— En voyant des gens... qu'il aurait autrefois rougi de fréquenter, il a pris leur ton... leur langage... Mais supposer pour cela qu'il se soit joué de moi!... Oh! non, ce serait trop infâme.

— Enfin, madame, où vous a-t-il dit qu'il avait retrouvé votre fils?

— Dans un village, en Auvergne, près de Clermont.

— Le nom de ce village?

— Il ne se le rappelait plus.

— Et voilà près de quinze jours qu'il est parti... et il ne vous écrit pas seulement un mot pour vous rassurer!

Caroline laisse retomber sa tête sur sa poitrine, puis va se replacer à sa fenêtre, dans l'espérance qu'elle verra arriver son fils.

Mais le temps se passe sans apporter aucune nouvelle de ceux que l'on attend; Caroline se désespère, elle ne sait à quelles conjectures se livrer; Marianne secoue la tête en murmurant :

— Je l'avais prévu.

Un jour madame Daverny dit à Marianne :

— Il faut aller à la demeure d'Arthur; peut-être y a-t-on de ses nouvelles?... Tu vas m'y conduire, je veux moi-même interroger, m'informer...

— M. Arthur ne demeure plus où je l'ai vu, répond Marianne, il a encore changé de logement, et il a refusé de me donner son adresse.

— N'importe, il faut aller à l'hôtel où il logeait... Il t'a trompée peut-être... il est impossible que nous n'obtenions pas quelques renseignements sur lui.

— Je ferai tout ce que vous voudrez, madame.

Et la bonne fille sort avec sa maîtresse; elle la conduit à l'hôtel de la rue Montmartre où elle a trouvé M. Arthur déjeunant avec madame Passelacet.

Caroline demande M. Gervillier; on lui répond que depuis longtemps il a quitté l'hôtel, que l'on ignore où il est allé, qu'il n'a pas voulu laisser son adresse en partant.

— Ainsi donc, il me faut perdre tout espoir! s'écrie Caroline. Je ne sais plus où retrouver Arthur... qui seul savait où était mon fils... Que peut-il lui être arrivé?... quelque accident en route... quelque malheur... Mais il m'a dit que c'était en Auvergne... dans un village près de Clermont, qu'il avait laissé Jacques... Eh bien! Marianne, nous partirons, nous visiterons tous les environs de Clermont jusqu'à ce que nous ayons retrouvé mon fils.

— Je le veux bien, madame... j'irai au bout du monde si vous le désirez!

Caroline regagnait alors sa demeure avec Marianne, tout en parlant de leur prochain voyage. Tout à coup, au détour d'une rue, quelqu'un pousse un cri de surprise, et Caroline se sent arrêtée par le bras; elle se retourne et reconnait madame Troussard.

— Comment! c'est vous, ma chère Caroline! s'écrie madame Troussard. Ah! que je suis enchantée de vous rencontrer!... il y a un siècle que nous ne vous avons aperçue!... Nous sommes allées pour vous voir plusieurs fois, moi et ma fille; mais on nous disait toujours que vous n'y étiez pas... ensuite que vous étiez déménagée... que vous habitiez le Marais... et à Paris on a si peu de temps à soi!... Mais je vous trouve changée, maigrie!... Est-ce que vous avez fait une maladie, ma chère amie?

— Non, madame, répond Caroline, qui voudrait bien se débarrasser de madame Troussard; mais je rentrais chez moi... je suis un peu pressée... car je vais faire un voyage.

— Vous allez par là? je vais vous accompagner un bout de chemin, ma chère amie; je suis si contente de vous revoir... j'ai tant de choses à vous conter!... Depuis que je ne vous ai vue, j'ai eu bien des contrariétés! D'abord, mon mari est plus imbécile que jamais... j'ai été obligée de le mettre dans une maison de santé, il n'y avait plus moyen de le garder... il se permettait tout en société... tout, ma chère! c'était à n'y pas tenir... Ensuite mon gendre Minot se conduit maintenant avec sa femme d'une façon qui m'affecte sensiblement, et qui peut avoir des suites désagréables pour tous les deux. Thérèse a la tête montée... vous comprenez!... Elle est susceptible de faire des sottises pour se venger... et moi, je dirai à Minot : Tu l'as voulu, Georges Dandin!... Parce que le nez de votre femme se pince, ce n'est pas une raison pour la négliger comme vous le faites!... d'autant plus qu'elle chante toujours très-bien!... Au reste, ma chère Caroline, je n'ai pas besoin de vous dire de quoi sont capables les maris!... vous n'avez pas beaucoup non plus à vous en louer, d'après ce que nous avons appris.

— Comment, madame, qu'avez-vous donc appris? dit Caroline d'un air surpris.

— Mais que votre ours, votre tyran vous avait quittée... Enfin, que M. Daverny vous avait laissée là... Pauvre petite femme!... après cinq ans de mariage, je crois!... c'est gentil!

— Et qui a donc pu vous... apprendre cela, madame? répond Caroline, qui baisse les yeux en rougissant.

— Eh! mon Dieu, c'est Minot qui l'a su par son ami... ce mauvais sujet d'Arthur,... qu'il revoit maintenant.

— Arthur... M. Arthur Gervillier?... s'écrie Caroline; votre gendre l'a vu depuis peu?...

— Hier encore, je crois, puisque c'est une fureur maintenant. Ils ne se quittent plus. Minot avait cessé de voir son ancien ami, et j'en étais bien aise, parce que ce monsieur Gervillier se présentait quelquefois chez moi d'une façon... par trop sans gêne... fait comme un voleur, ma chère amie... et avec ça l'air toujours aussi impertinent. Il voulait que mon gendre lui prêtât de l'argent, et mon gendre est comme la fourmi, il ne peut pas souffrir prêter. Bref, ils étaient à peu près brouillés; mais depuis quelque temps M. Arthur est revenu brillant, élégant... superbe... et apportant d'énormes bouquets à ma fille; alors Minot, qui n'a pas de rancune, s'est réconcilié avec lui. Il paraît qu'il a fait un héritage. Ce qu'il y a de certain, c'est qu'ils sont tous les jours en partie, lui et mon gendre... et que M. Minot néglige sa femme d'une façon déplorable.

Caroline et Marianne ont écouté attentivement madame Troussard; lorsqu'elle a fini de parler, la jeune femme s'écrie :

— Madame, au nom du ciel! êtes-vous bien certaine de ce que vous venez de me dire?

— Comment... vous me demandez si je sais ce que je dis! répond madame Troussard d'un air piqué; est-ce que vous croyez que je suis devenue une brute comme mon mari?

— Non, madame, ce n'est pas cela que j'ai voulu dire... Oh! mais, tenez... voici ma demeure... de grâce montez chez moi... Il faut que je vous parle, madame, le repos de ma vie en dépend.

— Je vous suis, ma chère amie, je vous suis... je ne demande pas mieux... Oh! je serai enchantée de recevoir vos confidences... et vous savez que je suis très-obligeante... D'ailleurs, entre femmes, il faut se soutenir; c'est ma manière de penser...

L'union fait la force!... c'est pour cela qu'il y a tant de mauvais ménages.

Madame Troussard est entrée avec madame Daverny dans sa maison; celle-ci s'empresse de l'introduire dans son appartement, et là lui dit en pressant ses mains dans les siennes :

— On ne vous a point trompée, madame... M. Daverny m'a quittée... mais je n'ai aucun reproche à lui faire... c'est plutôt moi qui suis coupable... et pourtant, madame, ne me méprisez pas, car je n'ai pas encore perdu tous droits à votre estime.

— Moi, vous mépriser, ma chère! allons donc! vous n'y pensez pas... et quand bien même votre mari aurait été... enfin!... par exemple! Entre femmes, est-ce qu'on ne sait pas ce que c'est!...

— Madame, de grâce, veuillez m'écouter. C'est de M. Arthur Gervillier que dépend maintenant le repos de ma vie... Il devait retrouver une personne... me donner de ses nouvelles... Enfin il m'avait promis de courir sur ses traces... et vous dites qu'il est à Paris...

— Il y a trois jours, Minot a passé toute la journée avec lui... ils ont été à Saint-Cloud... et même mon gendre est rentré gris... et il a levé la main sur le portier... C'est étonnant comme cet homme-là est méchant quand il a une pointe de champagne... lui qui est poltron quand il a sa raison!...

— Madame... pourrez-vous me procurer l'adresse de M. Arthur?... Il faut absolument que je le voie, que je lui parle...

— Par mon gendre je la saurai, il n'y a pas de doute... Mais si je voyais M. Arthur lui-même!... il vient souvent apporter des bouquets à ma fille... de superbes bouquets... avec des camelias au milieu... Hum! je ne sais pas, mais... ce n'est pas que je doute de la vertu de Thérèse... cependant... le diable est bien fin.

— Eh bien! madame, si vous voyez M. Arthur aujourd'hui, dites-lui que vous m'avez vue... que vous m'avez dit qu'il était à Paris... et que je l'attends... Oh! n'oubliez pas de lui dire que je l'attends!...

— Soyez tranquille, ma belle, je vous l'enverrai, ou je vous ferai savoir son adresse... comptez sur moi... Entre femmes on se doit aide et protection... Ah! si tout notre sexe pensait comme cela... nous serions bien fortes... tous ces messieurs seraient... bien attrapés! Ils le sont la même chose, ce n'est pas l'embarras!... Adieu, ma chère Caroline; fiez-vous à moi; d'ici à demain vous verrez M. Arthur ou vous aurez son adresse.

Madame Troussard est partie. Alors Marianne regarde sa maîtresse et lui dit :

— Eh bien! madame, avais-je tort de douter de la bonne foi de M. Arthur?... Il était de retour... et il ne venait pas vous voir, et il vous laisse dans l'attente... quand il sait que vous comptez les heures... les minutes...

— Ah! tais-toi, Marianne, n'achève pas de me désespérer... Toutes mes pensées sont pour mon fils... Qu'est-il devenu? Arthur ne l'a-t-il plus trouvé?... a-t-il craint de m'apprendre ce triste résultat de son voyage?...

— Son voyage! mais savons-nous seulement s'il a été où il vous avait dit?...

— Tais-toi, Marianne, tu me rendrais trop malheureuse... Attendons; la mère de Thérèse m'a promis que je le verrais... que je saurais son adresse... Il est à Paris... Oh! il faudra bien que je le voie...

Caroline parait accablée, elle ne parle plus; elle reste pendant plusieurs heures comme abimée dans ses réflexions à la place où elle s'est assise, et Marianne n'ose plus la tirer de l'espèce d'anéantissement dans lequel elle est plongée.

Sur le soir, on sonne avec violence chez Caroline. Ce bruit fait tressaillir la jeune femme, qui s'écrie :

— C'est lui!... oh! je suis sûre que c'est lui!

Marianne court ouvrir. C'est en effet Arthur qui s'offre à ses regards. Il est mis avec une certaine élégance, dans laquelle cependant perce un désordre qui maintenant parait lui être habituel. Il est pâle, son front est rembruni, un air d'humeur règne sur son visage comme dans ses manières. Il entre jusque dans l'appartement de Caroline en gardant son chapeau sur sa tête, et se jette sur une chaise en disant :

— Vous aviez envie de me voir... me voici!

— Comment, monsieur, vous étiez de retour, et vous ne veniez pas!... s'écrie Caroline; mais mon fils!... mon Paul!...

— Veuillez dire à votre vieille bonne de nous laisser, madame, répond Arthur; elle a la mauvaise habitude de toujours rester là quand il y a du monde... c'est très-inconvenant!

Caroline fait signe à Marianne, qui s'éloigne en murmurant :

— Oh! ma pauvre maîtresse!

— Nous voici seuls, monsieur, dit Caroline en levant sur Arthur des regards où se peint la plus vive anxiété; eh bien!... n'allez-vous pas m'apprendre enfin le résultat de votre voyage?... Vous m'aviez promis de me ramener mon fils au bout de huit jours... et voilà un mois que vous êtes parti...

— Je vous avais promis!... on promet bien des choses en ce monde... ce n'est pas là le difficile!...

— Ce Jacques n'a-t-il plus voulu tenir sa parole?... mon fils serait-il malade?... Vous étiez de retour et vous ne veniez pas... Qu'ai-je donc encore à redouter?...

— Allons, madame, calmez-vous... Nous allons causer... Vous m'avez fait dire par madame Troussard que vous vouliez me parler... ceci est un peu indiscret de votre part... Mais n'importe... je serais toujours venu vous voir... Oh! je serais venu incessamment... car moi aussi je voulais vous parler... causer avec vous de nos affaires...

— Monsieur, ayez donc pitié de mon inquiétude... Parlez-moi de mon fils...

— Votre fils... ou pour mieux dire notre fils... car enfin je suis pour quelque chose dans la naissance de ce garçon-là, notre fils, madame, se porte très-bien.

— Ah! je respire!... Et où est-il?... l'avez-vous ramené?...

— Oui, madame, oui, je l'ai ramené; ce Jacques a tenu sa promesse, et moyennant les vingt-cinq mille francs que je lui ai comptés, il m'a remis l'enfant... un peu barbouillé... Mais cela ne fait rien, un enfant se débarbouille très-facilement.

— Vous avez ramené mon fils... Ah! quel bonheur!... Et vous ne veniez pas me le dire!... Mais où donc est-il?... conduisez-moi près de lui.

Déjà Caroline s'est levée; mais Arthur, qui n'a pas bougé de sa place, lui fait signe de se rasseoir en lui disant :

— Un moment, madame, un moment... vous êtes d'une vivacité! C'est maintenant que nous avons à causer... Oui, j'ai ramené mon fils avec moi... et s'il faut vous le dire, madame, je l'ai trouvé fort gentil, ce petit bonhomme... Mon cœur a éprouvé un mouvement d'amour paternel très-prononcé... un sentiment... que je ne connaissais pas encore s'est glissé dans mon âme...

— Je le crois, monsieur... mais ensuite?

— Ensuite... Faites-moi donner du feu, s'il vous plaît, madame. . voici l'heure où j'ai l'habitude de fumer... j'ai heureusement des cigares dans ma poche...

Caroline se lève, allume elle-même une bougie qu'elle apporte à Arthur, et celui-ci, après avoir allumé un cigare qu'il commence à fumer, reprend la conversation.

— Oui, madame... je suis glorieux de mon fils... et, ma foi, en le voyant, j'ai fait des réflexions... beaucoup de réflexions... Je me suis dit : Cet enfant est le mien... car de ce côté-là... je ne mets pas en doute votre vertu... Je me suis donc dit : Cet enfant est le mien... j'en suis parfaitement sûr... il n'y a pas beaucoup d'hommes qui puissent en dire autant!... Eh bien! pourquoi ne garderais-je pas mon fils... Sa mère s'est mariée, elle ne peut jamais le reconnaître pour son enfant... tandis que moi, qui suis libre... rien ne m'empêche de reconnaître mon fils.

— Comment, monsieur... vous voulez!... Mais tout cela ne doit pas vous empêcher de me le rendre, j'espère... de le confier à ma tendresse...

— Madame... ceci est une autre question... Pourquoi vous rendrais-je cet enfant?... et, après tout, quels sont vos titres pour le réclamer?... Avez-vous été fidèle au serment que vous m'aviez fait?... Vous deviez n'aimer que moi... et je vous trouve mariée à un autre.

— Ah! monsieur!... quels reproches... après votre conduite... votre abandon!... Et si je me suis mariée, ne savez-vous pas que ce fut pour obéir à mon père... pour prolonger ses jours?... Mais vous ne pensez pas tout ce que vous dites là, monsieur... oh! non, vous ne le pensez pas... vous m'avez dit vous-même que j'avais bien fait d'obéir à mon père!... Oh! monsieur, vous me rendrez mon fils; n'est-ce pas?... vous ne me priverez pas encore de ses caresses?

En disant ces mots, Caroline ne peut plus retenir les pleurs qui étouffent sa voix.

— Madame, ne pleurons pas... je vous en prie!... répond Arthur en lâchant une bouffée de fumée dans l'appartement. Ça ne signifie rien du tout de pleurer!... Je parle très-sensément... Le petit Paul est mon fils... je pense que vous ne nierez point cela... Je suis libre... tandis que vous êtes mariée à un autre... Un jour je reconnaîtrai mon fils, je lui donnerai mon nom... Je ne dis pas que ce sera demain ni après... mais ça ne peut pas lui manquer. Eh bien! c'est donc moi, et non pas vous, qui dois garder cet enfant, l'élever ou le faire élever... et lui donner une éducation digne du nom qu'il portera un jour.

— Ah! monsieur... pensez-vous qu'en étant avec moi il ne recevrait pas tous les soins nécessaires? Pensez-vous que je ne mettrais pas tout mon orgueil à former son cœur... son esprit?...

— Les femmes n'entendent rien à l'éducation des garçons... Mon fils sera élevé selon mes désirs... vous me le gâteriez... vous et votre vieille Marianne... Moi, j'en ferai un homme... dans mon genre... et c'est tout ce qu'il y a de mieux!...

— Monsieur, vous voulez vous faire un jeu de ma douleur... Mais il n'est pas possible que vous refusiez de me confier cet enfant que j'aime tant... Enfin, où est-il en ce moment?... qu'en avez-vous fait?... Vous ne me priverez pas du bonheur d'aller l'embrasser?

Arthur se lève, se promène dans l'appartement, et, tout en continuant de fumer son cigare, répond en mettant de longs intervalles entre ses phrases :

— Madame, mon fils est... quelque part... je l'ai placé dans une excellente maison d'éducation... où il recevra l'éducation la plus brillante et la plus solide.

— Mais où cela, monsieur? que j'aille le voir au moins!

— Madame, il n'entre pas dans mes projets que vous le voyiez maintenant, c'est pourquoi je ne veux pas vous apprendre où il est... Plus tard... si je suis satisfait de votre conduite... de votre docilité... il est possible... il est même probable que je vous rendrai votre fils...

— Si vous êtes satisfait de ma conduite! s'écrie Caroline en jetant sur Arthur un regard d'épouvante. Que voulez-vous dire, monsieur? Que faut-il donc faire pour que vous mettiez un terme à mes souffrances?

— Beaucoup de choses... Vous êtes libre maintenant, puisque votre mari vous a quittée. J'entends et je prétends être ici comme chez moi... j'y viendrai quand cela me fera plaisir... j'y déjeunerai, j'y dînerai quand cela me conviendra... j'y amènerai même un ami dans l'occasion... il me semble aussi que je pourrais y coucher...

— Ah! quelle horreur! s'écrie Caroline en s'éloignant vivement d'Arthur. Celui-ci la fixe un moment, puis il reprend en haussant les épaules :

— Vous voyez bien que vous êtes fort ridicule!... Au reste, puisque cela vous effarouche tant, je n'y coucherai pas... soit!... mais comme vous avez de la fortune et que j'ai dépensé la mienne, nous ferons bourse commune... C'est bien naturel entre gens qui s'aiment... Pour commencer, je vous prierai de me donner un petit bon de trois ou quatre mille francs sur votre banquier, car je n'ai plus le sou... je suis à sec... La pension de mon fils me coûte très-cher, et j'ai payé six mois d'avance... Il faut se saigner pour ses enfants... Avec ça que depuis quelques jours je ne suis pas en veine à la bouillotte... Mais la chance tournera; il faudra bien qu'elle tourne!...

Caroline, sans répondre un mot, est allée s'asseoir devant son secrétaire; là elle fait un bon de la somme qu'Arthur vient de lui demander, puis elle le lui présente en balbutiant d'une voix éteinte :

— Êtes-vous satisfait, monsieur?

— Oui, répond Arthur en prenant le papier qu'on lui présente, oui, vous êtes très-docile... c'est bien... en vous conduisant ainsi, vous me ferez oublier... votre infidélité, et je vous rendrai votre fils... Je vous quitte... je vais à mes affaires... je viendrai vous voir souvent, et je vous donnerai des nouvelles du petit garçon... Ne recevez aucune visite excepté la mienne... cela me déplairait... Si madame Troussard vient pour vous voir, mettez-la à la porte; c'est une bavarde que je n'aime pas... Elle serait capable de vous dire du mal de moi. Adieu... vous connaissez mes conditions : soumission entière à mes volontés, et je vous rendrai votre fils.

Arthur s'est éloigné. Caroline n'a plus dit un mot, plus fait un pas pour l'arrêter; elle est restée atterrée par la conduite de cet homme, et lorsque Marianne revient près d'elle, la jeune femme ne peut que lui tendre la main en murmurant :

— Tu avais raison, Marianne, cet Arthur est un homme infâme!... Il a violé toutes ses promesses... Mon fils est entre ses mains... Il refuse de me le rendre... Il me refuse même le bonheur de l'embrasser... Et voilà l'homme que j'aimais... que je regrettais sans cesse... pour lequel j'ai méconnu l'amour si vrai, si pur de mon mari!... Ah! combien je rougis de moi-même!... combien je maudis la faute de ma jeunesse!

Marianne tâche de consoler sa maîtresse en lui faisant espérer qu'Arthur ne persistera pas dans sa résolution de garder son fils; et Caroline n'ose point encore avouer à sa fidèle confidente toute la bassesse de la conduite de celui qui fut son séducteur.

CHAPITRE XXII

UNE ENTREVUE DANS LE BOIS DE VINCENNES.

Plusieurs mois s'écoulent, pendant lesquels Caroline reçoit assez fréquemment les visites d'Arthur. Comme c'est ordinairement lorsque le jeu l'a entièrement dépouillé qu'il se présente chez madame Daverny, c'est toujours avec une figure maussade, une toilette en désordre, qu'il arrive chez elle; c'est en maudissant sa mauvaise fortune qu'il l'aborde; et lorsqu'elle lui demande des nouvelles de son fils, un sourire ironique effleure ses lèvres; c'est à peine s'il daigne lui répondre quelques mots.

Et cependant Caroline laisse, sans murmurer, dissiper sa fortune par cet homme qui passe sa vie dans le jeu et la débauche; elle se flatte encore que sa soumission décidera Arthur à lui rendre son enfant; qu'elle le ramènera à des sentiments plus doux, et qu'un jour, pour prix de tout ce qu'elle fait pour lui, il se présentera chez elle en tenant son fils par la main.

Cependant une si longue souffrance, une attente toujours trompée, ont beaucoup altéré la santé de Caroline; chaque jour Marianne presse sa maîtresse pour qu'elle aille passer à la campagne la belle saison qui est revenue; mais Caroline s'y refuse; elle craint, en s'éloignant, de contrarier Arthur; elle croit son fils dans une pension à Paris; elle ne voudrait pas quitter le séjour qu'il habite, ni perdre le prix de tous les sacrifices qu'elle a faits.

Pour prendre un peu d'exercice, Caroline sort seule quelquefois, et pendant que Marianne s'occupe de leur petit ménage, elle dirige ses pas vers un des faubourgs de la ville, choisissant les endroits les moins fréquentés; souvent elle passe la barrière, et va jusque dans la campagne chercher un air plus pur et une promenade plus tranquille.

Lorsque Caroline se décide à sortir, c'est toujours de très-grand matin ; de cette manière, elle ne rencontre presque personne sur sa route, et elle rentre à Paris à l'heure où la ville commence seulement à devenir bruyante.

Par une belle journée de juillet, Caroline, qui passe la plupart de ses nuits sans sommeil, quitte de bonne heure sa demeure, et, la figure cachée sous un chapeau de paille, le corps enveloppé dans un grand châle, elle traverse rapidement les rues de Paris, gagne le faubourg Saint-Antoine, passe la barrière, monte sur la droite, et se trouve à six heures du matin au milieu du joli village de Saint-Mandé.

Ces maisons de campagnes élégantes qui se trouvent près de la route rappellent à Caroline son séjour à Draveil et la demeure de son père ; elle presse le pas, car ses souvenirs affectent douloureusement son âme ; d'ailleurs ce sont les bois, les ombrages qu'elle est venue chercher. Dans le village, les fenêtres commencent à s'ouvrir, les paysans se rendent à leurs travaux ; les bourgeois même sont quelquefois matinals, ils ont hâte de respirer le parfum de leurs fleurs, et de jouir du spectacle d'une belle matinée. La jeune femme a bientôt laissé derrière elle toutes les habitations. Elle entre dans le bois et se dirige vers les couverts les plus épais, vers les parties les plus solitaires de la promenade. Quoique seule, elle préfère, pour se reposer, les endroits les plus sombres : on n'a pas peur quand on a du chagrin.

Caroline marche depuis longtemps; la promenade lui plait, car elle n'a rencontré personne. Tout en jouissant de la vue du bois, en foulant aux pieds un épais gazon, elle peut se livrer à ses pensées sans craindre qu'on vienne l'en distraire.

Cependant elle marche depuis longtemps, et, avant de retourner à Paris, elle sent qu'il lui sera nécessaire de se reposer un peu ; alors elle porte ses regards autour d'elle, et va se choisir une place, lorsque, à dix pas seulement de l'endroit où elle se trouve, elle aperçoit un monsieur assis sur le gazon.

Le premier mouvement de Caroline est de retourner sur ses pas pour s'éloigner de la personne qu'elle vient d'apercevoir; mais un sentiment dont elle ne peut pas bien se rendre compte lui fait encore porter ses regards vers cette personne : le monsieur qui est assis, appuyé contre un arbre, tourne presque le dos à Caroline, qui ne peut voir sa figure. Il n'a probablement pas entendu venir quelqu'un, car il ne se retourne pas et semble absorbé dans ses réflexions. Cependant la jeune femme se sent trembler, ses jambes chancellent, son cœur bat avec violence : dans cet homme qui est là, il lui a semblé reconnaître son mari. Elle voudrait fuir... mais ses pieds s'embarrassent dans des branches de feuillage; ce bruit est entendu de la personne qui est assise, on tourne la tête... Caroline ne s'est pas trompée : c'est Daverny qui est devant elle.

La surprise, l'émotion, qui se peignent sur-le-champ dans les traits de Charles, font bientôt place à une expression d'intérêt, de compassion. Caroline est devenue si pâle, ses forces l'ont si subitement abandonnée, qu'il lui a fallu s'appuyer contre un arbre pour ne pas tomber, et qu'il lui serait impossible d'aller plus loin. Daverny a vu tout cela en un instant, et, se levant brusquement, il court près de celle que sa présence semble avoir si fortement émue.

Mais, arrivé tout près de sa femme, Daverny se sent presque aussi troublé que Caroline, et, s'arrêtant à deux pas devant elle, il n'a plus la force d'aller plus loin.

Et tous deux restent ainsi longtemps l'un devant l'autre, Caroline s'appuyant contre un arbre et les yeux fixés vers la terre, Daverny les regards attachés sur sa femme, et cherchant à lire dans sa figure pâle et souffrante quel est le sentiment qu'elle éprouve en le voyant.

Enfin, après que tous deux sont demeurés plusieurs minutes ainsi, c'est Charles qui rompt le silence :

— Vous semblez souffrante, madame? dit-il en se rapprochant de Caroline, Auriez-vous besoin de quelque chose?... Si je pouvais vous rendre quelque service... parlez, madame...

— Non, monsieur, je vous remercie, répond Caroline d'une voix faible et tremblante. Je voulais... retourner à Paris... mais en ce moment, je sens que cela me serait impossible... les forces me manquent.

— Et vous restez debout près de cet arbre!... reposez-vous donc sur ce gazon.

En disant ces mots, Charles, prenant le bras de Caroline, la conduit et la fait asseoir sur un tertre qui est près d'eux. Caroline s'est laissé guider par le bras qui lui a servi d'appui. Elle veut ensuite faire entendre quelques mots de reconnaissance, mais il semble qu'elle n'ait plus la force de parler.

— Votre fidèle Marianne est sans doute dans les environs? reprend Charles; dites-moi de quel côté vous l'avez laissée, et je courrai la chercher... je vous la ramènerai.

— Non, monsieur, Marianne n'est point avec moi, répond Caroline sans oser lever les yeux sur Daverny. Je suis venue seule ici!...

— Seule!... si loin de... votre demeure... et de si grand matin!...

— Oui, monsieur, seule... toujours seule!... N'est-ce pas mon sort désormais?... La solitude est ce qui me convient. Quand je sors, c'est de très-grand matin... afin de ne pas rencontrer de monde... Je sors de Paris... je gagne la campagne... par ici, au moins... on ne me voit pas pleurer

En achevant ces mots, Caroline ne se sent plus la force de retenir les larmes qui étouffent sa voix, et, cachant sa figure dans son mouchoir, elle respire plus librement en laissant éclater sa douleur.

Daverny reste debout et en silence près de Caroline; ce n'est qu'après que la douleur de celle-ci semble un peu calmée qu'il lui dit, en tâchant d'être maître de son émotion :

— Vous pleurez, madame! vous avez encore des chagrins! J'espérais que vous vous trouviez heureuse depuis que je vous ai quittée!

Caroline ne répond rien, mais, tournant doucement la tête, elle regarde son mari... et il y a dans son regard une expression qui pénètre jusqu'au cœur de Charles. Il fait quelques pas, s'éloigne, se rapproche... puis enfin s'assoit à peu de distance de sa femme.

— Non, monsieur, dit Caroline lorsque son mari s'est assis, non, je ne suis pas heureuse, je ne le serai jamais... je ne mérite pas de l'être... je le sais!...

— Pourquoi donc, madame? vous vous jugez trop sévèrement peut-être. Vous ne m'aviez épousé que par obéissance pour les volontés de votre père. Vous ne m'aimiez pas... vous me l'avez dit avec franchise... Un autre possédait tout votre amour... il le méritait sans doute mieux que moi... En le revoyant, pouviez-vous ne pas sentir se rallumer ce sentiment qu'il vous avait inspiré? Les lois de la nature sont plus fortes que celles des hommes! J'étais un obstacle à votre bonheur... j'ai dû vous quitter... vous rendre votre liberté.

Pendant que Daverny parle, Caroline semble éprouver des mouvements de dépit, d'impatience, et elle lui répond avec vivacité :

— Vous vous êtes bien trompé, monsieur, si vous m'avez crue capable d'user de cette liberté que vous me rendiez! Quoique j'aie revu M. Arthur... quoique je sois encore forcée de le voir quelquefois... je n'ai jamais oublié... que je suis votre femme... car, bien que vous m'ayez quittée... que vous ne... vouliez plus me voir... pourtant... je suis toujours votre femme... Cet amour que vous me supposez pour un autre... il n'existe plus, monsieur... oh! je vous jure qu'il n'a laissé dans mon cœur que d'amers regrets et un profond repentir. Mais alors même que j'aurais toujours éprouvé ce sentiment... pour un autre que vous... je n'aurais point manqué à mes devoirs, monsieur; non... je n'y aurais jamais manqué... Mais vous ne me croyez pas! je suis si méprisable à vos yeux!

De nouvelles larmes coulent des yeux de Caroline, qui détourne la tête en sanglotant. Daverny se rapproche de sa femme et lui prend la main en lui disant :

— Je vous crois, madame, je vous crois... Si cette assurance peut adoucir vos chagrins... recevez-la encore... Moi, vous mépriser!... ah! vous ne le pensez pas!... Si je n'ai pu obtenir votre amour, dois-je vous en faire un crime? ce sentiment ne se commande pas. On ne peut pas forcer un cœur... surtout lorsqu'il est déjà donné!

Caroline semble encore vivement agitée. Son sein se soulève plus fréquemment, mais elle ne retire pas sa main, qui est dans celle de son mari.

Plusieurs minutes s'écoulent. Les deux époux ne se parlent plus, mais les deux mains sont toujours l'une dans l'autre, et il y a des moments où un secret frémissement semble les agiter.

— Vous venez donc vous promener seule quelquefois? dit Daverny en rompant le premier le silence.

— Oui, monsieur... c'est mon unique distraction... depuis que je demeure dans le Marais... car j'ai quitté l'appartement où... vous m'aviez laissée... Je loge... rue Saint-Louis.

— Oui, je le sais.

— Vous le savez?...

Un rayon de joie vient briller sur le front de Caroline, qui tourne doucement la tête pour regarder Charles... puis elle se sent tout émue en rencontrant les grands yeux noirs de son mari. Puis elle baisse les siens en rougissant, et pour la première fois depuis qu'elle connait Daverny, elle vient de s'apercevoir qu'il a de très-beaux yeux.

— Vous venez donc aussi vous promener dans la campagne? reprend Caroline au bout d'un moment.

— Voilà la première fois, depuis que je suis de retour à Paris.

— Vous avez voyagé?

— Oui, madame.

— Vous avez été bien loin?

— Non, pas très-loin... mais j'ai cependant visité beaucoup d'endroits. Je ne m'arrêtais que le temps nécessaire... pour le but de mon voyage... et malheureusement... je n'ai pas réussi... mais dans quelques jours je me remettrai en route.

— Vous aimez donc beaucoup à voyager... maintenant?

— Madame, je vous le répète, j'ai un motif.

— Ah! pardon, monsieur; mon intention n'était pas de vous questionner... je sais bien que je n'en ai pas le droit.

Un nouveau silence règne entre les deux époux. C'est encore Caroline qui renoue l'entretien.

— Comment donc avez-vous su que j'étais allée me loger rue Saint-Louis-au-Marais?

Davérny semble hésiter, il répond enfin :

— Vous pouviez, madame, avoir besoin de... de me parler... De mon côté... je n'aurais pas voulu... ignorer ce que vous étiez devenue.

— Je pensais, monsieur, que... ce qui me regardait vous était à présent tout à fait indifférent!

— Vous vous trompiez, madame.

— Cependant... depuis notre séparation... je ne vous ai pas aperçu une seule fois... et lorsque je regardais par ma fenêtre... je ne vous ai jamais vu... pourtant j'y regardais souvent.

— Est-ce donc... moi... que vous cherchiez?

Caroline ne répond pas, mais sa main s'est appuyée plus fortement sur celle de son mari.

Daverny se rapproche encore de sa femme; jamais il n'a été aussi heureux près d'elle, jamais pour lui sa voix n'avait été si douce, son regard si tendre; de son côté, Caroline se sentait émue, troublée; sa main tremblait dans celle de Charles, qu'elle n'osait, mais qu'elle brûlait d'envie de presser dans la sienne.

Ils se trouvent tous deux si bien l'un contre l'autre, qu'ils oublient l'heure, le temps qui se passe, et qu'ils ne sentent pas le soleil qui est venu les trouver à la place qu'ils avaient choisie. En les voyant ainsi, assis sur le gazon, se tenant la main, soupirant, ne parlant pas, qui ne croirait que ce sont deux amants, et non pas deux époux? Mais quand on n'a pas été amoureux l'un de l'autre en se mariant, on peut le devenir après : c'est un grand avantage.

Des promeneurs commencent à circuler dans le bois de Vincennes; les regards curieux de quelques-uns qui passent près de Daverny et de Caroline mettent un terme à la douce rêverie des deux époux. Caroline avait oublié ses peines, sa position, ses ennuis... le monde vient de lui rappeler tout cela.

Elle soupire, retire sa main que son mari tenait toujours, et lui dit :

— Il est tard... car voilà du monde dans le bois... je vais retourner à Paris.

— A pied ?...

— C'est mon habitude. Cependant aujourd'hui je prendrai une voiture à la barrière... car il y a maintenant trop de monde dans les rues.

Daverny s'est levé, et Caroline en a fait autant; elle fait quelques pas, puis s'arrête en disant :

— C'est singulier... je me sens tout étourdie... Il me semble que je vais tomber.

— Si vous vouliez prendre mon bras, répond Charles en se rapprochant, je vous conduirais jusqu'à l'endroit où vous prendrez une voiture.

— Je le veux bien, monsieur, si cependant cela ne... vous contrarie pas.

Pour toute réponse, Daverny prend le bras de sa femme et le passe sous le sien, puis ils se mettent en marche; mais au lieu de gagner la route, ils s'enfoncent dans le bois; ils ne se parlent pas, mais ils se tiennent; et Caroline, qui probablement se sent toujours faible, s'appuie beaucoup sur le bras de son mari.

Après avoir longtemps marché dans les sentiers les moins fréquentés, ils se trouvent au milieu du joli bois de Beauté, près de la porte de Nogent; ce n'était pas trop le chemin pour revenir à Paris.

— Mon Dieu! dit Caroline, ce n'est pas ici l'entrée de Saint-Mandé, nous nous sommes donc trompés de chemin?

— Je n'en sais rien, dit Daverny, ce n'est pas au chemin que j'ai songé.

— Je suis cause que vous restez ici plus longtemps que vous ne vouliez peut-être... Est-ce que... vous attendiez quelqu'un dans ce bois?

— Non, madame, je n'attendais personne... j'étais venu pour me promener et rêver tout à mon aise... je ne pensais, je n'espérais pas vous rencontrer.

— Je suis sûre que Marianne est inquiète de moi, elle ne va pas savoir ce que je suis devenue... Pauvre Marianne! elle m'aime bien... elle m'a toujours aimée!... Allons... il faut retourner à Paris... Mais je vous fatigue peut-être, monsieur, je m'appuie trop sur votre bras?

Pour toute réponse Daverny presse doucement ce bras qui est sous le sien. Il y a des actions qui valent mieux que des paroles.

On retourne vers Paris en marchant encore très-doucement, mais on arrive pourtant; et en approchant de la barrière, Caroline éprouve un serrement de cœur, un vif regret d'être déjà à l'endroit où Daverny doit la quitter.

Charles conduit sa femme près d'une voiture et murmure tristement le mot :

— Adieu.

Mais avant de monter dans la voiture, Caroline s'arrête, et levant les yeux sur son mari, elle le regarde comme elle ne l'a jamais fait quand ils vivaient ensemble ; puis, d'une voix altérée par l'émotion qu'elle éprouve, elle lui dit :

— Est-ce que... je ne vous reverrai plus?...

— Si, madame, reprend Daverny, au retour du nouveau voyage que je vais entreprendre... Vous me reverrez... et peut-être pourrai-je alors vous prouver que je me suis toujours occupé de votre bonheur.

Et Charles est parti brusquement comme s'il eût craint en restant davantage de ne plus avoir la force de s'éloigner.

Caroline s'est jetée dans la voiture qui la ramène à sa demeure, et tout le long du chemin elle se dit :

— Que j'étais injuste ! comme je l'avais méconnu !... Il mérite si bien d'être aimé ! Mais reviendra-t-il comme il me l'a promis ?

CHAPITRE XXIII

OU L'ON REVOIT MADAME PASSELACET.

Marianne était fort inquiète de sa maîtresse, qui n'avait pas l'habitude d'être si longtemps absente. En revoyant Caroline, elle devine, à l'expression de ses traits, qu'il lui est arrivé quelque événement ; elle va l'accabler de questions. Caroline ne lui en laisse pas le temps, elle lui fait le récit de sa rencontre au bois de Vincennes, de sa conversation, de sa longue promenade avec son mari ; elle s'appesantit avec complaisance sur les moindres détails, et Marianne ouvre de grands yeux en entendant sa maîtresse s'écrier :

— Ah ! si tu savais comme Daverny est aimable... comme il a été complaisant pour moi... et... combien le temps a passé vite lorsque nous étions ensemble !...

— Ah ! bah ! vraiment ! dit Marianne, comment !... votre mari est aimable... c'est singulier... et vous avez été près de six ans avec lui sans vous en apercevoir ?...

— C'est qu'alors... j'étais aveuglée... prévenue... c'est qu'un souvenir remplissait mon âme et ne laissait point de places pour tout ce qui ne flattait pas mon unique pensée... Ah ! Marianne, je le sens maintenant, on est bien déraisonnable, bien injuste, quand on ne veut pas écouter son père... Tout le bien qu'il m'avait dit de Charles... de M. Daverny... tout cela était vrai... Il est bon... sensible... généreux... et puis... je ne sais pas comment je l'avais vu jusqu'à présent... ou plutôt je crois que je ne l'avais pas encore bien regardé... Moi, qui le croyais laid... qui me figurais qu'il avait l'air dur... désagréable ! Mais, c'est qu'il est fort bien au contraire !... une figure distinguée, sérieuse, mais douce... et de beaux yeux... Ah ! de bien beaux yeux... et un son de voix si agréable !...

— Mon Dieu, madame, comme c'est dommage que vous ne vous soyez pas aperçue plus tôt de tout cela !

Caroline baisse les yeux en poussant un profond soupir et en murmurant :

— Ah ! pour me consoler, c'est maintenant surtout que j'aurais besoin d'embrasser mon fils !

Cependant, le temps s'écoule. Arthur vient souvent chez Caroline pour se faire donner des bons sur son banquier ; mais il se borne à dire à la pauvre mère que son fils se porte bien, qu'il profite de l'éducation qu'on lui donne ; et lorsqu'elle demande avec instance à le voir, à l'embrasser, elle ne reçoit pour toute réponse que de vagues promesses ou ces mots :

— Plus tard... il n'est pas encore temps.

Caroline, dont le cœur est vivement ulcéré, et qui ressent maintenant pour Arthur autant de mépris que jadis elle éprouvait d'amour, est quelquefois tentée de lui refuser cet argent qu'il dissipe comme sa propre fortune ; mais le souvenir de son enfant, la crainte d'en être privée pour toujours, changent bien vite sa résolution, et la jeune femme laisse celui qui fut son séducteur consommer sa ruine, se préparant d'avance à toutes les privations, résignée s'il le faut à souffrir la misère, et regardant tous ces malheurs comme une juste punition de sa première faute.

Marianne ne sait pas encore ce que chaque visite d'Arthur coûte à sa maîtresse ; mais comme Caroline semble toujours plus triste, plus abattue, après que M. Gervillier est venu lui parler, la bonne fille ne le voit plus arriver qu'en tremblant, et ce n'est que par respect pour madame Daverny qu'elle consent à obéir à cet homme, qui lui parle toujours d'un ton impérieux, affecte d'agir chez Caroline comme s'il était chez lui, s'y fait servir en maître, et s'y présente quelquefois pris de vin, sale, et dans une tenue qui semble accuser son désordre et sa mauvaise conduite.

Trois mois se sont passés depuis que Caroline a rencontré son mari dans le bois de Vincennes ; depuis ce temps elle n'a pas entendu parler de Daverny, et ne l'a point aperçu une seule fois, quoiqu'elle soit retournée exprès se promener à l'endroit où elle s'est assise avec lui, quoique cette campagne soit devenue le but de toutes ses promenades.

Souvent, en revenant de Vincennes, la jeune femme a les

yeux rouges et gonflés par les pleurs qu'elle a versés; et lorsque Marianne demande à sa maîtresse si elle a rencontré son mari, Caroline répond en poussant un profond soupir :

— Non!... il ne vient plus se promener par là... Cependant, il doit bien deviner qu'il m'y rencontrerait encore... mais sans doute il ne veut plus me voir... il m'abandonne à mon triste sort.

Et pourtant, quoique les feuilles soient tombées, quoique l'automne ait ramené les temps sombres et les jours pluvieux, Caroline va encore seule le matin dans le bois de Vincennes, parce qu'elle espère toujours y revoir celui qu'elle a fui pendant six ans, lorsqu'ils habitaient sous le même toit.

Après une triste journée d'automne, suivie d'une soirée froide et pluvieuse, il était près de onze heures, Caroline et Marianne se disposaient à se livrer au repos, lorsqu'un coup de sonnette très violent annonça une visite.

— Qui peut venir si tard? s'écrie la jeune femme en regardant sa bonne avec un sentiment d'effroi.

— Oh! pardi! madame, ça se devine! répond Marianne en hochant la tête... Je reconnais la sonnerie! c'est M. Arthur!

— Arthur!... oh! non... il est venu avant-hier, et je lui ai remis... et... il ne peut rien avoir à me demander aujourd'hui.

— Cependant c'est bien sa manière de s'annoncer... Et tenez, entendez-vous?... Quel carillon!... il s'impatiente probablement...

— Quel motif l'amènerait à cette heure?... Mais pourtant... s'il me ramenait enfin mon fils... Va voir, Marianne... tu reviendras me dire ce que c'est.

La bonne femme court à la porte. Elle ouvre. C'est en effet Arthur qui a sonné; Arthur qui est étourdi par le punch et les liqueurs, et irrité par une perte considérable qu'il a faite au jeu dans la soirée; mais il n'est pas seul cette fois. Un homme et une femme qui se donnent la main viennent derrière lui, et Marianne reste pétrifiée en reconnaissant Théophile Minot et madame Passelacet.

— Vous êtes bigrement longtemps à ouvrir! dit Arthur en entrant : est-ce que vous dormiez déjà?... vous vous couchez comme les poules ici!... Allons, entre, Minot, et donne la main à notre odalisque!...

— Mais, monsieur, il est onze heures... il me semble qu'on

peut bien se coucher à cette heure-là, répond Marianne en tremblant... Ma maîtresse ne reçoit pas ordinairement des visites si tard, et...

— Quand il serait une heure, deux heures du matin!... je viens quand cela me plaît, et on doit toujours bien me recevoir... Entendez-vous, vieille sibylle?

— Enfin, monsieur... est-ce pour parler à madame... que vous venez?... Est-ce quelque chose de pressé à lui dire?...

— Rien de tout ça : nous venons souper ici... moi et mon ami Minot... qui avons perdu ce soir tout notre argent dans un cercle très-fashionable... où j'espère bien prendre ma revanche incessamment... Nous n'avions pas de quoi aller chez le traiteur... Minot, qui ne voulait pas qu'on sût chez lui qu'il avait joué, n'osait pas y aller chercher de l'argent... Moi, j'aurais eu beau chercher chez moi, je n'en aurais pas trouvé... mais j'ai dit à mon ami : C'est égal! je te paye à souper... car je sais un endroit où nous serons bien reçus... où l'on sera trop content de nous bien traiter!... où je suis comme le bourgeois! Suis-moi dans le Marais... En chemin, nous avons rencontré madame Passelacet, qui sortait de son théâtre, où elle a figuré ce soir dans une pièce à sauvages, et je l'ai amenée avec nous, afin que le repas soit plus gai.

— Comment, monsieur, balbutie Marianne, vous amenez ici... chez ma maîtresse!... Mais je croyais que madame était veuve d'un général, et donnait des leçons de danse dans des pensionnats?

— Ah! ma pauvre bobonne, vous avez donné là-dedans! s'écrie madame Passelacet en riant. Vous ne connaissez donc pas ce mauvais sujet-là?... Il n'ouvre la bouche que pour mentir!... C'est un homme à *puff!*... Oh! le farceur!

— Taisons-nous, Dédelle!... et attendons le souper pour nous livrer à la fougue de notre imagination, répond Arthur. Allons... en avant, nous n'allons pas rester dans l'antichambre... qu'on me suive au salon... Donnez-moi cette lumière, Marianne, et occupez-vous du souper... qu'il soit splendide!... de bons vins surtout... Minot et moi nous avons besoin de nous refaire... et Dédelle mange un gigot en se nettoyant les dents.

— Mais, monsieur, y pensez-vous?... souper ici!... nous n'avons rien... et à l'heure qu'il est!...

— La ville est bonne! on y trouve ce qu'on veut à toute heure! Allons, morbleu! dépêchons-nous et ne répliquons pas!

En disant ces mots, Arthur arrache des mains de Marianne le flambeau qu'elle tenait; et ouvrant la porte du salon, il y entre avec la société qu'il vient d'amener.

Marianne court retrouver sa maîtresse. Caroline, ayant entendu plusieurs voix, était restée dans sa chambre à coucher, et attendait avec inquiétude le retour de sa bonne. En revoyant sa domestique pâle et toute bouleversée, elle s'empresse de la questionner :

— Qu'est-il donc arrivé, Marianne?... J'ai reconnu la voix d'Arthur.

— Oui, madame, oui, c'est M. Arthur... mais il n'est pas seul cette fois... il amène...

— Ah! Marianne, serait-ce...

— Eh non!... ce n'est pas votre fils!... Ah! bien, oui!... est-ce que cet homme-là est capable de faire quelque chose pour vous rendre heureuse?... Il amène son ami Théophile Minot... et une femme!... Ah! madame! si vous saviez quelle femme!... elle a l'air d'un tambour de grenadiers! et tout cela vient souper chez vous.

— Que dis-tu?... Arthur oserait... O mon Dieu! mon Dieu! Mais il veut donc me perdre tout à fait?...

— Vous pensez bien, madame, que j'avais une furieuse envie de mettre tout ce monde-là à la porte! Mais M. Arthur a l'air si méchant... avec ça que je lui crois un peu la tête montée... il sent le punch à faire trembler... Il m'a arraché ma lumière des mains... ils sont entrés dans le salon... Que faut-il faire, madame?...

Caroline s'efforce de prendre un air calme, et répond à Marianne :

— Il faut nous soumettre à la nécessité... Va, ma pauvre Marianne, voilà de l'argent... cours vite, tâche de trouver ce qu'il faut pour satisfaire M. Arthur... Encore un peu de courage... tout ceci ne durera pas... Mais, avant de sortir, dis à M. Arthur que je le supplie... de ne point me nommer... de ne point dire à l'époux de Thérèse que c'est chez moi qu'il l'a conduit... Toi... M. Théophile t'a si peu vue pendant son court séjour à la campagne, et il y a si longtemps de cela... il est probable qu'il ne t'a pas remarquée et ne te reconnaîtrait pas. Mais moi... s'il se doutait... il croirait que je me suis séparée de mon mari pour vivre avec Arthur... Oh! Marianne, je serais perdue...

— Soyez tranquille, madame... j'aurai du courage aussi, moi!... Et après tout, il ne me mangera pas, ce monsieur. Quant à vous, madame, restez dans votre chambre... n'en bougez pas... Si M. Arthur demande à vous voir... je dirai que vous êtes malade, que vous êtes couchée; enfin, que vous ne pouvez recevoir personne... Enfermez-vous et n'ouvrez qu'à moi.

— Tu as raison, Marianne... car je ne suis plus en sûreté ici... Va... quand ils auront tout ce qu'il leur faut... reviens me trouver... tu me parleras avant d'ouvrir; je reconnaîtrai ta voix.

Marianne quitte Caroline, et celle-ci ferme à double tour la porte de sa chambre à coucher, qui donnait dans un couloir conduisant dans la salle à manger.

Pendant que ceci se passait, Arthur était entré dans le salon, où il avait commencé par s'étendre sur le divan. Minot s'était jeté dans une causeuse, et madame Passelacet regardait autour d'elle en disant :

— Tiens, mais c'est propre ici... c'est joliment meublé!... Je voudrais bien avoir un mobilier comme celui-là!... C'est pas l'embarras, je ne le garderais peut-être pas longtemps... je ne peux rien garder, moi?

— Allons, Dédelle, allume-nous toutes les bougies qui sont sur cette cheminée, dit Arthur; grande lumière! grand feu! grande chère! bons vins!... Il nous faut tout cela pour nous faire oublier notre mauvaise chance de ce soir... n'est-ce pas, Minot?

— Oui, répond Théophile d'un air chagrin, je suis très-vexé d'avoir perdu mon argent!...

— Ah! bah! après tout, il faut prendre son parti... D'ailleurs, on perd un jour, on gagne l'autre... Tiens, moi, je n'y pense déjà plus!

— Combien donc que vous avez perdu? demande Dédelle tout en allumant les bougies...

— Moi, j'ai laissé au jeu... quatre mille francs que j'avais reçus avant-hier... et Minot... deux mille tout au plus!

— Deux mille cent soixante-quinze! dit Théophile en poussant un soupir; c'est le montant d'une lettre de change que j'avais touchée dans la journée...

— Eh bien! tu n'as qu'à te figurer qu'on t'a fait banqueroute, voilà tout.

— Ah! mon Dieu! peut-on perdre de l'argent comme ça au jeu! dit madame Passelacet; vous auriez bien mieux fait de me le donner!... Moi, je ne joue que le vingt et un ou le loto; mais quand j'ai perdu quinze sous, j'ai envie de pleurer.

— Dédelle, vous avez des sentiments bien petits pour une artiste!

— Des sentiments! je n'en ai pas du tout pour le moment; j'ai mis mon dernier à la porte; c'était un joli garçon; mais il suait des mains, je n'aime pas ça!

— Vous nous dites bien des bêtises ce soir... Tâchez donc de dissiper un peu la mauvaise humeur de ce gros Minot!... Il est riche comme un Crésus et il pleure ses deux mille francs!... Tandis que moi!... prrrout!... je ne pense plus à ma perte...

— Oh! mais toi, dit Minot, il paraît qu'à présent tu as de l'argent à remuer à la pelle.

— Mais oui... je suis très à mon aise... aussi, je ne me refuse rien...

— Pourquoi donc alors que vous m'avez refusé un manchon? dit Dédelle; j'ai tant envie d'un manchon! c'est mon idée fixe.

— Minot t'en donnera un! répond Arthur en riant.

Madame Passelacet prend un petit air coquet en répondant :

— Ah! par exemple!... Je ne suis pas assez liée avec monsieur... il ne me connaît pas, et puis... ce n'est pas qu'après tout on peut faire connaissance!...

Pendant que Dédelle fait la gentille près de Minot, Marianne entre dans le salon et s'approche d'Arthur auquel elle dit tout bas :

— Monsieur, est-ce que vous avez dit à ce monsieur chez qui vous le conduisiez?

— Non; pourquoi?

— C'est que je vous servirai à souper; je vous donnerai tout ce que vous me demanderez; mais c'est à une condition...

— Une condition! je vous trouve plaisante, vieille Marianne, de vouloir m'imposer des conditions!... Servez-nous vite, ou je brise tout ici.

— Brisez tout si vous le voulez, ma maîtresse me le pardonnera, j'en suis sûre... mais ne la déshonorez pas aux yeux du monde.

— Qu'est-ce que vous me chantez, avec vos bavardages?...

— Je dis, monsieur, que madame vous supplie de ne pas faire savoir à M. Minot chez qui il se trouve... Ma maîtresse restera dans sa chambre, elle vous abandonne ce salon... vous pourrez y souper à votre aise; mais, par grâce, ne la nommez pas!...

Arthur semble réfléchir un moment; ensuite il répond à Marianne :

— Que votre maîtresse reste dans sa chambre si elle le veut... j'y consens... Il eût été plus aimable, cependant, de venir souper avec nous... mais puisqu'elle a si peur de se compromettre... c'est très-bien... on ne parlera pas d'elle... plus tard, d'ailleurs, j'irai m'expliquer avec Caroline. Maintenant, tâchez de nous donner un bon souper! du champagne... beaucoup de champagne!... et puis vous pourrez aller vous coucher, nous n'aurons plus besoin de vous!

Marianne ne répond que par un mouvement de tête; elle jette un coup d'œil sur madame Passelacet, qui est alors penchée sur le dos de la causeuse, et quitte le salon en levant les yeux au ciel.

— Qu'est-ce que vous avez donc à chuchoter avec cette domestique? dit Dédelle en se rapprochant d'Arthur. Est-ce qu'elle a été votre bonne amie?

— Ah! madame Passelacet, vous devenez bien mordante, ma chère!... Mais je vous pardonne, parce que vous ne savez jamais ce que vous dites.

— Est-il malhonnête! Au fait, chez qui sommes-nous ici? chez une de vos maîtresses probablement, mauvais monstre!

— Que vous importe, Dédelle! pourvu que vous soupiez bien et qu'on ne vous présente pas la carte à payer.

— Ce serait du galant... si je soupais avec deux hommes et qu'ils me fissent payer!... C'est pas l'embarras, ça m'est arrivé une fois chez Passoir, à la sortie d'un bal masqué; j'avais fait la conquête d'un Turc et d'un Pierrot; ils se disputaient à qui me payerait à souper; moi je leur dis : Ne vous disputez pas tant, je souperai avec vous deux. C'est très-bien, nous allons chez le traiteur, nous soupons. Après le dessert, voilà le Turc et le Pierrot qui se disputent encore à qui payera!... pas moyen de les accorder.. Enfin, ils s'échauffent, se disent de gros mots, et sortent soi-disant pour se battre... Bref, ils ne sont pas revenus, et je suis restée trois jours en gage chez le traiteur!

— Ah! ah! l'anecdote est fort plaisante, dit Minot. Et depuis, vous n'avez jamais revu l'un de ces beaux masques?

— Oh! si fait, je les ai rencontrés bras dessus, bras dessous... J'ai su que c'étaient deux clercs d'huissier... ils avaient monté ce coup-là pour se venger... parce qu'une de mes amies, Aspasie Courtecuisse, figurante comme moi, les avait fait un peu aller... et ils croyaient que c'était par mes conseils.

— Courtecuisse! répète Minot, c'est probablement un nom de théâtre cela?...

— Pas du tout, c'est le nom de famille de mon amie... son véritable nom propre.

— Le met-on sur l'affiche?

— On ne met rien... elle ne fait que figurer... mais si elle avait un rôle, on ne mettrait qu'*Aspasie*.

— On aurait tort... l'autre nom ferait de l'argent.

Pendant que Marianne revient et dispose dans le salon une table avec trois couverts, Arthur s'approche de madame Passelacet et lui dit à l'oreille :

— Songe que si je t'ai emmenée avec nous, c'est pour que tu tournes la tête à Minot.

— Vraiment! et si je ne lui plaisais pas à cet homme?

— Il faut que vous lui plaisiez.

— Au fait, il aurait donc bien mauvais goût!... mais quelle est cette idée qui vous passe de vouloir que je fasse sa conquête?

— Cela ne vous regarde pas!

— C'est dommage que je devine tout!... Tu fais, je gage, la cour à la femme de ce monsieur... et tu veux que je l'occupe, afin qu'il ne surveille pas sa femme... Hein... n'est-ce pas que c'est ça?... Tu ris... libertin!... mais au moins tu me donneras un manchon...

— Chut! taisez-vous, Dédelle!... on pourrait nous entendre...

— Ma foi! je souperais bien! s'écrie Minot, qui commence

à oublier sa perte au jeu. Mais pourquoi donc ne met-on que trois couverts?... Dis donc, Arthur, est-ce que ta maîtresse, la femme chez qui nous sommes, ne va pas venir souper avec nous?

— Non... elle est malade... et vous prie de l'excuser.

— Liberté! *libertas!* dit Dédelle; c'est seulement fâcheux que je n'aie pas su cela plus tôt, j'aurais amené mon amie Aspasie Courtecuisse... qui est très-aimable en société, et qui sait une foule de romances très-gaies, très-*drolesques*.

— Et vous, belle Dédelle, est-ce que vous ne chanterez pas? dit Minot en prenant la main de madame Passelacet.

— Oh! moi, d'abord je fais tout ce qu'on veut!... mais je suis toujours enrouée; c'est égal, je chanterai au dessert, entre la prune et l'abricot!

Le souper était servi, Marianne était parvenue en peu de temps à se faire apporter tout ce qu'il fallait pour composer un repas très-présentable, parce qu'à Paris, avec de l'argent, on peut à toute heure contenter ses désirs. Un panier de champagne est placé près de la table, et Marianne dit à Arthur :

— Voilà tout ce que vous avez demandé, monsieur.

— C'est très-bien. Maintenant allez vous coucher, nous n'avons plus besoin de vous.

Marianne ne se fait pas répéter cet ordre; elle se hâte de sortir du salon. Mais au lieu de rentrer dans sa chambre, elle va retrouver sa maîtresse, qu'elle est bien décidée à ne point quitter de la nuit.

— A table! à table! dit Arthur dès que Marianne est éloignée; et vive la joie! au diable la raison!

— Oh! oui! s'écrie madame Passelacet; vive la gaieté! le champagne! la gaudriole! C'est ma vie à moi!

— Venez vous asseoir, belle Dédelle! dit Minot en présentant sa main à la figurante. Je veux être votre *échanson*.

— Vous êtes bien honnête... Oui, nous dirons des chansons au dessert... Tiens, mais il est fort bien servi ce souper pour un repas impromptu... une volaille... un pâté... un homard... Ah! Dieu! quel dommage que Courtecuisse ne soit pas avec nous! elle qui raffole du homard... c'est-à-dire qu'on lui ferait faire des tours de force pour du homard; et la matelotte d'anguilles donc!... Un jour nous avons dîné toutes les deux à la

Râpée. Nous voulions nous régaler, nous avons demandé de la matelotte d'anguilles. Aspasie en a mangé vingt tronçons!

— Je vais vous servir, moi, dit Arthur. Dédelle, voulez-vous du homard?

— Ah! cette question! Donnez-m'en beaucoup... donnez-m'en trop.

— Et toi, Minot, débouche donc ce champagne... fais donc quelque chose.

— Volontiers. Est-ce que nous commençons par le champagne?

— Eh oui!... ça nous mettra plus vite en gaieté!

— Peste! quel luxe!... Il paraît que la cave est bien montée ici... Je suis fâché que ta maitresse soit malade... j'aurais été curieux de la voir.

— Tu la verras une autre fois.

— Sais-tu que c'est fort agréable d'avoir de bonnes connaissances chez lesquelles on peut mener ses amis... et leur donner à souper.

— Cela doit toujours être ainsi quand on est aimable. Mais toi, mon pauvre Théophile, tu es un niais; tu te laisses mener par ta femme et ta belle-mère... tu n'oses pas être ton maître. On te gronde quand tu rentres tard.

— Aussi tu vois que ce soir je ne rentre pas du tout!

— Va! va! envoie promener tout ce monde-là!... jouis de la vie! fais comme moi, tu t'en trouveras bien.

Pendant que ces messieurs causaient, madame Passelacet faisait disparaître avec une étonnante promptitude ce qui garnissait son assiette. Enfin, elle tend son verre en disant :

— Est-ce que vous n'avez pas bientôt fini de parler politique? Donnez-moi donc à boire, vous me laissez m'étouffer!

— Pardon, belle Dédelle! Aimez-vous la mousse?

— Non, vraiment, pas si bête!... A votre santé, messieurs! Excellent champagne!... Ah! ma pauvre Courtecuisse, où es-tu?... elle en boit plein un bocal sans reprendre haleine.

— Il paraît que c'est une personne douée de mille talents... elle est actrice?

— Non, elle figure comme moi. Oh! mais moi, je joue à présent... j'ai attrapé un rôle dernièrement... il n'était pas long, mais enfin c'était un rôle... je parlais... je disais deux lignes...

Eh bien! je ne sais pas comment cela s'est fait, mais j'ai trouvé le moyen de me tromper.

— Cela ne m'étonne pas. Qu'est-ce que tu avais à dire?

— Je faisais une suivante, et je devais dire : *Madame, je viens de voir un homme qui se promène autour du château.* Moi, je répète longtemps ma phrase en moi-même. Je n'avais pas peur du tout; j'entre bravement en scène, et je dis : *Madame, je viens de voir un homme qui se promène; il entoure le château!...* Là-dessus ils se sont tous mis à rire... comme si ça en valait la peine.

— Mais non, cela semblait seulement annoncer que ce monsieur avait les bras longs, voilà tout.

— C'est égal, j'ai fait une conquête dans ce rôle-là... Oh! mais j'ai reçu une lettre un peu jolie... pas comme l'autre fois, ce monsieur qui m'avait envoyé une déclaration d'amour qu'il avait écrite chez mon portier sur une forme d'empeigne... Celle-ci est venue par la poste... et affranchie... Tenez, voulez-vous la lire?... elle est curieuse... je l'ai justement dans ma poche.

— Voyons Dédelle, montre-nous ce poulet... j'aime beaucoup à lire les déclarations d'amour... surtout depuis que je n'en fais plus!

Madame Passelacet tire de dedans son corset une lettre un peu chiffonnée, qu'elle passe à Arthur; celui-ci lit en riant le billet suivant :

« Mademoiselle,

« Jusqu'à se jour, j'ai put contenir un passion dont je ne pourais vous dire aquelle accet je pourais me porter plus d'une fois j'avais mis la main à la plume mais ma timidité m'empêches de vous écris. une raisponce de votre main me rendrai le plus heureux des hommes, je n'equesige pas votre raiponce mes je vous en pris. je me trouverez demain à votre théate à la troisième galerie a droite. votre raiponce au non de l'amoure adieu cherre amie. excuse si j'ai payé le port c'est pour vous évité le dérangement,

« Tourniquet. »

— La lettre mériterait d'être lithographiée pour le style et l'orthographe, dit Arthur en passant le billet à Minot.

— Et avez-vous répondu à M. Tourniquet?

— Ah! par exemple!... pour qui me prenez-vous?... Si on voulait répondre à tous ceux qui nous courtisent... on aurait trop à faire... Il y a aussi un monsieur qui vient tous les soirs à l'orchestre... il se met derrière la petite flûte, et il la bourre de gâteaux pour savoir ce que je fais... qui je connais... où je vais... La petite flûte avale les gâteaux et me rapporte tout ça; Et puis un autre, qui m'écrit qu'il m'attendra à la porte pour m'emmener promener; il mettait sur sa lettre : Vous reconnaîtrez mon cabriolet à mon cheval alezan. Est-ce que je suis obligée de savoir comment est fait un alezan! Si j'étais chez Franconi, à la bonne heure!

— Êtes-vous montée dans le cabriolet? dit Minot en passant son bras autour de la taille de sa voisine.

— Vous êtes bien curieux!... Donnez-moi à boire... Ne faites donc pas mousser!...

— Vous êtes belle comme un astre, madame Passelacet.

— Vraiment!... Je vous fais cet effet-là aux lumières... mais au jour vous ne m'en diriez peut-être pas autant!

— Je vous le dirais en plein soleil... au clair de lune, dans l'obscurité... Ah! Dieu! l'obscurité et vous... comme ça serait voluptueux!...

— Eh bien!... voulez-vous finir avec vos mains!... vous vous piquerez... j'ai des épingles partout.

— Ça m'est égal, je me risque!... Ma foi, il faut convenir que l'existence est une chose bien agréable!

— Ah! voilà Minot en gaieté, dit Arthur en versant du champagne à son ami. A la bonne heure!... je t'aime comme cela!... Dédelle, vous faites de terribles yeux à mon ami!

— Pas du tout, c'est lui qui me pince, qui me fait des bleus! Ah! quel démon que cet être-là! Voyons, messieurs, je vais vous chanter une drôlerie... mais à condition que vous chanterez ensuite.

— C'est convenu.

Madame Passelacet chante des couplets fort gaillards; ses deux voisins répètent le refrain en buvant; c'est ensuite Minot qui veut à toute force dire un grand air; mais il ne peut l'achever, le champagne lui ôte la voix et la mémoire. Arthur entonne alors une chanson bachique, et il est à son quatrième couplet, lorsqu'il s'aperçoit que Dédelle s'est endormie sur le dos de sa chaise, et que Minot est sur le point d'en faire autant.

Arthur cesse de chanter, il se lève de table. Les vapeurs du champagne font naître dans sa tête de nouveaux désirs. Il prend un flambeau, et se dirige vers la chambre de Caroline.

Marianne était restée près de sa maîtresse. Après lui avoir fait le récit de ce qu'elle avait vu dans le salon, elle avait essayé de la consoler en lui faisant espérer que le point du jour les débarrasserait de M. Arthur et de sa société. Mais Caroline semblait en proie à une profonde douleur, qui ne pouvait écouter aucune consolation. Elle est décidée à rester levée toute la nuit, et Marianne s'établit dans un fauteuil près de sa maîtresse. Mais au bout de quelque temps la fatigue ferme les yeux de la fidèle servante, et elle s'endort près de Caroline, qui la voit avec plaisir goûter un peu de repos.

Il était trois heures du matin, lorsque Caroline entend marcher. Bientôt on s'arrête devant sa porte, que l'on essaye d'ouvrir; mais la jeune femme s'était enfermée.

— Qui est là? demande Caroline d'une voix tremblante.

— C'est moi... Arthur... ton amant... Allons, chère amie, ouvre-moi... Il est fort ridicule de me laisser là-bas... tandis que je puis passer la nuit avec toi!...

— Retirez-vous, monsieur! éloignez-vous, je vous l'ordonne! répond Caroline avec force; car l'indignation lui a rendu son courage.

— Comment? nous sommes donc toujours ridicule!... mais je veux entrer, moi... j'ai le droit de coucher avec vous.

— Marianne est près de moi, monsieur... ne l'éveillez pas par vos cris.

— Ouvrez-moi, vous dis-je, ou j'enfonce la porte.

En ce moment, la serrure semble violemment ébranlée par Arthur; aussitôt Caroline ouvre sa fenêtre, en s'écriant avec l'accent du désespoir :

— Si vous forcez cette porte, monsieur, je me précipite à l'instant par cette croisée; car j'aimerais mieux la mort que de me retrouver dans vos bras.

Arthur murmure quelques mots que Caroline ne peut entendre; puis, au bout d'un moment, il s'éloigne, retourne dans le salon, s'y jette dans un fauteuil, s'y endort; et la jeune femme n'entend plus aucun bruit.

Après avoir attendu longtemps pour être certaine que tout est calme, Caroline éveille Marianne, en lui disant à voix basse :

— Ma bonne... il ne faut plus dormir... nous n'avons pas de temps à perdre... il faut nous préparer à partir... il faut fuir cet homme infâme!... fuir avant qu'il soit éveillé.

— Comment, madame? qu'y a-t-il donc? demande Marianne en se frottant les yeux.

— Fais vite un paquet de nos effets les plus précieux... je vais moi-même rassembler mes bijoux... tout ce que je veux emporter... Oh! Marianne!... je dois fuir cet homme... il veut mon déshonneur!... l'espoir de revoir mon fils ne doit point me faire tomber dans l'état avilissant où cet homme veut me réduire!... Non... par respect pour M. Daverny... pour moi-même... je ne le verrai plus! C'est ma fortune qu'il veut... je vais lui laisser ce qui me reste... Je ne garderai que la maison de mon père... car il me semble que ce serait un crime de la lui donner!

— Comment, ma chère maîtresse, vous voulez vous dépouiller pour M. Arthur? y pensez-vous?

— Mais tu ne sais pas, Marianne, que déjà cet homme a dissipé la moitié de ma fortune... toujours en me menaçant de ne pas me rendre mon fils, si je lui refusais cet or nécessaire à ses passions!

— O mon Dieu! il serait possible!...

— Je vais lui faire l'abandon de ce qui me reste... mais je ne veux plus qu'il me poursuive de sa présence... je ne veux plus qu'il fasse de ma demeure un lieu de débauches... Je lui recommanderai encore mon fils... et puisqu'il ne veut pas me le rendre, puisqu'il le refuse à ma tendresse, peut-être qu'en faveur de l'abandon que je lui fais il prendra plus de soin de ce pauvre enfant.

— Mais, madame, qu'allez-vous faire? Sacrifier votre fortune à un joueur... à un débauché!... Réfléchissez, avant!...

— Tout est réfléchi... Marianne, mon parti est pris... je suis irrévocablement décidée... Dans cet écrit que je laisse pour

M. Arthur, il trouvera une autre lettre pour mon banquier... En lui abandonnant mes biens, je le supplie d'avoir soin de mon fils!... ce sera la dernière prière que j'adresserai à cet homme. Mais hâte-toi, Marianne; car je mourrais de honte et de douleur si je n'étais pas partie avant le réveil de ces gens qui dorment près de nous.

Marianne n'essaye plus de faire aucune remontrance à sa maîtresse; car elle voit bien que rien ne pourra changer sa résolution. Pendant qu'elle fait quelques paquets, Caroline écrit à Arthur la lettre suivante :

Monsieur,

« Pendant longtemps, l'espoir de revoir mon fils m'a fait consentir à vous recevoir, et cependant je n'aurais pas dû me retrouver avec vous; je ne devais plus vous parler, depuis que M. Daverny m'avait donné le titre de son épouse. Quoique nos entrevues n'aient point été coupables, je sens que je le deviendrais si je consentais à me trouver encore avec un homme qui ne rougit pas d'amener chez moi ses compagnons de débauches. Je vois que je ne dois plus compter sur la promesse que vous m'aviez faite de me rendre mon fils! mais, en faveur de cet enfant, je vous laisse tout ce qui me reste de ma fortune passée. Disposez-en, monsieur; mais du moins, je vous en supplie, que mon fils ne manque de rien; c'est le dernier vœu de celle dont vous avez fait le malheur. »

Caroline signe cette lettre et y joint un pouvoir, afin qu'Arthur puisse disposer des fonds qui lui restent chez son banquier.

Tout étant terminé, Caroline et sa bonne se disposent à partir. Le jour commençait à poindre; elles marchent avec précaution pour ne pas faire de bruit. En traversant la salle d'entrée, il leur faut passer devant la porte du salon, et elles voient avec effroi que cette porte est restée ouverte; elles s'arrêtent, elles tremblent d'être aperçues; cependant Marianne avance doucement la tête, les bougies brûlent toujours sur la table où l'on a soupé, et leur clarté permet de distinguer les objets. Minot est endormi la tête appuyée sur l'épaule de madame Passelacet, qui, en ronflant, imite parfaitement le son du serpent; un peu plus loin, Arthur est étendu sur le divan et dort aussi profondément.

Marianne fait signe à sa maîtresse qu'elle n'a rien à craindre. Caroline se hâte d'ouvrir la porte du carré; elles descendent à tâtons. Marianne frappe doucement au carreau du portier. Celui-ci est longtemps à ouvrir, et Caroline tremble toujours qu'on ne descende et qu'on ne la poursuive; enfin le portier a tiré le cordon, la porte de la rue est ouverte, les deux femmes peuvent sortir, et Caroline respire plus librement en se trouvant dehors.

— Gagnons une place de fiacres, dit-elle à Marianne, nous attendrons qu'il en arrive un et nous le prendrons.

— Où irons-nous alors, madame?

— Ne le devines-tu pas, ma bonne? nous retournerons à Draveil, puisque cette demeure est tout ce qui me reste de ma fortune passée; nous y vivrons seules, sans domestiques; les produits du jardin suffiront à nos besoins, et avec le superflu des fruits et des légumes nous aurons de quoi nous acheter le nécessaire.

— D'ailleurs, madame, s'il faut travailler, est-ce que je ne serai pas toujours là, moi?

— Ma chère Marianne!... Oh! tes sentiments pour moi ne se sont jamais démentis.

— C'est que ce n'était que de l'amitié, madame; mais je croyais que le séjour de Draveil vous était pénible.

— Oui... je m'y rappellerai avec regret que j'y ai commis une faute... qui influe sur toute ma vie... Mais pour me consoler, je penserai aussi que c'est là que je suis devenue sa femme. Ah! Marianne, Draveil aura aussi quelques charmes pour moi.

Les deux femmes ont atteint une place de fiacres, une voiture y arrivait; elles y montent toutes deux, et, en donnant au cocher tout ce qu'il leur demande, le font consentir à les mener jusqu'à Draveil.

CHAPITRE XXIV

LE SÉDUCTEUR ET LE MARI.

Maintenant laissons six mois s'écouler, laissons l'hiver faire place au printemps, et seulement alors retournons à Draveil, pour savoir ce qu'y font Caroline et sa fidèle Marianne.

Madame Daverny a renvoyé son jardinier, qu'elle n'avait plus le moyen de garder; c'est elle et Marianne qui cultivent, qui soignent le jardin. Dès le matin, Caroline est au travail; ce n'est qu'en s'occupant sans cesse qu'elle parvient à se distraire de ses peines; elle n'a pas oublié son enfant, mais elle se soumet à sa destinée, et se flatte qu'un jour Arthur, se souvenant de tous les sacrifices qu'elle lui a faits, lui rendra enfin son fils.

Caroline habite maintenant, à Draveil, l'appartement qu'occupait Daverny; c'est de toute la maison la pièce où elle se plaît le plus. En examinant sa nouvelle chambre à coucher, elle a lu son nom gravé sur les vitres de la croisée; c'est son mari qui partout laissait quelque souvenir de son amour; son mari qu'elle repoussait sans cesse, et qui, pour charmer sa solitude, se plaisait à tracer le nom de sa femme dans tous les endroits où il séjournait.

Mais, en cherchant à s'entourer de souvenirs qui ont des charmes pour elle, Caroline a voulu aussi faire disparaître de sa demeure ce qui peut lui rappeler une époque et des circonstances qu'elle voudrait pouvoir à jamais bannir de sa mémoire; c'est pour cela qu'elle a fait couper en grande partie le petit bois qui était au fond du jardin, de manière que cette promenade n'est plus reconnaissable, et que rien là ne peut lui rappeler maintenant sa première faute.

Parler souvent de son fils, quelquefois de son époux, voilà les seuls plaisirs de Caroline, qui, depuis son retour à Draveil, n'a pas mis le pied hors de sa demeure. Quant à Marianne, elle se trouve bien partout, pourvu qu'elle soit près de sa *chère enfant;*

d'ailleurs, elle aime la campagne, et elle se félicite de ne plus avoir à redouter les visites d'Arthur.

Mais un matin, par une belle journée de printemps, Caroline et Marianne, qui travaillaient dans une salle basse, entendent sonner avec violence à la grille d'entrée.

— Une visite! dit Marianne; qui peut venir nous voir?... voilà la première depuis que nous sommes de retour dans ce pays.

Caroline a tressailli; cependant elle a toujours conservé au fond de son cœur l'espérance que son mari reviendrait la voir; d'ailleurs lui-même le lui a promis lors de leur dernière entrevue. Aussi se hâte-t-elle de courir près d'une croisée qui donne sur la route, dans l'espoir de voir celui que maintenant elle désire toujours.

Mais un cri d'effroi échappe à Caroline en apercevant la personne qui se présente chez elle, car elle vient de reconnaître Arthur.

— Qu'est-ce donc, madame? demande Marianne, qui s'aperçoit du trouble de sa maîtresse.

— C'est... M. Arthur...

— Se pourrait-il! encore lui!... Cet homme-là veut donc vous poursuivre partout?... Mais voyons, vous vous trompez peut-être... Hélas! non... c'est bien lui... Oh! comme sa toilette est négligée!... un vieux chapeau... une redingote à laquelle il manque des boutons! Mon Dieu! mais il a donc encore dépensé tout ce que vous lui avez laissé? C'est un gouffre que cet homme-là... Que faut-il faire, madame?...

— Il vient sans doute pour me parler de mon fils... je ne puis refuser de le voir... il faut lui ouvrir.

— Ah! j'étais si heureuse de ne plus voir ce monsieur!... Ma pauvre maîtresse... vous feriez mieux peut-être de ne point lui parler.

— Mais s'il consent enfin à me rendre mon enfant?

— Vous voyez bien qu'il est seul... qu'il ne vous ramène pas votre fils...

— N'importe... va... Marianne... et demande-lui ce qu'il désire... S'il l'exige... je le recevrai.

Marianne court à la grille, et, avant de l'ouvrir, demande à Arthur ce qu'il veut. Arthur, dont la figure est sombre et farouche, jette sur la domestique un regard de colère, en s'écriant :

— Je vous trouve plaisante avec vos questions !... sans doute ce n'est pas pour vous voir que je suis venu jusqu'ici. Allons, ouvrez-moi vite, et conduisez-moi près de votre maîtresse, je sais qu'elle habite maintenant cette maison, et j'ai besoin de lui parler.

Marianne se décide à ouvrir. Arthur entre et se dirige vers la maison, dont il connaît les localités ; la vieille bonne le suit sans refermer la grille, parce qu'elle espère qu'il repartira bientôt.

Arthur se rend dans la salle basse où est Caroline, et, sans même la saluer, sans ôter son chapeau, se jette sur une chaise en s'écriant :

— Ouf ! je vous trouve enfin ! c'est bien heureux ! il y a longtemps que je vous cherche... Au fait, j'étais un sot, j'aurais dû deviner plus tôt que vous étiez ici... dans votre ancienne demeure... Cette maison doit vous rappeler des choses agréables ! ça fait plaisir, les souvenirs de jeunesse !

— Au fait, monsieur ! répond Caroline avec dignité. Que me voulez-vous ?... Je pensais ne plus recevoir votre visite.

— Ce que je vous veux ?... vous allez le savoir... Renvoyez cette fille...

— Marianne est mon amie, ma confidente ; je n'ai plus de secrets pour elle... vous pouvez vous expliquer en sa présence.

— Je ne m'expliquerai pourtant que quand elle ne sera plus là... Allons ! la vieille, sortez !

Sur un signe de sa maîtresse, Marianne se décide à obéir ; mais Caroline lui dit tout bas : Ne t'éloigne pas... Et la bonne fille va se placer dans une petite pièce contre la salle basse, d'où elle peut entendre tout ce qu'on dit en cet endroit.

— Parlez donc maintenant, monsieur, dit Caroline en se tenant à une grande distance d'Arthur.

— C'est ce que je vais faire... Oh ! n'ayez pas peur... je ne vous prendrai pas de force !... vous n'avez pas besoin de vous tenir si loin de moi !... Ce n'est pas pour vous faire l'amour que je suis venu... c'est pour quelque chose de plus important...

— Et mon fils, monsieur ?

— Votre fils se porte bien... il vient comme un champignon! ... Les enfants de l'amour sont toujours pleins de santé. Mais pour que je continue à lui donner tous mes soins, il me faut de l'argent... et je n'en ai plus!

— Que dites-vous, monsieur?... Je vous avais abandonné ce qui me restait... près de soixante mille francs!...

— Oui, oui, je le sais bien... j'ai touché cela... mais je l'ai mangé, ou plutôt je l'ai perdu au jeu!... Que diable voulez-vous! ce n'est pas de ma faute!... depuis quelque temps j'ai une chance infernale!... J'y ai mis de l'entêtement, de la colère... et quand on ne joue pas de sang-froid, on perd toujours... Enfin je n'ai plus rien... Alors j'ai pensé à vous... je vous ai cherchée dans tout Paris... Je ne songeais plus à cette maison de campagne, je la croyais vendue! mais quelqu'un m'a appris, par hasard, que vous étiez revenue habiter Draveil. Oh! alors je me suis dit: Nous sommes des bons... Je me suis mis en route... et me voilà!...

— Et que me voulez-vous donc encore, monsieur?

— Eh! mon Dieu!... presque rien! de l'argent... Vous n'y tenez pas, vous, et je vous en fais compliment; mais moi, il m'en faut... car j'en fais une grande consommation.

— Ne savez-vous pas, monsieur, que je me suis dépouillée pour vous de tout ce que je possédais?... Je n'ai plus de fortune... plus d'argent... plus rien!...

— Ah! permettez... vous allez trop loin... Plus d'argent placé, c'est possible! mais vous avez encore cette maison, qui est une fort jolie propriété.

— Eh quoi! monsieur, voudriez-vous que je vendisse cette maison... où mon père est mort? cette maison... mon dernier asile... où du moins je puis vivre... loin de tous les regards!...

— Il y a mille endroits où l'on peut être solitaire... Cette maison, d'ailleurs, doit être trop grande pour vous et Marianne...

— Ah! monsieur, vous ne pouvez vouloir me réduire à la misère!

— Moi, je ne veux rien du tout!... mais ce sont les gens qui élèvent votre fils qui veulent absolument de l'argent... si je ne leur en porte pas, ils menacent de le chasser... de le mettre dans la rue...

— Ah! malheureux enfant!...

— Je sais que vous êtes trop sensible pour laisser votre fils manquer de tout... aussi j'avais d'avance préparé un petit acte...

par lequel vous me donnez plein droit de vendre cette propriété... Signez-le... dès que je l'aurai vendue, je vous donnerai la moitié... les trois quarts de la somme... Je suis incapable de garder ce dont je n'aurais pas besoin!...

En disant cela Arthur tire de sa poche un papier, qu'il présente à Caroline; celle-ci le prend en tremblant, et s'approche déjà d'une table sur laquelle il y a tout ce qu'il faut pour écrire. Mais Marianne sort de la pièce où elle écoutait ce que l'on disait à sa maîtresse, et elle s'élance au-devant d'elle en s'écriant :

— Qu'allez-vous faire, madame? vous dépouiller du dernier asile qui vous reste!... Oh! non, non, croyez-moi, madame! ne signez pas cela!

Caroline reste indécise; Arthur frappe du pied avec colère, en s'écriant :

— Que venez-vous faire ici?... Depuis quand les cuisinières viennent-elles se mêler des affaires de leurs maîtres?...

— Monsieur, répond Marianne en relevant la tête avec fierté, je suis plus qu'une servante pour madame, car je l'ai vue naître, je ne l'ai point quittée un seul jour... J'ai partagé toutes ses peines... j'ai toujours été là pour la consoler dans ses chagrins... Si je ne veux pas qu'on la dépouille de ce qui lui reste... ce n'est pas par crainte de manquer de quelque chose... Du pain! cela me suffit à moi! et d'ailleurs je suis habituée à travailler. Mais madame, faudra-t-il qu'elle s'épuise, qu'elle consume ses jours dans les veilles... et tout cela pour payer vos sottises, vos désordres?...

— Taisez-vous! taisez-vous! s'écrie Arthur en jetant sur Marianne un regard menaçant.

— Oh! vous ne me faites pas peur, monsieur! reprend la bonne fille; je dois parler... je dois éclairer madame... C'est pour son fils, dites-vous, que vous voulez de l'argent... que vous en venez chercher... Mais qui nous dit que ce soit la vérité?... Où est-il, ce pauvre enfant? dites-le-moi, et j'irai sur-le-champ lui porter tout ce qu'il lui faut... Pourquoi ne voulez-vous pas nous dire où il est?

— Madame, reprend Arthur, je ne suis pas venu ici pour répondre à votre servante. Si vous refusez de consentir à la vente de cette propriété... je pars... et quant à votre fils... je l'enverrai à un dépôt de mendicité...

— Ah! jamais! jamais! s'écrie Caroline; et courant aussitôt

vers la table, elle s'apprête à signer l'acte qui va la priver de son dernier asile. Mais en ce moment on ouvre brusquement la porte de la salle, et Daverny paraît et s'arrête sur le seuil, regardant attentivement les personnes rassemblées là.

— Mon mari ! s'écrie Caroline en restant immobile de saisissement et comme partagée entre la crainte et l'espérance, tandis que Marianne pousse un cri de joie en disant :

— Notre maître !... ah ! tant mieux !... c'est le ciel qui l'envoie !...

Arthur est devenu pâle... son front se rembrunit à l'aspect de Daverny ; cependant il reprend bientôt avec un calme affecté :

— Eh bien, madame... signez donc... la présence de monsieur ne doit pas nous empêcher de terminer cette affaire.

— Pardonnez-moi, monsieur... dit Daverny en s'avançant et se plaçant entre sa femme et Arthur ; vous vous trompez en croyant que ma présence ne changera rien ici... Et d'abord, madame ne signera pas cet acte... et n'achèvera pas de se ruiner pour vous... en croyant être utile à son fils... car je connais toute la conduite de madame, je sais que si elle a consenti à vous recevoir chez elle, c'est uniquement dans l'espoir de revoir son enfant... cet enfant dont elle fut mère avant d'être épouse... par suite de votre indigne séduction.

— Monsieur ! s'écrie Arthur d'un air irrité.

— Oh ! ne m'interrompez pas, de grâce, reprend Daverny avec un grand sang-froid Oui... je connaissais la faute de madame... je savais que cette faute avait eu des suites... je savais tout cela avant de l'épouser... et cela ne m'a pas empêché d'ambitionner le titre de son mari...

— Cela prouve une grande philosophie ! dit Arthur d'un air moqueur...

— Oh ! je conçois, monsieur, que vous ne compreniez rien à ma conduite... un amour pur... vrai, désintéressé, ne saurait être senti par vous... Moi... je voulais avant tout faire le bonheur de Caroline... et à force de tendresse... j'espérais lui faire oublier jusqu'à sa faute !... Maintenant, monsieur, je vous ai dit que je connaissais la conduite de madame, mais ce n'est pas tout... je suis tout aussi instruit de la vôtre...

— De la mienne ! répond Arthur en s'efforçant de maîtriser son trouble. Que prétendez-vous dire ?

— Je prétends dire à madame que vous êtes un misérable,

un homme sans honneur, sans délicatesse... que depuis qu'elle vous a revu pour vous supplier de retrouver son fils, de courir sur les traces de Jacques et des petits ramoneurs, vous avez indignement abusé de sa crédulité, de sa tendresse maternelle, afin d'obtenir d'elle cet or sans lequel vous ne pouvez satisfaire vos passions...

— Monsieur!... vous me rendrez raison de ces injures!...

— Laissez-moi parler d'abord; je veux, avant tout, faire savoir à madame que tandis qu'elle vous croyait à la recherche de son enfant, vous étiez toujours à Paris, au milieu de vos dignes amis... dans ces maisons de jeu... dans ces repaires où vous passez votre vie... que vous inventiez de nouveaux mensonges pour prolonger l'erreur d'une malheureuse mère... que cet enfant... qu'elle croit placé par vous dans une pension, vous ignorez encore jusqu'à son sort, car jamais... jamais vous n'avez cherché à le retrouver...

— O mon Dieu!... serait-il vrai?... s'écrie Caroline; il me trompait... il n'a pas mon fils?

— Votre mari en a menti! répond Arthur d'un air furieux...

— Misérable! dit Daverny en réprimant un geste prêt à lui échapper, avant que je châtie ton insolence, je veux achever de te confondre. Cet enfant, que tu n'as pas cherché à retrouver pour le rendre à sa mère, je l'ai cherché, moi... rien ne m'a rebuté pour parvenir à sécher les pleurs de celle dont tu as fait le malheur. Enfin... après de longs voyages, de longs ennuis... et des courses infructueuses, je suis parvenu à retrouver le pauvre enfant, et aujourd'hui je le ramène dans les bras de sa mère.

En disant ces mots, Daverny est sorti de la salle; il y rentre presque aussitôt, tenant par la main un petit garçon, mis avec beaucoup de soin; et quoique la suie ne couvre plus son visage, quoique ses vêtements ne soient plus ceux d'un ramoneur, Caroline a reconnu celui qu'elle a soigné, logé; celui qu'elle aimait déjà avant de savoir quels liens l'attachaient à elle; et courant à lui, elle le prend dans ses bras, le presse sur son cœur, et le couvre de baisers et de larmes en s'écriant :

— Oh! oui, le voilà... c'est lui! c'est mon fils!

Arthur est resté confondu à l'arrivée de l'enfant; mais, se remettant bientôt, il enfonce son chapeau sur le côté de sa tête, et, s'approchant de Daverny, lui dit d'un air dégagé :

— Vous avez été plus adroit que je ne l'aurais cru... mais tout n'est pas fini entre nous... il me semble qu'il nous reste quelque chose à terminer?

— Oui, monsieur, et il y a longtemps que je désirais ce moment, répond Daverny à demi-voix; j'irai vous rejoindre dans une heure avec des armes... à l'entrée du chemin de la forêt.

— J'y compte, répond Arthur. Et faisant alors une demi-pirouette sur lui-même, il sort lestement de la salle et quitte la maison sans avoir jeté un regard sur Caroline et sur son fils.

Tout au bonheur qu'elle éprouve à presser son fils dans ses bras, Caroline n'a pas entendu les derniers mots que Daverny et Arthur se sont adressés. Marianne partage la joie de sa maîtresse; la bonne fille ne peut se lasser de considérer ce petit garçon qu'elle a vu naître et qu'ensuite elle a si longtemps pleuré, le croyant mort ou perdu à jamais. Lorsque ces premiers transports sont un peu calmés, Caroline, tenant son fils par la main, s'approche de Daverny et veut se jeter à ses genoux. Il l'en empêche en lui disant :

— Que faites-vous, madame?

— Mon devoir, répond Caroline en levant sur son époux des yeux où brillent à la fois la tendresse et la reconnaissance. Je dois me prosterner aux genoux de celui qui a sacrifié son existence à mon bonheur... de celui qui m'aima assez pour m'épouser coupable... Mais comment donc... aviez-vous appris?...

— Rappelez-vous ma première visite... ici... pendant l'absence de votre père.., malgré vos précautions... j'avais découvert la vérité. Je fus longtemps sans revenir... je croyais vous retrouver l'épouse d'un autre... et je sentais que je vous aimais déjà. Je revins... vous étiez libre... mais je savais que votre cœur n'était plus à vous. C'est pourquoi je condamnai mon amour au silence. Plus tard, votre père me proposa votre main... et vous savez qu'en vous épousant je reçus sans surprise l'aveu que vous me fîtes, que votre cœur n'était pas à vous. Depuis, je ne fus pas assez heureux pour vous plaire. Un premier sentiment ne s'était pas effacé de votre âme... celui que vous aviez tant aimé revint. Je crus en vous quittant... faire votre bonheur.

— Et dès cet instant, au contraire, dit Caroline, je reconnus combien j'avais été injuste à votre égard. Celui que j'avais aimé... dont le souvenir m'avait poursuivie sans cesse... je le retrouvai tel que j'aurais toujours dû le voir : indigne de ma tendresse..., de mon estime même... Et vous!... vous!... que j'avais repoussé... méconnu!... Ah! je sentis alors... tout ce qu'il y avait de bonté, de générosité dans votre âme... Je me repentis amèrement de ma conduite... car j'aurais voulu... obtenir encore votre amour... mais peut-être... il n'était plus temps...

— Ah! toujours!... toujours... chère Caroline! répond Daverny en pressant tendrement sa femme dans ses bras, tandis que Marianne verse des larmes de joie en contemplant ce tableau.

— Mais où donc avez-vous retrouvé mon fils? reprend Caroline en embrassant encore son enfant.

— A une douzaine de lieues d'ici... près de Chantilly... J'avais été bien loin... j'avais longtemps voyagé inutilement. Je faisais les recherches les plus minutieuses. Enfin, il y a dix jours, le hasard me fit retrouver dans un village Jacques et ce cher enfant. L'honnête homme qui a pris soin de votre fils, a versé des larmes de joie en apprenant que cet enfant allait retrouver sa mère. Pour qu'aucun doute ne puisse exister sur l'identité de l'enfant, nous avons consulté, rapporté les dates, les époques; je me rappelais trop bien le jour où je vous avais trouvée évanouie dans la forêt de Sénart, et je ne pouvais douter que c'était alors que vous aviez perdu votre fils. Jacques avait conservé les vêtements que portait l'enfant qu'il trouva dans la forêt... il me les a remis... ainsi qu'un mouchoir que tenait aussi ce pauvre petit. Ce mouchoir, le voilà... n'est-ce pas bien le vôtre?

— Oh! oui!... c'est bien cela!... s'écrie Marianne en examinant la marque du mouchoir. Quant à Caroline, elle se contente de presser encore l'enfant sur son cœur en disant : Je n'avais plus besoin de preuves... c'est mon fils... mon Paul... je le sens au fond de mon âme, il y a là quelque chose qui ne trompe jamais une mère.

— Vous êtes donc heureuse enfin! dit Daverny en contemplant Caroline avec un doux sourire, dans lequel se mêle pourtant un sentiment de tristesse. Tous mes vœux sont remplis... et je puis vous quitter.

— Me quitter! s'écrie Caroline en fixant sur son mari des regards pleins d'amour; ah! monsieur... vous voulez donc que je sois encore malheureuse?... vous ne m'avez donc pas entièrement pardonné?

Pour toute réponse, Daverny prend la main de sa femme, qu'il couvre de baisers, et il reprend en affectant beaucoup de calme :

— Cette fois... je ne vous quitte pas pour longtemps... vous me reverrez bientôt... et j'espère qu'alors nous ne nous séparerons plus.

Portant encore à ses lèvres la main de Caroline, Daverny s'empresse alors de quitter la salle comme s'il eût craint de céder à l'émotion qu'il éprouvait.

Caroline a regardé son époux s'éloigner, puis elle est revenue vers son fils, qu'elle ne peut se lasser d'admirer, d'embrasser, auquel elle répète sans cesse :

— Tu m'aimeras bien, n'est-ce pas? Mais tout à coup ses regards se portent sur Marianne, et elle est frappée de l'expression d'inquiétude, d'effroi qui se peint dans ses traits.

— Qu'as-tu donc, Marianne? dit Caroline; tu ne sembles pas partager ma joie, en ce jour qui me rend mon fils!

— Madame, répond Marianne en hésitant, c'est que je pense... M. Daverny qui est parti si promptement... Et puis cet autre... avant de s'éloigner... ils s'étaient dit des mots tout bas... et... je crains.

— O mon Dieu! s'écrie Caroline, dans mon ivresse de retrouver mon fils... je ne voyais rien de ce qui se passait autour de moi. Mais... je me rappelle maintenant, en effet... des injures... une provocation... Oui... oui... tu as raison, Marianne... c'est un duel... c'est pour se battre que mon mari m'a quittée. Se battre!... Ah! malheureuse que je suis!... si j'étais cause de sa mort!... Et cet homme contre qui il va combattre... n'est-ce pas le père de?... Ah! viens, Marianne, viens... sortons, courons sur les pas de mon mari. Je me jetterai à ses genoux... je le supplierai de renoncer à ce duel... il cédera à mes prières. Oui... il ne voudra pas me condamner à des remords éternels. Viens. Ah! puissions-nous arriver à temps!

En disant ces mots Caroline prend son fils par la main, et, suivie de Marianne, sort de sa maison sans savoir encore de quel côté elle doit porter ses pas.

CHAPITRE XXV

CONCLUSION.

En sortant de la maison de Caroline, Arthur se rend sur la place du village, où il a laissé un compagnon de voyage, car il n'était pas venu seul à Draveil; son ami Théophile Minot l'avait accompagné, et, plus d'une fois sur la route, Arthur lui avait rappelé la frayeur qu'il avait éprouvée dans le chemin de traverse, la première fois qu'il l'avait mené chez M. de Melleval.

Arthur avait quitté Minot en l'engageant à commander un bon déjeuner chez le meilleur traiteur de l'endroit, se flattant d'avoir bientôt terminé l'affaire qui l'amenait à Draveil; mais l'absence d'Arthur s'étant prolongée, Minot était sorti de chez le traiteur, et se promenait avec impatience sur la place du village, regardant si son compagnon revenait.

— Me voici, dit Arthur en abordant Théophile, tu t'impatientais?...

— C'est que le déjeuner sera froid!

— Eh bien! entrons vite, et mettons-nous à table... je n'ai qu'une heure à moi.

— Comment?

— Viens déjeuner.

Ces messieurs entrent chez le traiteur, se mettent à table. Arthur demande sur-le-champ du champagne; il verse coup sur coup plusieurs verres, et cependant sa gaieté n'est point revenue; il est rêveur, préoccupé. Tout en tenant tête à son convive, Minot s'aperçoit de ses distractions et lui dit :

— Est-ce que l'affaire pour laquelle tu es venu ici ne s'est pas terminée comme tu le voulais?

— Pourquoi?

— C'est que tu ne me sembles pas content.

— En effet... le hasard... le sort... tout a trompé mon espoir. J'étais venu à Draveil... pour causer avec madame Daverny. Au lieu de cela, j'ai trouvé son mari... et dans une heure je me bats avec lui.

— Ah bah!...

— C'est comme cela!... Tu seras mon second, puisque te voilà.

— Ton second!... mais je...

— Allons, bois... ça te mettra en train... tu sais bien que quand tu as bu un peu, tu es méchant et querelleur... A ta santé!...

— Mais pourquoi ce duel? Daverny sait donc que sa femme l'a trompé pour toi?

— Trompé pour moi?... jamais!... mais il est possible qu'il le pense... et je ne le désabuserai pas. Cela me fait penser que j'ai dans ma poche une lettre de sa femme... par laquelle il pourrait voir que depuis son mariage elle n'a aucun reproche à se faire. Si par hasard j'étais tué, on pourrait trouver cette lettre... je ne veux pas que Daverny ait cette satisfaction. Tiens, prends-la... garde-la... tu me la rendras si je suis vainqueur... et au cas contraire, brûle-la.

En disant cela, Arthur fouille dans sa poche, en tire une lettre décachetée et la donne à Minot; puis, se frappant le front, se lève précipitamment de table en s'écriant :

— Et des armes!... je n'y pensais plus... il me faut des pistolets, et j'aime à essayer mes armes d'avance. Je vais demander au traiteur, il connaîtra bien quelqu'un dans l'endroit qui ait une paire de pistolets à me prêter. Attends-moi là.

Arthur a quitté la salle; Minot est resté à table; il continue de boire et de manger, puis il jette machinalement les yeux sur la lettre qu'il a posée à côté de son assiette. Bientôt il examine plus attentivement l'écriture et se dit :

— C'est singulier... je connais ces caractères!... Parbleu! l'écriture est assez reconnaissable. Oui, c'est celle de madame Passelacet... je possède plusieurs épîtres amoureuses qu'elle m'a adressées. C'est bien cela! Arthur se sera trompé de lettre... voyons la signature!... « Dédelle Passelacet. » C'est cela même! Que diable peut-elle écrire à Arthur?... Parbleu! je suis curieux de voir cela.

Et Minot, ouvrant entièrement la lettre, lit ce qui suit :

« Mon petit Arthur, tu ne m'aimes plus; je vois bien que je

suis un instrument pour toi; je commence à avoir bien assez de ton imbécile de Théophile Minot. Cela te convient que j'aille avec lui, parce que pendant ce temps-là tu vas avec sa femme... mais moi, cela m'ennuie, d'autant plus que ce gros bêta-là est un ladre, qui ne veut pas me donner un manchon. J'en veux un; si tu ne me le donnes pas d'ici huit jours, ton gros ami saura que tu es l'amant de sa femme.

« Choisis entre un manchon et ma haine; il y en a en faux renard qui ne coûtent que soixante francs.

« Ta toujours sensible DÉDELLE. »

Tout en lisant, Minot est devenu pâle et tremblant; il a depuis longtemps fini de lire, et ses yeux sont encore attachés sur la lettre qu'il tient dans sa main. Au bout d'un moment, il se verse un grand verre de champagne, puis un second, puis un troisième; et après avoir bu, ses yeux se reportent toujours sur l'écrit qu'il vient de lire. Bientôt il entend monter l'escalier, un mouvement convulsif lui échappe, il froisse le billet dans sa main.

Arthur revient tenant une paire de pistolets.

— Me voici, dit Arthur en posant les pistolets sur la table e se rasseyant. J'ai trouvé mon affaire... ils sont au traiteur... ils sont bons! je les ai essayés... Nous avons encore cinq minutes... vidons une dernière bouteille... Allons, garçon... vivement du champagne... pour donner du cœur à mon second!...

Le garçon sert la bouteille qu'on lui demande. Arthur verse a Minot, et pour la première fois remarque sa pâleur.

— Eh bien! qu'est-ce que tu as donc à ton tour? s'écrie Arthur; tu as l'air tout bouleversé... Est-ce parce que tu vas être témoin d'un duel? Eh! mon Dieu! mon cher ami... tu me fais de la peine, en vérité!

— Non... ce n'est pas cela!... répond Minot d'une voix sombre; mais tiens... rega[illegible] voilà la lettre que tu viens de me donner.

Arthur jette les yeux sur le billet tout ouvert que lui présente Théophile; puis il part d'un éclat de rire, en s'écriant :

— Comment... je me suis trompé... je t'ai donné le poulet de Dédelle!... Ah! ah! ah!... c'est trop drôle... Quand je l'aurais fait exprès... Oh! c'est par trop plaisant!... Ma foi! que veux-tu! puisque tu as lu... tu sais à quoi t'en tenir!...

— Je sais que tu es un jean-fesse! répond Minot en formant ses poings avec colère.

— Ah! mon ami Théophile!... un instant!... nous nous emportons!... prenons garde!... vous sortez de votre naturel... voilà le champagne qui produit son effet!...

— Tu m'insultes encore! s'écrie Minot en se levant de table; et, prenant son verre d'une main : Prends garde, toi-même... je ne suis pas d'humeur à souffrir tes outrages.

— Bois donc, Minot, vide encore ton verre... ça te rendra brave tout à fait.

— Tiens, voilà pour te prouver que j'en ai bu assez.

En disant ces mots, Minot jette le contenu de son verre à travers le visage d'Arthur; celui-ci devient furieux, et saute sur les pistolets en s'écriant :

— Si tu n'étais pas un lâche!...

— Je vais te prouver le contraire... dit Minot en courant vers la porte; viens, sortons!

— Après que je me serai battu avec Daverny, je serai tout à toi.

— Non, non!... tout de suite, je me bats sur-le-champ!

— Ah! en effet... tu craindrais que ton courage ne s'évaporât; eh bien! soit... marchons... toi d'abord, l'autre après.

Minot est déjà dehors, Arthur le suit; ils marchent à pas précipités en se dirigeant vers le chemin qui conduit à la forêt. Arrivés dans un endroit écarté et loin de toute habitation, Minot s'arrête en disant :

— Ce n'est pas la peine d'aller plus loin.

— Soit, dit Arthur en lui présentant les pistolets, prends-en un et recule de dix pas. Je te permets ensuite de tirer le premier. Je sais que tu n'es pas adroit.

Théophile prend un des pistolets, l'arme, se recule vivement, puis, sans presque viser, sans ajuster, lâche son coup sur Arthur; celui-ci tombe après avoir chancelé un moment. La balle l'avait atteint à la poitrine. Dans un duel, il n'y a rien de dangereux comme les gens maladroits.

Théophile est resté immobile; il est tout bouleversé, et s'est senti entièrement dégrisé en voyant tomber son adversaire. En ce moment, Daverny s'avance; il est bientôt suivi de quelques paysans attirés par le bruit de l'arme à feu.

Daverny court à Arthur, qui ouvre les yeux et lui tend la main en murmurant d'une voix éteinte :

— Tous les secours seraient inutiles... Je meurs de la main de Théophile... Priez Caroline de me pardonner... et adoptez mon fils... Prenez cette lettre... de votre femme... vous y verrez que depuis son mariage elle n'a jamais manqué à ses devoirs.

En achevant ces mots Arthur est parvenu à sortir de sa poche la lettre de Caroline, qu'il remet à Daverny; mais ce dernier effort a épuisé ses forces, et il ferme les yeux pour ne plus les rouvrir.

Pendant que les paysans reportent Arthur à l'auberge, Théophile Minot s'est hâté de repartir pour Paris. Là, il se rend chez lui, trouve sa femme, lui montre le billet de Dédelle, et veut lui arracher les cheveux; mais madame Troussard accourt aux cris de sa fille, elle donne des soufflets à son gendre, et le met à la porte en lui disant qu'il n'a que ce qu'il mérite. Minot s'éloigne exaspéré, court aux diligences Laffitte et Caillard, part sans savoir où il va, arrive à Toulouse, y passe huit jours, s'y ennuie; revient à Paris, retourne chez lui, demande pardon à sa femme d'avoir voulu lui tirer les cheveux, et devient un excellent mari.

Revenons à Daverny. En sortant de l'auberge où l'on a transporté Arthur, il a vu deux femmes et un enfant accourir dans la campagne; il les a reconnues, et se hâte d'aller au-devant d'elles pour qu'un triste spectacle ne frappe pas leurs yeux.

Caroline pousse un cri de joie en revoyant son mari, et elle s'empare de son bras en lui disant :

— Ah! vous ne vous êtes pas battu... vous ne vous battrez pas... promettez-le-moi!

— Je n'ai plus de vengeance à exercer, répond Daverny en baissant ses regards vers la terre, un autre s'était chargé du soin de punir celui... qui vous a fait tant de mal...

— Que voulez-vous dire?...

— Qu'Arthur est mort... tué en duel par l'époux de Thérèse...

— O mon Dieu! le malheureux!

Et Caroline cache son visage dans ses mains; puis elle attire son fils dans ses bras, et le couvre de larmes et de baisers.

— Chère Caroline, dit Daverny en pressant doucement la

main de sa femme, que le passé ne soit plus qu'un songe pour toi... Je servirai de père à ton fils, et je t'aimerai comme le premier jour de notre union... Cette lettre que tu avais écrite à Arthur me prouve que depuis notre hymen tu n'as jamais été coupable; je n'avais pas besoin de cette preuve pour t'aimer toujours, mais elle doit t'assurer encore que jamais aucun reproche ne sortira de ma bouche.

— Et vous l'aimerez aussi, ce pauvre enfant! dit Caroline en présentant son fils à Daverny.

— Je te le jure, je lui consacrerai tous mes moments; nous l'élèverons avec soin pour réparer le temps qu'il a perdu.

— Oui! dit à son tour la bonne Marianne; mais nous tâcherons de n'en pas faire un jeune homme charmant.

TABLE DES CHAPITRES

Paris. — Typ. Collombon et Brûlé, rue de l'Abbaye, 22

ŒUVRES CHOISIES

DE

CH. PAUL DE KOCK

LA

FRANCE ILLUSTRÉE

GÉOGRAPHIE, HISTOIRE, ADMINISTRATION ET STATISTIQUE

PAR

V.-A. MALTE-BRUN

ACCOMPAGNÉE D'UN

NOUVEL ATLAS COLORIÉ

DRESSÉ PAR DÉPARTEMENTS

PAR A.-H. DUFOUR

1re série.

1 Cher . . . . » 40
2 Nord . . . . » 40
3 Seine-et-Marne . . . . . . » 40
4 Loiret . . . . » 40
5 Pas-de-Calais . . . . » 40

2e série.

6, 7 Rhône . . . . » 80
8 Doubs . . . . » 40
9 Bas-Rhin . . . . » 40
10 Oise . . . . » 40

3e série.

11 Haut-Rhin . . . . » 40
12 Indre-et-Loire . . . . . . » 40
13, 14 Seine-Inférieure . . . » 80
15 Charente-Inférieure . . . » 40

4e série.

16, 17, 18 Seine-et-Oise . . 1 20
19 Loire-Inférieure . . . . . » 40
20 Indre . . . . » 40

5e série.

21, 22 Eure . . . . » 80
23 Aisne . . . . » 40
24 Nièvre . . . . » 40
25 Ain . . . . » 40

6e série.

26, 27 B.-du-Rhône . . . . . » 80
28 Calvados . . . . » 40
29 Yonne . . . . » 40
30 Corse . . . . » 40

7e série.

31, 32 Gironde . . . . » 80
33 Eure-et-Loir . . . . » 40
34 Orne . . . . » 40
35 Ille-et-Vilaine . . . . . . » 40

8e série.

36 Saône-et-Loire . . . . . . » 40
37 Lot . . . . » 40
38 Somme . . . . » 40
39 Manche . . . . » 40
40 Drôme . . . . » 40

9e série.

41 [illegible] . . . . » 40
42 Charente . . . . » 40
43 Morbihan . . . . » 40
44 Loir-et-Cher . . . . » 40
45 Allier . . . . » 40

10e série.

46 Côtes-du-Nord . . . . . . » 40
47 Ariége . . . . » 40
48 Finistère . . . . » 40
49 Hautes-Alpes . . . . » 40
50 Basses-Pyrénées . . . . . » 40

11e série.

51 Marne . . . . » 40
52 Haute-Vienne . . . . » 40
53 Tarn . . . . » 40
54 Aube . . . . » 40
55 Maine-et-Loire . . . . . . » 40

12e série.

56 Pyrénées Orientales . . . » 40
57 Basses-Alpes . . . . » 40
58 Aude . . . . » 40
59 Haute-Marne . . . . » 40
60 Dordogne . . . . » 40

13e série.

61, 62 Côte-d'Or . . . . » 80
63 Vaucluse . . . . » 40
64 Ardennes . . . . » 40
65 Mayenne . . . . » 40

14e série.

66 Sarthe . . . . » 40
67 Vienne . . . . » 40
68 Hérault . . . . » 40
69 Lot-et-Garonne . . . . . . » 40
70 Creuse . . . . » 40

15e série.

71 Haute-Loire . . . . » 40
72 Gers . . . . » 40
73 Vendée . . . . » 40
74 Landes . . . . » 40
75 Deux-Sèvres . . . . » 40

16e série.

76 Corrèze . . . . » 40
77, 78 Haute-Garonne . . . . » 80
79 Var . . . . » 40
80 Jura . . . . » 40

17e série.

81 Loire . . . . » 40
82 Gard . . . . » 40
83 Vosges . . . . » 40
84 Haute-Saône . . . . » 40
85 Ardèche . . . . » 40

18e série.

86 Tarn-et-Garonne . . . . . » 40
87 Meurthe . . . . » 40
88 Lozère . . . . » 40
89 Hautes-Pyrénées . . . . . » 40
90 Cantal . . . . » 40

19e série.

91 Moselle . . . . » 40
92 Puy-de-Dôme . . . . » 40
93 Meuse . . . . » 40
94 Aveyron . . . . » 40
95 Colonies d'Amérique . . . . » 40

20e série.

96 Colonies d'Asie, d'Afrique . . . . » 40
97 Algérie . . . . » 40
98, 99, 100 Seine 1 20

21e série.

101 La France, *Géographie*, Carte physique . . » 40
102 La France, *Histoire*, Cartes par Provinces et par Départements . . . » 40
103 La France, *Littérature*, Cartes des communications . . . . . . » 40
104, 105 La France, *Industrie*. Carte générale (double) . . . . » 80

22e série.

106 Savoie . . . . » 40
107 Haute-Savoie . . . . . . » 40
108 Alpes-Maritimes . . . . » 40
109 à 112 Dictionnaire des Communes . . . 2 »

ON PEUT TOUJOURS SOUSCRIRE AU CHOIX :

1° Par département avec carte, 40 c. — 2° Par série de cinq départements avec cartes, 2 fr. 10 c. — 3° Par volume ou atlas séparés.

L'ouvrage complet, 2 vol. gr. in-8 et atlas. — Prix : br. 45 fr., rel. 55 fr.

Publié par GEORGES BARBA, éditeur, 7, rue Christine.

EXTRAIT DU CATALOGUE G. BARBA, 7, RUE CHRISTINE, PARIS.

ÉMILE DE LABÉDOLLIÈRE

HISTOIRE DE LA GUERRE D'ITALIE

ILLUSTRÉE PAR JANET-LANGÉ

CARTES GÉOGRAPHIQUES COLOR., DRESSÉES PAR A.-H. DUFOUR. 6 PORTRAITS GRAVÉS SUR ACIER

L'ouvrage complet en 2 vol., broché prix : 14 fr.; relié, 16 fr.

On vend séparément :

Solferino, Magenta, etc.... 2 10	Villafranca. 1 60	C. Genoux............... 1 60
J. Garibaldi. 2 10	Naples et Palerme......... 1 60	Histoire de l'indépendance italienne 16
Hist. d'Italie, par Ricciardi. 2 10	Histoire de Savoie, par	

HISTOIRE DE LA GUERRE DU MEXIQUE

ILLUSTRÉE PAR NOS MEILLEURS ARTISTES

Avec cartes coloriées, dressées par Dufour. L'ouvrage complet, broché, prix : 3 fr. 50.

On vend séparément :

Puebla. . . 1 50 — Mexico. . . 1 50 — Mort de Maximilien. . . » 50

FRANCE ET PRUSSE

ILLUSTRATIONS DE GUSTAVE DORÉ

Prix : 75 centimes

HISTOIRE

DE LA

GUERRE D'ALLEMAGNE & D'ITALIE

ILLUSTRÉE PAR NOS MEILLEURS ARTISTES

CARTES COLORIÉES DRESSÉES PAR DUFOUR

L'ouvrage complet. Prix........... 2 fr. 80 c.

On vend séparément :

Custozza. Sadowa.............. 1 50 | Sadowa et Venise............... 1 30

DIVERS

*Les Fabulistes populaires...... » 75	*La Guerre de l'Inde.......... 1 60
*Le Dernier Robinson.......... » 30	*Béranger....................... » 10
*Neufchâtel et les Confér. de Paris. 1 35	L'Attentat du 14 janvier 1858.. 1 35

SOUS PRESSE :

HISTOIRE DE LA GUERRE DE 1870-71

ILLUSTRÉE

www.ingramcontent.com/pod-product-compliance
Lightning Source LLC
LaVergne TN
LVHW010543110826
845149LV00003B/548
9782012166226